藏汉英三语教师培养理论与实践探索

孔令翠 王 慧 等 著

科学出版社
北 京

内 容 简 介

本书介绍了世界各国多语教育的理论与实践，回顾了中国学者进行的探索，突出了"中国区多语能力与多语教育研究会"所做的贡献；论证了四川藏区英语教师了解藏族语言文化的重要性，对藏汉英三种语言的特点进行详细对比，为藏授英语教师的培养提供指导；以四川师范大学三语教师培养实验班为例，呈现了实验班的课程设置、管理制度等。

本书理论翔实、分析透彻、例证丰富，是我国出版的首部研究藏汉英三语教师培养的学术著作，适合少数民族聚居区的各级政府领导、教育行政部门领导、民族语言教育研究者及师范院校外国语学院师生阅读。

图书在版编目（CIP）数据

藏汉英三语教师培养理论与实践探索/孔令翠等著. —北京：科学出版社，2017.11

ISBN 978-7-03-055006-4

Ⅰ.①藏… Ⅱ.①孔… Ⅲ.①英语课–教学研究–中小学 Ⅳ.①G633.412

中国版本图书馆 CIP 数据核字（2017）第 263999 号

责任编辑：常春娥 / 责任校对：邹慧卿
责任印制：张欣秀 / 封面设计：铭轩堂

科 学 出 版 社 出版
北京东黄城根北街 16 号
邮政编码：100717
http://www.sciencep.com

北京教图印刷有限公司 印刷
科学出版社发行 各地新华书店经销

*

2017 年 11 月第 一 版　开本：720×1000 B5
2017 年 11 月第一次印刷　印张：15 1/2
字数：300 000
定价：78.00 元
（如有印装质量问题，我社负责调换）

前　　言

　　本书是全国教育科学规划课题外语专项课题"面向四川藏区的中小学英语教师教育实验研究"（GPA115077）、教育部人文社会科学规划课题"实施藏汉英三语教育促进跨文化理解与中华民族认同研究——以四川藏区为例"（10YJA740090）、四川省哲学社会科学规划项目（外语专项）"藏汉英三语教学背景下的藏授英语教师培养研究"（SC13WY16）的研究成果，四川师范大学校级教改重点项目"乔纳森CLEs视野下的英语专业陶行知实验班泛读教学探讨"（2012）和四川省教育厅四川师范大学基础教育课程研究中心外语课程研究中心"基础教育外语课程研究第三批科研项目"重点项目、"乔纳森CLEs视野下的基础英语教学探讨"（JCWYKC 201305）研究成果。

　　本书中的藏授英语教师是指以藏语为媒介语进行英语教学的教师，三语教学是指英语教师用藏语和普通话作为教学媒介语进行的英语教学，旨在研究针对藏族学生所处的藏汉英三语教学背景，怎样培养和培训以藏语为媒介语进行英语教学的中小学英语教师。

　　在文化多元时代，世界各国普遍重视对少数族裔孩子的多元语言文化教育。美国的《双语教育法案》不但对双语教师的多元文化知识与能力提出了很高的要求，而且很重视双语教师教育与在职培训，明确规定公立学校必须给母语为非英语的学生提供同等的受教育的机会，还规定进行师资培训，要求教师使用学生的母语和作为其第二语言的英语授课。

　　在我国，拥有自己语言文字的少数民族拥有较为悠久的民汉双语教育历史。教育部2001年颁布的《小学英语课程教学基本要求（试行）》标志着我国开始了全国性的民族地区英语教学，原有的民汉双语教育演变成了民汉英三语教育。

　　近年来，我国中央和地方政府、高等学校都高度重视民族地区中小学英语师资的培养。《国家中长期教育改革和发展规划纲要（2010—2020）》指出："加快民族教育事业发展，对于推动少数民族和民族地区经济社会发展，促进各民族共同团结奋斗、共同繁荣发展，具有重大而深远的意义。要加强对民族教育工作的领导，全面贯彻党的民族政策，切实解决少数民族和民族地区教育事业发展面临的特殊困难和突出问题。"以四川省高考英语科目为例，少数民族孩子与汉族孩子英语水平的差距还相当大，作文得零分的相当部分考生来自民族地区，其中又有相当部分考生是少数民族学生，因此英语教学问题实质上是"少数民族和民族地区教育事业发展面临的特殊困难和突出问题"之一。

为了探索解决民族地区英语教学的特殊困难和突出问题,延边大学从20世纪80年代开展面向朝鲜族进行汉英日朝四语人才培养,招生对象是英语零起点的朝鲜族学生。2003年,内蒙古自治区开始举办蒙授课英语教师培训,以满足蒙古族学生对懂民族语言的外语(本书主要指英语)教师的强烈需求。承担培养任务的内蒙古师范大学开设了蒙授英语专业,也招收英语为零起点的少数民族学生。2016年,北京外国语大学亚非学院也新设了蒙古语专业,以解决蒙古族外语教师紧缺的问题。

藏族学生的英语教师培养已经落在了朝鲜族和蒙古族等民族的后面,迫切需要奋起直追。众所周知,我国藏族历史悠久,文化灿烂。藏区总面积120多万平方千米,占我国国土总面积的八分之一。藏族人口541.6万[1],有100多万名藏族孩子正在藏族聚居区、较发达地区西藏班和较发达地区藏族班接受基础外语教育。藏族孩子的教育特别是外语教育的状况与水平对藏族和地区发展至关重要。

随着国家的发展和全球化时代的到来,党和政府高度重视包括四川藏区在内的各民族的外语教育,四川藏区普遍开设英语课程,从此迈入藏汉英三语教学时代。

一般说来,真正的三语教学必然是涉及某一具体学科的三种教学语言。以此衡量,四川藏区的各学科教学中,只有英语具有实施三语教学的可能。因此可以说,在普遍将英语作为外语课程开设的国情下,四川藏区的三语教学的实质就是在藏语、汉语语境下对藏族学生进行的英语教学,三语教师特指英语教师。

然而,我们显然还没有完全为快速到来和飞速发展的三语教师培养做好准备。

在藏汉语境下,尤其是在藏族学生的母语藏语语境下,用什么语言作为媒介语对藏族孩子进行英语教学较为适宜呢?就目前情况来看,四川藏区普遍采用汉语作为教学媒介语进行英语教学。但是,教学效果有待大幅度提高。本课题组成员的调查显示,相当部分藏族学生期末英语成绩平均分长期只有10分左右,经巨大努力后也只能提高到30分左右,中高考英语成绩更是远远低于汉族学生。这样的成绩与用藏族学生的第二语言(汉语)而不是母语(藏语)作为媒介语是否有很大的关系呢?因而有必要首先从理论上探讨母语与第二和第三语言学习的关系。

科学研究证明,母语对第二、第三语言习得有非常重要的作用。母语与二语/外语教学的关系十分密切,具体体现在正负迁移上。大量的研究成果表明,将母语

---

[1] 数据来自中华人民共和国政府网站：http://www.gov.cn/guoqing/2015-03/18/content_2835613.htm [2017-8-30]。

作为二语/外语教学的媒介语确有必要：第一，二语/外语学习者需要求助于已有母语知识；第二，二语/外语学习必然涉及语言迁移问题，即目标语和其他任何已经习得的或者没有完全习得的语言之间的共性和差异所造成的影响，母语对二语/外语学习的正迁移作用表现在学习者需要运用已掌握的母语知识来帮助习得新的语言，这在第二语言习得的早期表现得比较明显，因为这一阶段需要经常将母语的语言形式、意义及与母语相关联的文化迁移到第二语言习得中，在这一过程中，对语际共性的迁移效应必须予以重视，以产生最佳迁移效果；第三，母语还可帮助学生进行学习策略迁移，将母语学习的认知过程与学习策略应用到外语学习中，因此，竭力避免母语对第二语言或外语学习的迁移作用是不现实的，也是无效的；第四，根据中介语理论，学习者只有在不断接受和理解新的语音、语法知识的基础上才能逐渐通过归纳和演绎产生外语学习的中介语；第五，从认知理论看，母语被视为外语学习者积极采用的构建中介语的资源，并以此促进学习者尽快掌握二语语言知识与技能；第六，语言与思维的共性为语言的正迁移提供了基础，决定了母语学习过程与二语学习过程有很多相似之处，学习者借助母语的发音、词义、结构规则或习惯来表达思想；第七，可理解性输入是语言习得的必要条件和关键，而教师媒介语是二语学习者尤其是初学者获得可理解性输入的最大途径。教师用母语讲解或翻译的背景知识、关键字词和难句、语法概念、教学内容等更容易被学生理解和掌握。实证研究表明，在英语课堂上有限度地、合理地使用母语并没有减少学生接触目的语，相反还能促进目的语教学。教师使用母语作为教学媒介语，如果与学习者现有水平和承受能力相适应，则有助于学习者产生积极的学习情感，增强学习动机、兴趣，促进学习成绩提高，降低其心理负担与学习焦虑，防止产生挫折感甚至厌学情绪。总之，母语作为外语教学媒介语的意义在于用母语教学会让学生产生一种安全感，可以借助学生已有的经验和知识来帮助学生学习新的语言，同时也能使其大胆地开口表达自我。因此，从理论上讲，运用藏族学生的母语（藏语）进行英语教学十分必要。

在四川藏区，藏语的实际使用情况也表明了使用藏语进行英语教学符合语言认知的规律。面对藏族学生汉语水平普遍不高的现实，因迁就英语教师不懂藏语而使用汉语教学，对于藏族学生而言无异于舍本逐末。因此，教师把藏语作为媒介语进行英语教学（即藏授英语教学）势在必行。需要强调的是，使用藏授英语教学不排除适时适量地使用汉语和英语作为教学语言。具体使用何种教学语言，应因时、因地、因人制宜。

但是，为什么现在四川藏区的英语教师普遍不使用藏语进行教学呢？除了受国家规定教师在课堂上必须使用普通话教学的影响外，一个主要的原因就在于大多数英语教师不懂藏语，不能使用藏语作为教学媒介语或辅助性教学媒介语进行英语教学。所以，在藏汉英三语教学背景下对藏授英语教师的培养迫在眉睫！

鉴于相当部分藏族学生英语学习效果不理想的现状，不少学者认为，四川藏区英语教师不能使用藏语作为英语教学媒介语，没有专门针对藏族学生的教学理念、策略和方法或许是重要原因，因此他们提出应正视四川藏区英语课堂教学媒介语问题，建议非藏族教师应尽量学习藏语，了解藏族文化，适时、适度、灵活使用藏语。也就是说，培养藏授英语教师，就是要培养藏汉英三语教师。因此，迫切需要从理论与实践两个层面上积极探索藏汉英三语教师的培养问题，并为其他民族的民汉英三语教师的培养提供参考与借鉴。

总体来看，国内的三语现象与三语教育，可以说是一门近二十年才兴起的语言研究和实践领域。三语教师培养的尝试与研究更是近期才出现的。面向民族地区的三语教师教育研究与实验几乎处于空白状态，目前的研究以双语教育占主导地位，对民汉双语教师的在职培训和教学技巧指导的研究较多，对高校职前的民汉双语教师教育的研究较少，对民汉英三语教师教育的研究更少。有限的三语教育研究多集中在三语现象、三语认知与习得、三语教育和多元文化理解与中华民族认同等方面，视野比较狭窄，未考虑民族地区对英语教师的特殊需求，使培养的英语教师难以满足实际需要。

在三语教师培养实践层面，近年来随着中国民汉英三语教育实践和研究的不断推进，不少少数民族地区院校开始关注三语与多语人才与师资培训工作。近年来，青海民族大学、延边大学、云南师范大学、新疆教育学院、西北师范大学、广西大学等陆续创建了各种专业，开办了各种形式的训练班，以培养少数民族地区需要的三语与多语人才和教师。

受理论研究滞后等因素的影响，四川省民族地区的英语教师培养与研究远不能满足形势发展的需要。由于没有考虑到四川省多民族的特点及其对英语教师的特殊需求，拥有20多个少数民族的四川省的所有师范院校英语专业同质化程度较高，与面向汉族地区的英语教师培养几乎没有区别，几乎都没有直接开设与少数民族语言文化有关的课程和进行专门的训练，因此所培养的学生难以适应民族地区的工作和生活。各民族院校的英语专业既不姓"民"也不姓"师"。其结果是本地的民族英语教师专业水平普遍不高，外来的汉族英语教师对该民族的语言文化认知水平很低，不懂得该民族学生的英语认知特点而无法因材施教，环境适应能力差，心理脆弱，流失严重。

为了解决上述问题，省属重点师范大学四川师范大学的外国语学院对为四川民族地区特别是藏族地区培养藏汉英三语教师责无旁贷。为此，外国语学院英语专业围绕校级"优势特色专业巩固计划"与"陶行知创新实验班"（以下简称陶班），从2012级起，结合承担的多项研究课题，在四川省成都市西藏中学、阿坝藏族羌族自治州（以下简称阿坝州）红原中学、马尔康民族中学和阿坝州康定中学、乡城中学等的支持下，在全国率先开办面向英语专业汉族学生的藏汉英三语教师实验班，其职责是培养一部分能用藏语进行藏授英语教学课程的中小学英语教师，旨在探索为民族地区培养能使用民族语言授课的英语教师的理论与办法。同时，也对所承担的四川省民族地区初中、高中英语教师的省培项目与正在开展的西藏小学英语教师国培项目进行实验。

本书认为母语对外语学习具有重要作用。当前四川藏区英语教学的一大问题是藏族学生不得不依靠自己并不熟练的第二语言汉语在几乎完全没有语境的情况下学习第三语言英语。在这个过程中，母语的正迁移作用基本得不到发挥，而负迁移作用却随时存在，这是四川藏区外语教学质量低下的一个重要原因。要解决这个问题，就必须从培养能使用藏语作为英语教学媒介语的教师入手。然而，当前四川藏区英语教学的实际决定了在一定时期内难以从藏族高中毕业生中培养未来的藏授英语教师，因而必须培养来自四川藏区以外的其他民族的高中毕业生作为四川藏区的三语教师。

本书研究意义在于，尝试构建我国藏授英语教师培养培训理论、模式与路径，完善我国面向民族地区的外语教育政策和外语教师培养培训制度，为民族地区培养三语师资，促进民族地区外语教学质量的提高。

本书创新之处在于，国际上的三语习得、师资培养培训理论、模式与路径不完全符合我国藏族地区的英语教学实际，因而迫切需要结合实际探索培养培训（双培）非本民族的汉族英语教师将非母语（藏语）作为藏族学生英语教学语言或辅助性教学语言的理论、模式与路径。

本书由孔令翠教授和王慧教授负责总体策划和组织。前言部分、第二章第三节、第九章和全部附录由四川师范大学的孔令翠教授执笔，第一章、第二章（第三节除外）由乐山师范学院的黄健副教授执笔，第三章和第五章由四川师范大学的李勇副教授执笔，第四章主要由重庆邮电大学的王慧教授执笔，第六章由四川民族学院的曹容副教授执笔，第七章、第八章由四川大学锦城学院的杜洪波老师执笔，第十章由四川师范大学的刘芹利老师执笔。在本书的写作过程中，孔令翠教授和王慧教授给予了大量的指导，并对全书进行了认真仔细的审定和逐字逐句的修改。

本书在写作与调查过程中得到了来自各有关方面和个人的大力支持，特别是时任四川师范大学教务处长的杜伟副校长、四川师范大学外国语学院的班子成员和有关师生、参与国培计划和省培计划项目的团队成员及学员、科研秘书马越等都对本书的实验与研究做出了巨大贡献。由于本书是集体智慧的结晶和集体劳动的成果，涉及众多的单位与个人，恕无法一一表示感谢，故对没有直接提及的单位和个人，在此一并表示衷心感谢。

由于对三语教师的培养研究和培养实验都处于起步阶段，可以借鉴的成果相对较少，再加上团队成员的研究能力有待提高，疏漏之处在所难免，恳请各位专家读者批评和指正。

目　　录

前言
第一章　国外三语教学与三语教师培养理论与实践 …………………… 1
　　第一节　欧盟的语言教育 ………………………………………… 1
　　第二节　新加坡的语言教育政策与规划 ………………………… 7
　　第三节　马来西亚语言政策及三语教育 ………………………… 12
第二章　国内三语教学与三语教师培养理论与实践 …………………… 17
　　第一节　中国的语言法律与政策 ………………………………… 17
　　第二节　中国三语教学理论发展概况 …………………………… 21
　　第三节　多语能力与多语教育研究会对三语教学研究的推动 … 24
　　第四节　中国的三语教育概况 …………………………………… 29
第三章　四川藏区藏汉英三语教师培养原因探析 ……………………… 35
　　第一节　四川藏区藏汉英三语教师培养的学术研究价值 ……… 35
　　第二节　四川藏区藏授英语教学模式 …………………………… 40
第四章　英语教师教育的盲区与面向民族地区培养三语教师的构想 … 44
　　第一节　机遇与挑战 ……………………………………………… 44
　　第二节　藏族孩子的英语教育困境 ……………………………… 46
　　第三节　为什么培养不出藏族需要的英语教师 ………………… 48
　　第四节　四川藏区究竟需要怎样的英语教师 …………………… 50
　　第五节　面向四川藏区培养英语教师的构想 …………………… 51
第五章　四川藏区藏汉英三语教师培养与藏民族的中国梦 …………… 55
　　第一节　藏民族中国梦的实现与四川藏区三语教师培养的关系 … 55
　　第二节　四川藏区三语教师培养对藏民族中国梦实现的作用 … 56
第六章　四川藏区中小学英语教学现状、问题、原因与对策 ………… 61
　　第一节　四川藏区民族教育概况 ………………………………… 61
　　第二节　四川藏区外语教育发展历程 …………………………… 62
　　第三节　四川藏区中小学英语教学现状 ………………………… 66
　　第四节　培养三语教师和实施三语教育的建议 ………………… 75
第七章　藏族学生母语迁移作用与教师的藏语言文化修养 …………… 85
　　第一节　语言习得与学习分析 …………………………………… 85

第二节　语言迁移与二语习得……88
　　第三节　藏语、汉语与英语的语言结构特征对比……89
　　第四节　藏族学生英语学习过程中的语言迁移现象……96
　　第五节　英语教师的藏语言文化修养……102
　　第六节　影响藏族学生学习英语的其他因素……105

第八章　藏族学生基于母语的学习策略与方法……109
　　第一节　藏语言和文化对藏族学生认知系统的影响……110
　　第二节　藏汉英三语环境下藏族学生英语学习策略与信息加工模式……112
　　第三节　藏汉英三语环境下藏族学生认知策略的培养……116
　　第四节　藏族学生英语学习过程中社会/情感策略的使用……118
　　第五节　藏汉英三语环境下针对藏族学生的英语教学方法……119
　　第六节　藏汉英三语环境下英语教学法的运用……123

第九章　藏授英语教师培养实践……127
　　第一节　藏授英语教师培养的现实紧迫性……127
　　第二节　基于藏族学生母语的藏授英语教师培养……128
　　第三节　藏授英语教师培养的其他保障措施……131
　　第四节　教学实施……133
　　第五节　热爱四川藏区三语教育的职业伦理教育……136
　　第六节　就业指导与就业保障……141
　　第七节　教学管理……145

第十章　藏授英语教师培养课堂观察与实践……147
　　第一节　藏授英语教师课堂教学与考核……147
　　第二节　藏族语言与文化课堂观察……149
　　第三节　藏授英语教师培养问卷调查与分析……151
　　第四节　藏授英语教师培养访谈与分析……155
　　第五节　藏授英语教师培养教学第二课堂活动情况……158

参考文献……165

附录……177
　　附录1　四川师范大学外国语学院英语专业陶班教学综合改革建设项目实施分工……177
　　附录2　考察报道：阿坝之行，让梦发生——记调研藏汉英三语教研模式暑期社会实践活动……177
　　附录3　阿坝州调查报告：阿坝州藏族中学（班）英语教学现状与对策……180

附录4　四川甘孜州三语教育调查报告……………………………………185
附录5　国培计划西藏小学英语教师班问卷与分析报告…………………215
附录6　关于英语知识和认知系统对英语学习影响的问卷调查表 ………228
附录7　测试题目……………………………………………………………231

第一章 国外三语教学与三语教师培养理论与实践

语言是文化的重要组成部分，是民族精神的一种表现。讲同一种语言的人之间总是很容易产生认同和归属感。在人类发展历史上，由于部落的迁徙、战争、种族特性等，目前人类发明的所有语言大致可以表现为象形文字和拼音文字。再由于地域相邻、民族融合、社会交流活动等，又可将语言以语系的形式划分，如印欧语系、汉藏语系、阿尔泰语系、乌拉尔语系、南岛语系等。同时，许多国家和地区也因为以上原因成为多民族国家或者多民族语言的国家共同体，如中国、美国、新加坡、马来西亚、欧洲联盟（以下简称欧盟）等。多民族国家由于存在民族语言和文化的差异，往往存在身份认同的问题。同时由于英语的国际通用语地位，世界上几乎所有国家都至少在一定程度上学习和使用英语。因此，本章将对一些多民族语言使用情况突出的国家和地区的语言政策、语言使用和语言教育情况做具体的描述，希望对中国的语言政策与语言教学起到一定的借鉴作用。

第一节 欧盟的语言教育

欧盟（European Union，EU）的前身是欧洲共同体（European Communities）（以下简称欧共体）。第二次世界大战后，为了快速恢复欧洲经济，1952年，法国、联邦德国、意大利、比利时、荷兰和卢森堡六国成立了欧洲煤钢共同体（European Coal and Steel Community，ECSC），开始尝试局部经济一体化。随后在1957年，六国通过《罗马条约》，建立了欧洲经济共同体（European Economic Community，EEC）和欧洲原子能共同体（European Atomic Energy Community，EURATOM）。1967年三个共同体合并成立欧共体。1991年欧共体通过《欧洲联盟条约》，也称《马斯特里赫特条约》（*Treaty of Maastricht*）。1993年11月1日条约生效，欧盟正式成立。欧盟作为一个多民族、多语言和多文化汇集的地区，对欧洲各国的语言教育研究应该着眼于欧盟的语言政策。欧盟的多元文化、多语言教育政策必须能起到促进人们对欧洲共同身份的认同，有利于加速欧洲一体化进程的作用，否则，作为一个集政治实体、经济实体于一身的广阔区域一体化组织，欧盟的作用将受到质疑，欧盟内部各成员国的凝聚力也将受到打击。欧盟成立的主要目的就是保障成员国在资本和人才等方面的自由流动，《欧洲联盟条约》中还创立了欧洲公民这一概念。欧洲公民至少掌握一门外国语言是人才能够自由流动的必备条件。因此，本节将对欧盟的语言政策、语言教育规划和外语与外语教师教育的情况做出描述。

一、欧盟的语言政策

历史上的欧洲民族众多，各民族融合混居，因此欧洲各国历来重视各种语言的教育和传承。欧盟现有28个成员国共5亿多人口[1]，官方语言有24种。欧洲语言种类繁多，但主要属于印欧语系，使用者占欧洲总人口的90%左右；其余还包括乌拉尔语系和阿尔泰语系，使用者主要是芬兰人、爱沙尼亚人和土耳其人。因此，大部分的三语习得实验研究对象是日耳曼语、罗曼语和斯拉夫语的使用者。《欧盟基本权利宪章》（*Charter of Fundamental Rights of the European Union*）中明确认同欧洲60多个少数民族语言的合法地位。

最初经济一体化的成功引领欧盟各成员国不断在其他领域也开展合作，文化和教育合作不断取得新的进展。受此影响，欧盟制定了多套语言教育政策，促进了多语教育发展。

在语言政策的制定上，不论是欧盟还是其前身欧共体都极力尊重和维护欧洲多语言、多民族的现实，所有的语言政策和教育规划都致力于维护各种语言的平等地位。最初的欧洲语言教育政策源于《欧洲文化公约》，根据公约的精神，各缔约成员国之间要互相支持和鼓励本国公民学习其他缔约成员国的语言、历史和文化。到了1976年，首个教育计划在欧共体获得了一致通过。该计划提出要加强诸国在教育、培训等领域的合作。计划主要包含以下几个方面：①移民的受教育问题；②各国教育系统的联系；③统计教育文件和数据；④发展高等教育；⑤教授外语；⑥保障教育公平。（Directorate-General for Education and Culture，2006：24）1997年的《阿姆斯特丹条约》（*Treaty of Amsterdam*）则明确了欧盟的多元化语言政策，把促进语言学习和个人使用多种语言与发展多样性语言作为欧盟教育政策的重要基石。

在针对欧洲少数民族群体的语言政策规划中，欧洲理事会于1992年专门通过了《欧洲区域或少数民族语言宪章》（*European Charter for Regional or Minority*

---

[1] 数据来自外交部网站：http://www.fmprc.gov.cn/web/gjhdq676201/gjhdqzz681964/1206679930/1206x0679932/[2017-9-20]。

Languages），为欧洲少数民族语言政策提供了法律保障。随后在 1995 年，欧洲理事会通过了《欧洲保护少数民族框架公约》（*Framework Convention for the Protection of National Minorities*），此公约着力于维持和发展欧盟少数民族的文化，维护少数民族的身份认同，包括少数民族宗教、语言、传统和文化遗产等方面（谢倩，2011：89）。

二、欧盟的语言教育规划

欧洲社会存在着一个共识，即人口素质的持续提高是欧洲经济、文化发展的基本动力。《马斯特里赫特条约》签署后欧盟成立，一系列的针对欧洲公民的教育规划将这一共识体现得淋漓尽致。

1995 年欧盟启动为期四年的苏格拉底计划（SOCRATES），旨在在欧洲诸国之间展开教育合作和培训。为了更好地实施该计划，欧盟委员会先后在 1995 年和 1997 年提出了"教与学：通向学习社会"（Teaching and learning: towards the learning society）的口号。（Directorate- General for Education and Culture, 2006: 28, 208, 209, 230）2000 年里斯本会议上提出要将欧洲建设成以知识为基础的经济体系（Knowledge-based economy），以保证欧洲经济的持续发展和欧洲公民意识的逐步建立，从而增强欧洲社会的凝聚力。

为了落实这些计划，2003 年在比利时布鲁塞尔召开的欧洲理事会峰会上通过了一项决议——《推动语言学习与语言多样性：2004—2006 行动计划》（"Promoting Language Learning and Linguistic Diversity: An Action Plan 2004-2006"）。会议提出要在欧洲建设全世界最具竞争力的教育和培训体系，讨论了欧洲公民的终身语言学习计划、提高语言教学质量、如何创造更加合适的外语学习环境等与语言教育有关的议题。2006 年欧洲议会通过终身学习计划（Proposal for a Decision Establishing an Integrated Action of Lifelong Learning Program 2007-2013）。该计划由欧盟成立后几乎所有的教育计划合并而成，其中夸美纽斯行动（Comenius Action）关于基础教育，E 学习计划（E-learning）关于在线学习，欧共体大学生活动项目（ERASMUS）关于高等教育，莱昂纳多·达·芬奇计划（Leonrado Da Vinci）关于职业培训。

以上所有教育规划都对语言教育有所涉及。为了更好地落实这些计划，在奥地利的欧洲现代语言中心专门设有欧洲语言政策部（Language Policy Division, Council of Europe），负责实施各项语言教育规划。鉴于欧洲诸国语言文化、语种和语言教育水平的差异，欧盟又分别于 2001 年和 2003 年颁布了两个关于语言学习和教学的纲领性文件，可将之视为"欧洲语言教育与规划大纲"，它们分别为由剑桥大学出版社出版的《欧洲语言学习、教学与评估共同参考框架》（*Common*

European Framework of Reference for Language：Learning，Teaching，Assessment）和由欧盟语言政策部颁布的《欧洲语言教育政策制定指南》（Guide for the Development of Language Education Policies in Europe）。前一份文件为欧洲各国的外语教学目标和学习者语言水平评价提供参照系数，后一份文件则为各国语言教育政策的制定和反思提供参考。尽管两份文件都没有对任何语言或者国家提出具体指导意见，但是植根于欧洲几十年来对语言教学、语言学研究成果的这两份文件不仅对欧洲甚至对世界上其他国家的语言教育都具有指导意义。

三、欧盟的外语与外语教师教育

外语教育是欧洲各国义务教育的核心之一。许多欧盟成员国甚至要求学生在义务教育阶段接触并学习至少一门外语。在德国、奥地利、波兰等国，在义务教育阶段学习完成后，学生都可以申请学习第二门外语。而要完成这样的语言教学目标，让欧洲成为一个名副其实的多元语言社会，语言教师的培养是其基本保障。

（一）欧盟的外语教育

欧洲的语言教育历史可以追溯到中世纪以前拉丁文和古希腊语在欧洲传播的时期，其本质一直到今天都没有太大改变：语言学习是促进人与人交际的重要手段。

欧盟各国的语言教学主要是将一门外语作为非语言学科的教学媒介语，让学生以二语或者三语的元语言意识来自我建构一门或者多门非语言学科的知识体系，通过语言与场景的结合以及课内和课外的真实语言交际应用以掌握这门语言。这种语言教学方法能够大大提高学生的语言技能训练效率。要求用外语来教授学科内容，对教师的要求很高，但欧洲范围内丰富的校际交流合作能够在一定程度上解决这个难题。

欧洲语言的多样化也导致欧洲学校的外语教学多样化，而且通常情况下欧洲的学校对课程的选择有很高的自主权，能自主选择引进各式的外语课程。有学者专门就此开展过调查。在绝大多数情况下，英语是所有学生必须学习的第一外语，法语是常见的第二强制性外语。在大多数的教育体系中，第一外语学习开始于小学，第二外语学习开始于中学。（谢倩，2011：89）欧洲学生普遍会选择较为强势的语言作为第一外语学习，其中包括英语、法语、德语、西班牙语和意大利语。到中学阶段开始第二外语学习时则会选择较为冷门的语言，如土耳其语、波兰语、阿拉伯语或汉语。

由于语言学家们基本上达成了年龄越小二语习得就越容易的共识，因此欧洲各国普遍对学生开始学习外语的年龄提出了要求,如德国从小学5年级开始学习外语,法国和英国是6年级,意大利甚至在儿童6岁时就开始开设外语课程。一些学校也自行提高了对学生开始学习外语的年龄要求,普遍比国家规定的年龄还要再提前3年左右。

(二)欧盟的外语教师教育

欧盟的外语教师教育与培训政策主要源于2002年发表的《外语教师培训:欧洲的发展》(*The Training of Teachers of a Foreign Language: Developments in Europe*)和2004年欧盟语言政策部颁布的《欧洲语言教师教育大纲框架》(*European Profile for Language Teacher Education—A Frame of Reference*)。这两份文件由英国南安普敦大学的Kelly和Michael等学者根据实践案例总结而来:是关于教师教育课程设置、教学技能培养、外语教师知识发展和教育价值观培养等的指导性意见。和其他语言政策一样,不具体针对任何语种,主要是为欧盟教师的教育提供一个参考标准。

在欧洲获得教师资格并不是件容易的事情:申请者至少要具备大学学士学位并获得教授外语的资格。这个资格的获取方式在各个国家有所不同,但获得资格之前的教师培训课程或在职外语教师培训课程必须通过评估。评估的标准来自上文提到的《欧洲语言教师教育大纲框架》。同时,一位外语教师在A国获得的教师资格在B国并不一定被承认,很可能还需要在B国进行职前培训和资格认证。在欧洲,国家、学校之间的教育、文化交流合作很频繁,外语教师的流动性也很强。外语教师丰富的国外经历也在不断丰富教师本身的多元文化素养,从而提高外语教学质量。一个英国人在法国教授德语这种现象在欧洲很平常,这种现象也在不断促进欧洲不同语言、不同文化的相互交融和认同。

现代欧洲的外语教育始于1954年的《欧洲文化公约》,此后出台的一系列语言政策法律极大地促进了欧洲外语教育,从而带动了欧洲多元文化的发展以及"欧洲公民"的身份认同。

(三)三语习得研究综述

欧美学者在三语教育方面的研究主要针对多语言习得者的语言心理以及社会价值认同等。具有代表性的研究成果主要包括关于三语习得的定义、三语者的心理语言认知过程、三语者的学习经历对元语言发展的贡献(Jessner, 2006; Cenoz, Hufeisen & Jessner, 2001; Angelis, 2007)。Kemp(2001)指出三语者的语言习得经历必将有助于新的语言知识的掌握,而Odlin(2001)也认为多语言习得者在二语和三语习得过程中会受到语际迁移的影响,而且这种影响通常是积极的。（Jorda，2005）在西班牙对瓦伦西亚地区同属印欧语系的卡斯蒂利亚语（Castilian）、加泰罗利亚语（Catalàn）和英语三语习得者进行的语用能力调查也证明了多语言习得中语际迁移的影响通常为正向的。但是，欧洲的语言学者们的研究对象所习得的外语和第二外语与其母语为同一语系，对不同语系之间的语际迁移则没有讨论。

根据我国学者的研究，国外三语习得研究在以下方面取得了成果（金英，2011：87-90）。

（1）双语类型：主动和被动的双语会以不同方式干扰三语习得，被动的双语应该促进三语习得。

（2）接触二语越多，二语对三语的语际影响越弱。

（3）"最后语效应"（last language effect）更能对第三语习得产生影响。

（4）语言系属差距越大，产生的负迁移就越大，目的语习得就越困难。反之，语言相似度越高，产生的正迁移越多，越有利于目的语习得。

（5）学习者对母语和目的语的心理认知会随着语言知识的积累而产生变化，而这种变化是语言迁移的决定性因素。

（6）说话者知道的包括母语在内的所有语言处于一个语言认知系统内，母语总是处于被激活的状态，而二语或三语的激活则随交际的对象和背景而定。非正式交际中语码转换频率高于正式交际场合，正式场合下多语习得者多专注于一门语言，而不容易进入双语模式。

（7）学习者所学习的一种非母语对另一种非母语的影响有可能大于对母语的影响。

（8）儿童学习语言的优势地位这一点已经达成共识，年龄越小，越容易习得二语。

（9）二语熟练程度在决定二语对三语的影响强度方面有决定性的作用，二语熟练程度越高，对三语影响越强，同时二语水平的提高会自动促进三语习得。

（10）三语熟练度：随着学习者三语水平的提高，母语和二语对三语的影响会迅速减弱，如果母语使用频率高，无论二语熟练度如何，其对三语的影响都会减弱。

从1999年至今，欧洲已经召开了六届三语习得及多语习得国际研讨会。目前语言学家们对三语习得的研究主要集中在三个方面：①三种语言之间由于学习者的心理和认知而产生的相互影响；②多语习得对学习者元语言意识发展的影响；③语际迁移研究，包括词汇、语音、语法的迁移。但是对语言政策制定的依据、语言教材编写、课程设置和三语教师培养方法等方面的研究还需要进一步的加强。

第二节　新加坡的语言教育政策与规划

从19世纪到20世纪上半叶，印度、马来西亚、新加坡、印度尼西亚共和国（以下简称印尼）等南亚和东南亚国家都是英属殖民地。这些国家将英语作为官方语言或官方语言之一，其英语教育体系经过多年发展后已经比较完善。随着多元语言文化教育在世界各地的发展，东南亚国家的语言政策、教育目标也非常注意多民族和多元文化的特性。

新加坡地处马来半岛最南部，毗邻马六甲海峡，面积719.1平方千米。曾被英国殖民统治达140年。1965年建国至今，新加坡的社会、经济和文化的发展取得了很大成功。这个多民族国家总人口约553.5万[1]，其中华人占人口总数一半以上，其他按人口数量依次为马来人、印度人和欧洲人后裔，如葡萄牙人后裔。

新加坡有英语、华语、马来语和泰米尔语四种官方语言。日常生活中这四门官方语言有一定差别：英语是实际上的官方语言，是社会上层语言，同时也是各民族之间沟通的桥梁。华语主要使用群体是华侨，是华人群体的上层语言。马来语是马来人的母语，是名义上的国语。泰米尔语则是印度人的通用语言。

一、新加坡语言政策之发展

在英国殖民时期，英语是新加坡唯一的官方语言，但凡与政策有关的文字，包括立法、行政公告、政府文书等，均以英语表述。在对待其他民族的语言问题上，采取的是不干预原则，其他民族的人在语言方面可以自由发展。（周进，2014：39）新加坡语言政策的发展客观上得益于殖民时期英国统治者的语言使用习惯。殖民时期的新加坡英语独尊，这迫使其他民族必须学习英语，但同时也允许其他语言的存在和使用。这种语言政策将社会阶级标记得泾渭分明：上流社会的通用语言是英语，而下层普通民众使用不同的民族语言和方言。同样，这种情况为后来新加坡的语言政策发展奠定了基础。

1965年新加坡宣布独立。新的共和国宪法中规定马来语、英语、华语和泰米尔语为新加坡的官方语言。

在新加坡，无论家长送子女进入华人建立的学校，还是马来人建立的学校，均以本族母语和英语作为基本教育的教授语言，而非逼迫各族人民只使用英语。

---

[1] 数据来自外交部网站：http://www.fmprc.gov.cn/web/gjhdq_676201/gj_676203/yz_676205/1206_677076/1206x0_677078/[2017-9-20]。

这个基础政策对新加坡各民族文字、文化和传统的发展和传承做出了不可磨灭的贡献。

新加坡政府在独立后采取的主要语言教育政策是在全国推行构成教育体系基础的双语教育政策。1987年以后，按照双语教育课程标准要求，新加坡各民族学生都要把英语作为第一语言来学习，即英语作为教学语言，用于学习绝大部分课程，在学习其他课程时也要学习英语。同时，学生要把本民族的母语（华语、马来语和泰米尔语）作为第二语言来学习。（刘汝山和鲁艳芳，2004：56-60）

规定英语为学校授课的第一语言后，新加坡的语言政策基本定型，不再有大的变化：①英语、华语、马来语和泰米尔语四种官方语言并存；②英语作为政府、企业、学校等社会公共场合的工作语言；③马来语被尊为"国语"；④各民族学生必须学习本民族语言以保证本民族文化的传承和发展。

二、新加坡语言政策发展之思考

从历史发展来看，新加坡已经成型并实施了近30年的语言教育政策，虽然符合其发展规律，但同时也难免存在一些疑问：华人占新加坡总人口的75%左右，为何选择马来语为名义上的国语而非华语？英语为何成为全社会的工作语言而非国语（马来语）或大部分人都会讲的华语？印度裔人口占新加坡总人口9%[①]左右，为何泰米尔语能成为与其他三种语言并驾齐驱的官方语言之一？

（一）马来语缘何成为新加坡的国语？

尽管华人占新加坡人口的比重较大，但由于新加坡地处马六甲海峡，是全球货物集散的主要港口，因此英语是其主要的工作语言。

但是受地缘政治的影响，新加坡必须以马来语为国语以便得到周边以马来语为母语的国家的认可。

（二）英语缘何成为新加坡的工作语言？

新加坡的独立没有经过激烈的民族主义革命运动，所以反殖民主义的色彩比较淡。独立后，政府行政制度没有重大改变，行政用语也就一脉相承，保留了英语在新加坡的独尊地位，使新加坡的社会和经济成长平稳安定，毫无中断（郭振羽，1985）。

---

① Singapore Department of Statistics. 2010. Census of population. https://www.webcitation.org /68v15isAU?url=http://www.singstat.gov.sg/pubn/popn/c2010acr.pdf Retrieved 2 July 2011.

英语除了为新加坡独立后的社会发展提供了语言使用的延续性以外，它本身不是新加坡任何主要民族的母语，而且在新加坡的使用范围超越了其他民族语言，是能够体现各民族公平的中立性语言，容易被各民族所接受。更何况，作为一个港口国家，新加坡要与世界接轨，选择国际通用的语言是自然而然的事情。

（三）泰米尔语缘何能成为四种官方语言之一？

泰米尔语是印度南方以及斯里兰卡泰米尔人的母语，随着印度移民传入新加坡。泰米尔语并不像华语之于华人、马来语之于马来人一样，具有身份象征的地位，它甚至在印度本国都不是宪法所规定的联邦官方语言，而是仅作为经典语言存在。但是印度裔人口占新加坡总人口9%左右，将泰米尔语作为官方语言之一，体现出印度裔人在新加坡多元社会里具有平等地位。同时，由于新加坡社会对泰米尔语向来没有产生过争议，所以它是最不令新加坡政府"操心"的语言（汤云航和吴丽君，2006：20-26）。

三、新加坡语言政策之内涵

新加坡的语言政策和规划促进了本国社会、文化和经济的发展。作为一个多民族国家，其语言政策及规划平衡了各民族的利益，得到了大部分民众的认可和接受，这一点已成为新加坡政府维护国家各民族和谐共存、共同发展的基础。而新加坡坚持多年的双语教育政策，为其国民提供了语言优势，在新加坡发展成为国际贸易中心和金融中心的过程中发挥了重要作用。多元文化共存的政策使新加坡社会的东西方文化交融在一起，为新加坡发展成为国际化大都市打下了良好的基础。

作为实用型多语言政策（pragmatic multi-lingual policy）的典范，新加坡的语言政策虽然带有殖民地痕迹，把殖民者带来的英语保留了下来，但其实事求是的语言政策制定原则值得全世界所有多民族国家借鉴和参考。纵观新加坡语言政策和语言教育政策的发展过程，政府在制定政策的同时兼顾了社会语言的实际使用需要、地缘政治需要、多元文化的共存以及各民族的团结的需要。

四、新加坡的双语教育

1987年，新加坡政府规定所有学校需将英语作为第一语言教学，而将所有民族母语作为第二语言教学，所有马来语学校、华语学校及泰米尔语学校逐步统一教学媒介语。除了各学校的母语教学课程，其他课程的教学媒介语均使用英语。英语本身是新加坡的工作及商业用语，同时也是各民族之间的交流用语。

从小学开始就使用英语作为课堂教学用语，无疑大大提高了学生的英语使用频率。学生在家里使用各自的母语交流，而在学校和社会中则使用英语，从而营造出双语学习的环境。在各自良好的语言环境中学习语言，无疑会促进英语与母语的习得和使用。

新加坡政府强调小学教育中英语和母语双语学习环境。考虑到不同语言学习产生的语言迁移现象以及学生的个体差异，学校根据学生掌握英语和母语的能力将课程分为三种，即普通课程、延伸课程和单语课程。这种分流制度在新加坡总共实行了将近20年，为新加坡人整体提高英语水平发挥了很大作用，使英语几乎成为所有新加坡人的第一语言，母语反而退居其次。在这种语言环境下，2008年新加坡政府再次改革小学教育分流制度，在学生四年级末时测试其英语、华语、数学和科学课程，分出普通水平（standard level）和基础水平（foundation level）；根据学生的考试情况和学习能力帮助家长选择相应水平的高年级课程；随后相继对华语课程标准及教材进行了相应的修改，课程考试的方式也得到了进一步的完善。

新加坡的双语教育除了强调英语作为第一语言的重要性以外，也没有忽视对各民族母语的教育。在1999年公布的教育部华文教育检讨委员会的华文教育检讨书中对英语和华语的教育规划有这样的描述：英文是共同的工作语言，将来也是如此，英文是全球商业贸易与科技用语，但母语是构成我们的价值观根源和认同感的重要部分，母语使我们认识自己的文化传统，使我们更具有平衡的与英语世界相辅相成的世界观，所以华文教学不只是听说读写，更重要的是灌输中华文化与传统价值观（樊荣和彭爽，2008：64-66）。

五、新加坡的英语教师教育

新加坡唯一类似于我国师范类大学的只有附属于南洋理工大学的国立教育学院（National Institute of Education），这所教育学院培养了大部分的中小学教师。按照政府规定，教师属于国家公务员，称"教育官"。在教育学院经过两年学习并取得教育专业文凭则可以担任小学教师，在其他大学获得普通学士学位或者荣誉学士学位的大学毕业生再进入教育学院经过一年的专业培训后可担任中学教师。

小学教师培训课程设置非常丰富，涵盖各种基础英语教学方法、儿童教育心理学、教学大纲课程以及教学实习，如表1.1所示。

表1.1 新加坡小学教师培训课程设置及内容

课程设置	课程内容
教学基础入门	小学英语教学：互动教学环境中的教学技巧与知识培训

续表

课程设置	课程内容
学习与教学入门	大纲课程
学习与教学中的个体差异对待与分析	英语语言入门 1
小学生学习与思维策略	英语语言入门 2
互联网教学和学习技术	教学中的英语语言（书面交际）
英语语言教学	教学中的英语语言（口语交际）
小学英语教学：语法	小学英语教学：阅读、词汇、写作
小学英语教学：口语交际	教学实习

中学教师培训课程则在以上课程的基础上加入了与语言学、文学及心理学相关的课程，如表 1.2 所示。

表 1.2　新加坡中学教师培训课程设置及内容

课程设置	课程内容
教育技术	教学与学习的社会背景研究
学生发展与学习进程心理学	教学与课堂管理
问题学生的教育	尖子生的教育
高效思维与学习策略	学习与动机心理学
创造性思维与批评性思维的教育与培养	文学研究方法
文学与文学评论写作	语言教学方法
新加坡中学语言教学观	语言学习
语言技能提高课程	教学中的语言（口语与书面交际）
教学实习	教学实习内容因学校而异

以上课程内容摘录于国立教育学院 2009 年教育专业指南（National Institute of Education, 2009a&b）。

新加坡英语教师职前教育制度的形成及课程的设置与新加坡英语语言教学大纲的变化密不可分，应该说它是随着教学大纲的改变而改变的。（韩玉萍和郭佳，2012：85-87）在相当长的一段时间里，新加坡英语受国内其他语言的影响，与国际认可的语音、语法的英语有一定差异。2001 年新加坡教育部出台的教学大纲要求中小学英语教学要符合语言应用的三个方面：为得到信息而使用的语言、为教育而使用的语言和为社会交际而使用的语言（Ministry of Education, Singapore, 2001a&b）。因此，新加坡的中小学英语语法教学都是融入听、说、读的实际英语使用环境中的，而非简单列举语法规则。

除此之外，新加坡的教师实习也颇具特色。有别于我国师范类院校的学生在大四的集中实习，新加坡的教师实习从入学即开始，每周四个小时，持续整个学习阶段。整个教师培训项目设计以建构主义学习理论为基础，培训中强调学员对英语教学技能的自我建构；学员每周都要深入教学一线了解实际的英语教学到底是怎样一种情况，然后再回到课堂学习如何备课、如何评价学生、如何处理突发事件等。

作为一个多民族国家，新加坡的语言教育在过去半个世纪取得了成功；其制定的语言政策不但符合国家经济发展的需求，同时也维护了社会稳定和各民族团结。通过对新加坡语言政策和教育规划的研究，找到其背后所蕴含的精神、原理及理论研究成果，对我国少数民族地区语言政策的制定无疑有一定的借鉴意义。

第三节　马来西亚语言政策及三语教育

马来西亚，简称大马，被南中国海分为两个部分，分别是马来半岛的西马来西亚和位于加里曼丹岛北部的东马来西亚。人口约 3000 万人，其中马来人占 68.1%，华人占 23.8%[①]，其他为以泰米尔族为代表的少数民族。马来西亚于 1957 年 8 月 31 日摆脱英国殖民统治，获得了国家独立。

与新加坡类似，马来西亚主要日常交流的语言有马来语、英语、华语和泰米尔语。其中马来语和英语是当地人日常生活中的主要交流用语，而华语和泰米尔语则主要在本族人之间使用。马来语是国家规定的国语和官方语言，是政府、企业的工作用语，同时也是受马来西亚政府资助的学校的教学媒介语。

一、马来西亚的语言政策

马来西亚宪法第 125 条规定："国家语言必须为马来语，唯：①除了官方用途外，任何人不得受到禁止或阻止使用，教导或学习任何其他语文；②此条文不得影响联邦政府或任何州政府去维护及扶助联合邦内任何其他民族语文的应用和学习的权利。"这是马来西亚所有语言政策制定的基础，保证了除马来语以外的其他民族语言（主要是华语和泰米尔语）的生存空间。（郭彩霞和张治国，2015）

房建军（2012）、方颖（2008）、郭健（2011）等学者对马来西亚政府建国以后所颁布的重要语言政策做过系统研究，从中可以了解主要内容与发展脉络。

（1）《1956 年拉萨报告书》。所有学校必须教授马来语；英语是小学必修

[①] 数据来自外交部网站：http://www.fmprc.gov.cn/web/gjhdq_676201/gj_676203/yz_676205/1206_676716/1206x0 676718/[2017-11-01]。

课；如有 15 名学生家长要求教导华语或者泰米尔语，校方应为他们开办母语班；在不以马来语和英语为教学媒介语的中小学，马来语和英语被列为必修课。华语和泰米尔语在小学被纳入国家教育体系中，保留小学原有的使用不同教学媒介语的制度。

（2）《1960 年达立报告书》。创造国家意识，减少语文与种族的差异，最终淘汰华文学校和印度学校而仅剩马来语、英语两种学校。从 1961 年起，中学的所有公共考试，只能以马来语或者英语作为考试媒介。

（3）《1961 年教育法令》。为了国家的团结，教育政策的目标必须是从国家制度的学校中消灭种族性的中学，以确保各族学生在国民中学就读。欲继续获得政府津贴的华文中学，必须改制为国民型中学。

（4）1967 年《国家语法令》。提出要将马来语作为政府学校的主要媒介教学语言的目标，但此法令不涉及华文和泰米尔文小学。取消了英语作为官方语言的地位，马来语正式成为国家唯一官方语言。

（5）1969 年《阿兹报告书》。提出要把学校的教学媒介语转变为英语或者马来语，否认华校董事局的权力，想将其改为学校发展局。规定合格教师的最低资格必须为马来西亚教育文凭或者剑桥文凭。

（6）1979 年《马哈迪报告书》。为了统一国内各民族，提出要将马来语作为所有年级的教学科目，并且是马来西亚教育文凭考试、马来西亚职业教育文凭、初级中心评量测试等重要的考核内容。还提出要大力培养马来语师资。

（7）《1995 年教育法令》。提出马来语是国家所有教育机构的主要教学媒介语。教育部长有权聘用额外董事改组原来的华校董事会，也可以任命他认为能胜任的人选取代"不合格"的董事会成员，甚至可以开除"不合格"的董事会成员。华校的每位董事会成员必须向"教育部总注册官"注册，总注册官有权不通过他认为不符合条件的董事成员的注册。独立中学只有得到考试局的批准才能举行非校内统一考试。同时维持国民型华文小学和泰米尔小学的原状，允许持续开办华文或者泰米尔学校。

（8）2003 年马来西亚教育部重新引入英语，允许在中小学阶段的数学及自然科学课程教学中使用英语教学。

二、"独立中学"（以下简称独中）的由来

纵观马来西亚政府近半个世纪的语言政策，其用意均是提高马来语在本国的地位的同时，打压其他民族语言，甚至包括英语的地位。在 20 世纪 50 年代至 70 年代，独立后的马来西亚政府企图将所有民族类学校改制，通过无故节制民族类学校的办学经费、肆意更改公共考试的考试媒介语、质疑甚至剥夺民族类学校教

师的任教资格等各种手段来维护和促进马来语在国内的独尊地位；碍于宪法中对各种民族语言使用的规定以及怕被打上种族歧视的政府的烙印，同时由于马来西亚华人工会在政府国会上的奋力抗争，政府并未明令禁止国内的华语学校办学。

《1961年教育法令》提出不再继续为华文学校提供津贴以后，大多数的华文中学决定改制为国民型中学，接受政府资助，并将其教学媒介语改为英语。但有10多家华文中学拒绝改制，转变为自筹经费、自主招聘教师和招收学生的独中。

独中的快速发展开始于20世纪70年代马来西亚华人的独中复兴运动。全国发展华文独中工作委员会（以下简称独中工委会）于1973年成立，发布了《独中建议书》，概括了独中的四大使命和六大方针，明确提出：华文独中兼授三种语文（华语、英语、马来语）；坚持以华语为主要教学媒介语；传授和发扬优秀中华文化，为创造多元种族社会新文化而做出贡献；在不妨碍母语教育的原则下，加强对马来语和英语的教学，以配合国内外的客观要求。（方颖，2008：1-8）同时独中工委会还成立了教材、课程编写委员会和考试委员会，为独中统一设置课程内容，编写教材，为独中学生统一组织毕业考试并颁发文凭。马来西亚政府不承认该文凭，独中工委会便积极与国内私立大学和国外大学联系，申请承认独中统考文凭。迄今为止，独中统考文凭已将影响扩大到世界各地，得到国外大学的广泛认可。中国教育部也认可获得文凭的独中学生，同意其免试汉语直接进入中国的大学学习。

马来西亚独中根据这份建议书开始了三语教学。在此期间，马来西亚政府还是规定国内以英语为教学媒介语的学校必须改为以马来语为教学媒介语，这间接导致独中学生的流失。而全部改用马来语授课，必将逐步导致中华文化在马来西亚传承的消失。于是华人又将子女送回华文独中学习。由于以上原因，独中得到了教育规划和资金上的支持，进入了高速发展时期。

三、"独中"的三语教学

经过多年建设，独中的课程设置、教材编写和考试评估等一系列的教学环节都已经相当成熟和完善。独中为学生提供华语、英语、马来语、数学、物理、化学、生物、体育等10多门课程。三语课程的总课时占所有课程的一半左右。语言类课程设置按照年级和学校的不同而有所区别。

2006年由中国国务院侨务办公室主办的亚洲华校校长研修班吸引了17所马来西亚独中校长参加。方颖（2008）对他们进行了采访和调查，使我国三语教育工作者对独中的三语教学具体情况有了更多的了解。表1.3—表1.5是校长们所提供的资料，其中，表1.3为马来西亚柔佛新山宽柔中学各年级语言课程课时数；

表 1.4 为马来西亚诗巫公教中学各年级语言课程课时教；表 1.5 为马来西亚新文龙中华中学各年级语言课程课时数。

表 1.3　马来西亚宽柔中学语言课程课时设置

年级 语言类别	初一	初二	初三	高一	高二	高三
华语	7	7	7	7	7	7
英语	7	7	7	7	7	7
马来语	6	7	7	6	6	5

注：高二的商科学生马来语课时比其他学生多一节

表 1.4　马来西亚诗巫公教中学语言课程课时设置

年级 语言类别	初一	初二	初三	高一	高二	高三
华语	6	6	6	6	6	6
英语	5	5	5	5	5	7
马来语	5	6	7	5	4	5
英语口语课	2	2	2	2	2	0
马来语口语课	0	1	0	1	1	0

表 1.5　马来西亚新文龙中华中学语言课程课时设置

年级 语言类别	初一	初二	初三	高一	高二	高三
华文语	7	7	7	6	6	6
英语	7	7	7	6	6	6
马来语	6	6	6	6	6	6

三所学校的语言课程设置情况表明，马来西亚独中对待三种语言的态度基本是同等的，每周华文和英语大概比马来语多出一个课时。鉴于独中采用华语为教学媒介语，我们可推测独中对待三语的态度是华语＞英语＞马来语。

独中的三语教师都不会兼授其他语言课程，但华语教师可能会兼授历史、地理等文科课程，但也不会超过 2 门。所有独中均使用相同的教学大纲和统一考试标准。"华文"教材为各学校公用。由于独中工委会独立于马来西亚教育体制之外，无法在国内聘请优秀的英语和马来语专家，而且英语和马来语的教学媒介语又是华语，所以英语和马来语的教材选用由各个独中自由决定。

马来西亚还保留有以华语为教学媒介语的中小学，可以说马来西亚的华小和独中从一开始就为学生提供了良好的母语学习环境。其他华侨人口较多的国家都将华语作为第二语言来教，教学媒介语一般是英语，如新加坡、菲律宾等。独中学生经过六年的高强度的三语学习，逐步建立起三语能力优势，为他们进一步接受高等教育奠定了良好的语言基础，尤其是在独中统考文凭在世界上被广泛承认的条件下，越来越多的独中毕业生出国留学。

四、马来西亚的教师继续教育

1967年的《国家语法令》取消了英语的官方语言地位，此后的几十年马来西亚的国民中小学的教学媒介语一直是马来语。2003年马来西亚教育部又提出"在中小学阶段的数学及自然科学课程中使用英语教学"。造成的后果是45岁以下的数理化教师英语能力偏低，无法熟练使用英语为媒介语来教授自然科学。因此，教育部被迫就国民中小学的教师进行英语培训。

培训主要由马来西亚数理英语教学培训中心（English for the Teaching of Mathematics and Science）实施，其目的是提高自然学科教师的英语水平，使之能有效使用英语作为课堂用语。培训的对象是在读书期间以马来语学习自然学科的教师。孔颂华（2007）对培训的形式和内容进行了概括。

培训课时共240小时。分授课和自学两种方式和两个阶段。在第一阶段有90小时的面授，70%的面授和自学都用来提高教学的语言能力。第二阶段内容视第一阶段培训效果而定，主要还是强调教师的有关自然学科内容的语言应用能力的培养。培训的内容也分两个方面：处理课文内容的能力训练和教学语言能力训练。主要培训活动有：①导入活动，练习课文内容的自然导入、开场白；②词汇扩展，增加与授课内容有关的专业词汇；③课文扩展，阅读与课文内容有关的材料；④语言操练，注重课文内的语言现象；⑤讨论，受训教师之间使用英语讨论课文内容；⑥语法训练，基础语法学习；⑦语言准确性训练；⑧语言运用，在不同教学场景下练习面授内容；⑨实习，语言实验室内进行试讲试教；⑩总结，所有课程结束后教师回顾所学内容，为自己设定以后的学习目标，同时给培训中心反馈个人信息。

2005年马来西亚科技大学的一项调查报告显示，经过培训后的自然学科教师在使用英语为媒介语授课的能力方面有显著提高，仅有不到5%的教师表示还不能胜任工作，而超过75%的教师表示自己完全有能力使用英语完成授课内容（Rahman et al., 2005）。

独中所授的华语属汉藏语系、英语属印欧语系、马来语属南岛语系。这三种语言的距离、语言地位、师资力量、教学经费等使独中的三语教学困难重重。但是，尽管独中经历过挫折，至少目前他们是走在正确的道路上。独中的三语教学经验对三语习得理论的研究提供了良好的素材，同时也为其他国家的三语教学提供了范例。

第二章　国内三语教学与三语教师培养理论与实践

本章内容主要分为四个部分。首先是介绍我国当前与少数民族地区语言教育有关的政策，其次描述近 20 年来少数民族地区三语教学发展情况，再次探求我国少数民族地区三语教学发展的自然规律，最后将我国少数民族地区划为北方、东北、西南、西北四个地区并分别对其三语教学进行比较细致的梳理和总结。

第一节　中国的语言法律与政策

语言是人类文明传承与发展的主要载体，是不同民族、不同地域的人相互沟通的主要手段。维护和保持各个民族的语言传承是人类文明向前发展的基础。语言政策是这种维护和保持的根本保证。政策和法规的制定是宪法精神的体现。《中华人民共和国宪法》中有两条与语言文字使用有关的规定：一是各民族都有使用和发展自己的语言文字的自由；二是国家推广全国通用的普通话。前者保障了我国各少数民族的语言文字享有合法地位，各族人民都有权利自由选择使用符合各自实际需求的语言文字；后者主要是由于中国少数民族语言众多，推广普通话有助于解决国内的言语交流问题。《中华人民共和国宪法》中的这两条描述是中国语言政策的根本，既体现了中国 56 个民族之间平等、团结的民族关系，也通过普通话的推广来体现各族人民对同为中华民族一员的身份认同。

一、中国少数民族语言基本情况

中国少数民族人口总数大约占总人口数的 8.41%。各少数民族之间人口差异很大。壮族人口最多，有 1600 多万人[1]。珞巴族人口最少，约 2965 人[2]。

---

[1] 数据来自中华人民共和国中央政府网站：http://www.gov.cn/guoqing/2015-07/23/content_2901594.htm [2017-9-30]。

[2] 数据来自中华人民共和国中央政府网站：http://www.gov.cn/guoqing/2015-09/25/content_2938895.htm [2017-9-30]。

汉族遍布全国各地。在中国汉语不但是使用人口最多的语言，而且是各种社会领域中普遍使用的语言。出于对文化交流、教育、经济等方面的考虑，大多数少数民族一直在学习汉语。

少数民族主要聚居于中国西部和北方的高原和山地。历史上的战乱及部落的迁徙等，造成中国各个民族发展的不均衡，这也使少数民族语言分类变得相当复杂。55个少数民族使用的语言超过80种。例如，云南的白族与在四川和云南广泛分布的彝族实际上有共同的祖先，即古南诏国，但现在两个民族在使用不同的语言文字：白语和彝语。有的民族具备自己独特的文化、教育传承，但没有自己的文字，如分布于云南红河州附近的哈尼族历史上就没有本民族的文字，中国政府于1957年根据哈尼方言为基础方言，采用拉丁字母的形式创立了一套哈尼族文字方案并实施了推广。有的民族甚至内部不同支系的部落使用的语言都不相同，如瑶族内部通用三种语言，分别是勉语、布怒语和拉咖语，景颇族内部使用景颇语和载瓦语。

中国少数民族语言使用情况大致可以分为三类：①以蒙古、藏、维吾尔、朝鲜族为代表的聚集区。由于地域辽阔、人口众多、本民族历史文化悠久，这些民族在教育、新闻传播、民族艺术等活动中相对比较广泛地使用本民族语言。②以彝族、傣族为代表的聚集区。这些民族内部虽然也频繁使用本民族语言，但主要限制于口头交际和重要文件翻译。③以羌族、哈尼族为代表的聚集区。这些民族本身没有系统文字传承，一般使用汉字。这种类型的少数民族占有一定比例。

经过历史上无数次的战乱、迁徙和人口流动，中国的56个民族形成了今天的各民族互相杂居的局面，汉族和少数民族之间已经在政治、文化、经济、教育等社会各个领域形成了不可分割的关系。对第二和第三类情况，由于历史和现实的原因，汉语已经成为本民族学习、生活和工作的重要组成部分。对于这些少数民族，政府在语言政策的制定上较为灵活。而另一类少数民族，如维吾尔族、藏族，这些民族有大片的民族聚集区，在其聚集区内汉族人口比例一般少于少数民族，而且绝大部分人只会使用本民族语言，仅少数人能够使用汉语。因此，少数民族语言政策的制定必须考虑这类民族的实际语言使用情况和历史文化传统。

二、少数民族语言政策

基于《中华人民共和国宪法》中有关民族语言使用规定以及我国少数民族语言使用的具体情况，1949年以来我国政府针对少数民族语言使用制定了一系列的政策和语言使用方案。其中道布（1998）发表的《中国语言政策与语言规划》比较具体地描述和总结了与少数民族语言文字政策有关的八个方面的内容。

（1）民族自治地方的自治机关在执行公务的时候，使用当地通用的一种或者几种语言文字。例如，在有通用少数民族文字的民族自治地方，政府设立少数民族语言文字工作机构和翻译机构。政府的文件汉文与少数民族文字并用。会议提供少数民族语言文字翻译。少数民族公民可以使用本民族语言文字进行诉讼。政府机关、社会团体、企业、事业单位的图章、牌匾，开会时悬挂的会标，都要汉文与少数民族文字并用。

（2）在全国人民代表大会、中国共产党全国代表大会、中国人民政治协商会议等重要会议中，为少数民族代表提供蒙古、藏、维吾尔、哈萨克、朝鲜、彝、壮七种少数民族文字的文件译本和七种语言的同声传译。选举票和表决票与汉文同时使用上述七种少数民族文字。

（3）在少数民族教育中，有通用民族文字的少数民族，在以招收少数民族学生为主的学校和专业中，使用少数民族文字课本，使用少数民族语言教学，同时，从适当年级开始（一般是从小学低年级开始）开设汉语文课程，实行双语（民族语+汉语）教学体制。

（4）国家扶持少数民族语文翻译、出版事业。从中央到地方，建立了一系列少数民族语文翻译机构和出版社、印刷厂。

（5）国家扶持少数民族语文的新闻、广播、电影、电视事业。内蒙古、新疆、西藏、延边等许多少数民族自治地区的电视台都有播放少数民族语文电视的频道。

（6）国家扶持少数民族作家用自己的语言文字进行创作，扶持少数民族艺术工作者用自己的民族语言进行演出。

（7）提倡各民族干部、群众互相学习语言文字。在中国这样一个多民族、多语言、多文字的统一的社会主义国家中，无论就民族的整体来说，还是就每个民族成员来说，在一定的环境中，只使用单一的语言文字往往不能充分满足实际需要。不同的语言文字在各自使用范围内都是不可替代的。所以，提倡各民族互相学习语言文字，不但可以满足少数民族自身发展的需要，也有利于社会主义市场经济的建立和发展，有利于社会的全面进步。在少数民族地区工作的汉族干部，只有学会当地少数民族的语言文字，才能更好地了解少数民族的感情和愿望，才能更广泛地联系群众，才能够做好工作。

（8）少数民族使用语言文字实行自愿自择的原则。由于中国语言文字使用情况复杂，不但在不同的民族之间语言使用情况有明显的差别，就是在同一个民族内部，不同地区、不同支系、不同阶层、不同职业的人员之间语言使用也是不平衡的。为了使中国的少数民族无论就民族整体来说，还是就每个民族成员来说，都能够全面、充分地享有使用语言文字的自由，中国的语言政策中规定了自愿自择这样一个基本原则。这就保障了个人享有的使用语言文字的权利，能够与他们从使用语言文字过程中得到的实际利益相一致。

以上八个方面较为全面地表述了少数民族语言文字在中国政府公务、教育、音像文字出版、艺术创作等各个方面应该享有的权利以及各民族人民在选择使用语言文字上的权利。

三、中国语言政策规划的实施和发展

自从 1949 年以来，中国共产党和中国政府一直通过行政、教育的方法来推行中国的语言规划。从中央政府到少数民族自治区，各级政府部门一直在对语言文字的规划管理进行着不懈努力。具体的汉语和少数民族语言管理则通过国家语言文字工作委员会及国家民族事务委员会分别实施。

中华人民共和国成立之初的汉语言政策规划主要集中在三个方面：简化汉字、推广普通话和制定《汉语拼音方案》。简化汉字的笔画及汉字字数，目的是减少汉字学习的困难，为当时的扫盲运动提供有力的政策支持。王均（1995）对中华人民共和国成立后的文字改革做出具体的描述，认为 1956 年公布的《汉字简化方案》彻底贯彻了汉字改革的方针。同年，国务院出台的《关于推广普通话的指示》中对普通话进行了定义，要求全国小学、中学和师范院校使用普通话教学。1958 年 2 月 11 日第一届全国人民代表大会第五次会议批准颁布《汉语拼音方案》。方案以北京语音为标准，采用拉丁字母的拼音方法，为汉字注音，拼读普通话。从 1958 年秋季开始使用以来，《汉语拼音方案》在作为教学工具、推广汉语、汉字索引、专有名词音译等方面做出了巨大的贡献。

1949 年以来中央政府十分重视少数民族语言政策的制定。1952 年 8 月颁布的《中华人民共和国民族区域自治实施纲要》规定："各民族自治机关要采用各民族之间的语言文字，以发展各民族的文化教育事业。"后来还逐步通过了一批少数民族文字新创方案，为壮族、傣族、拉祜族、景颇族、哈尼族等多个少数民族设计了新文字或拉丁字母形式的拼音方案。

在"文化大革命"时期，由于当时的社会环境，各种语言政策的推行和实验工作逐渐停顿下来。改革开放带来的新的社会变革使少数民族地区的语言使用环境逐步发生着剧烈的变化。20 世纪 80 年代，在社会主义市场经济建立和发展过程中，少数民族与汉族交流日益频繁，少数民族双语使用人数增加迅速。许多少数民族学校的教育也发展为双语教育。20 世纪 90 年代初，随着改革开放的深入和国际交往的频繁，全国上下开始大力提倡学习英语。受此影响，不少少数民族家长不但要求孩子学好汉语，还要求孩子学习和掌握英语。到 2001 年，教育部颁布《小学英语课程教学基本要求（试行）》，全国各地小学开始教授英语课。各少数民族地区也开始对少数民族学生的英语水平做出要求。少数民族地区的三语教学（民语+汉语+英语）开始蓬勃发展。

1949 年以来，中国政府的语言政策和语言规划实施与发展的基本目的是在尊重、保护和传承各民族语言文字的前提下，更好地促进各民族之间的相互交往。

2001年1月1日起我国开始实施《中华人民共和国国家通用语言文字法》，进一步树立了普通话和汉字的法律地位，推动了我国语言文字使用的规范化和标准化。但是，受世界多元文化和汉语言文化的影响，如何保护和传承好少数民族语言文化是今后的语言政策及规划制定时要重点考虑的问题。

第二节　中国三语教学理论发展概况

1949年以来，我国语言政策的规划和发展基本上符合当时社会文化、经济、交流发展的实际情况。从最初的汉字简化、普通话推广、创造和保护少数民族语言文字，到改革开放以后少数民族地区在社会主义市场经济的推动下开展双语教学，再到《小学英语课程教学基本要求（试行）》的颁布促使少数民族地区三语教学的开展，少数民族地区的语言教学经历了"民族语→民族语+汉族语→民族语+汉语+英语"这样一个过程。从双语教学过渡到三语教学的时间较为短暂，我国学者对三语教学的研究也是近20年来才开始。因此，大部分少数民族地区在教材开发、教学方法研究与应用、教师队伍建设等各个方面都存在不足。本节拟对近年来我国三语教学研究的发展过程做一简要概述。

一、三语教学的定义

"三语"最初是广义上的三语习得（third language acquisition），是在"二语习得"（second language acquisition）研究基础上提出的对于第三语言习得的各种社会以及心理因素的研究。三语习得指除母语、第二外语以外的正在学习的一种语言。我国有学者对"三语习得"做出了专门的定义：具有一定语言能力的多语学习使用者（multilingual learner），除了其母语之外还必须至少掌握一门语言。该学习者该门语言的熟练度或者掌握级别要达到类母语（native like）的程度。并且该学习者正在进行除母语与第二语言之外的一门或者多门语言的学习。该学习者的上述语言学习过程即可以被称为"三语习得"（杨轩，2009:73-75）。盖兴之和高慧宜（2003）提出三语是教育部决定21世纪在全国小学开设英语课后的少数民族地区基础教育中进行语言教育的少数民族母语、汉语、英语（或日语、俄语）的简称。

根据不同学者分别从语言学角度和语言政策角度对"三语"提出的定义，现阶段我国少数民族地区三语教学对象应该是少数民族聚居区双语使用者（民族语+汉语）；教学目标语为英语（或日语、俄语等）的第三门语言。因此，我国三语教学研究主要是针对少数民族地区双语使用者的英语教学研究，其中应包括教材、教学理论、语言认知理论、教师培养及语言政策等方面。

二、三语教学的意义

我国少数民族地区分布范围广阔，主要分布在西南、西北及东北地区，普遍具有自然资源、文化资源丰富但是经济发展相对滞后的特点。同时，由于中华人民共和国成立后多年的民族文化融合，许多少数民族聚居区已发展为双语社会，即操少数民族母语与汉语的双语人成为这些地区的主要社会群体。经济发展的不均衡、民族文化的冲突以及教育的相对滞后等都可能影响部分少数民族地区的社会稳定。语言是民族文化传承的载体，是一个民族存在的重要标志。语言教育是民族教育的一个重要组成部分。处理好民族语文问题对于民族的发展繁荣，各民族的和谐团结都有重要的作用。（戴庆厦，2009：28-32）因此，长期以来发展少数民族地区教育，实现民族地区的长治久安和繁荣富强一直是我国教育面临的一个重要课题。

随着全球经济一体化的发展，各国家、民族间经济、文化交流趋于频繁，英语已经成为世界性语言。要发展少数民族地区经济，就要对外交流，因此少数民族外语学习必不可少，民族语言教育也应逐步从"民族语+汉语"发展到"民族语+汉语+英语（或日语、俄语等）"。

三、我国少数民族地区三语教学理论研究的发展过程

1949年以来我国政府努力发展"民族语+汉语"的双语教学模式，以促进少数民族文化的传承和中华民族文化的融合，培养传承和推广少数民族文化的人才。虽然，2001年的《全国教育科学"十五"规划课题指南》才正式列出了关于三语教育试验研究的课题，但从1992年开始，我国部分少数民族地区就已经开始了三语教学实验，其中以内蒙古自治区的"蒙古语+汉语+英语"以及延边地区的"朝鲜语+汉语+英语"的三语教学改革最为引人注目。

在双语教育发展的基础上，为促进民族教育教学领域的改革，把少数民族学生培养成适应现代化建设、适应社会市场经济和21世纪要求的新一代，以内蒙古自治区为代表的各少数民族聚居区开始有意识地在中小学开始实验三语教学。1992年，内蒙古师范大学附属中学开始进行三语（蒙古语、汉语、英语）教学改革实验，目的是既要加强少数民族文字、汉语的学习，又要重视外语的学习和使用，能够很好地促进各少数民族与汉族的文化交流、融合，同时又能让学习者更好地吸收国外先进科学技术。（吴布仁，1996：29-30）1997年，内蒙古自治区教育厅采取措施强化三语教学改革，如通过在蒙古语授课学生中推行汉语水平考试、改革高校招收少数民族学生的考试制度等方法逐步在中学推行三语教学。

我国的三语教育从实践到理论研究可以分为两个逐步深化的阶段。

（一）1992—1998 年：三语教育研究的起步阶段

20 世纪 90 年代以来，我国学术界对少数民族双语教育的研究取得了较快发展。人们对双语教育有了较客观明确的认识，双语教育在向法制化迈进，双语教育研究获得了多个国家级项目。少数民族的双语观念也在发生变化，少数民族双语教育实验在各地陆续展开（戴庆厦和关辛秋，1998：79-84）。

研究者在双语教学研究的基础上提出了三语教学改革的思想，明确了三语教学的意义。探讨了三语教学中的课程设置、教材教法等具体问题。此外，通过六年的三语教学实验，内蒙古地区开始改革课程设置与考试制度，逐步推广了三语教学。

此阶段为三语教育与研究的初期，专家们主要从教学实践入手探讨三语教育的可行性及其意义。

（二）2001—2007 年：三语教育研究的发展阶段

在三语教学改革的基础上，研究者将目光从课堂教学、课程设置、教材教法的具体问题上逐步转向语言政策、语言学理论、民族文化融合等更为广泛的领域，逐渐从对教学的研究转变为对教育的研究，从而将三语教学深化为三语教育。敖木巴斯尔（2004）指出：三语教育不等同于三语教学，因为三语教学这个术语不能覆盖民族学校语言教育的全部内容，也不能解决有关的问题。

教育部在 2001 年颁布的《小学英语课程教学基本要求（试行）》开始对小学生的英语水平提出要求。以此语言政策为指导，我国少数民族地区开始了实际意义上的三语教育。三语教育研究渐入佳境。国家开始资助三语教育实验、理论研究课题。例如，2002 年内蒙古自治区赤峰市承担了全国教育科学"十五"规划课题"民族中小学自主创新三语教育整体改革实验研究"，全国 12 个省、100 多所学校和 1000 多人参加了该课题及其子课题研究（敖木巴斯尔，2004：55-62）。2004 年全国教育科学"十五"规划教育部规划课题"少数民族散杂居地区'三语'教学改革的创新研究"成功立项。2005 年和 2006 年，刘全国主持的教育部人文社会科学青年基金项目"西北藏族地区英语三语教育田野工作研究"和国家社会科学基金西部项目"民族地区'三语'环境下的语言接触：田野工作与理论研究"分别获得立项。

大多数研究最初主要放在了第二、三语言学习课堂教学改革与如何将语言学理论应用于三语教学改革上。国内学者多以语言学理论和实践为基础探索少数民族学生"双语"和"三语"的教学改革。例如，杨彩梅和宁春岩（2002）通过分析中国英语学习者语料库，提出了一个本族语、目标语和中介语三语相交的第二语言习得模型。开始重视三语教学对影响学生英语学习效果因素的研究，谢伟华

（2002）认为应从激发英语学习兴趣、正确归因和增强自我效能感这三个方面来培养和激发英语学习动机。盖兴之和高慧宜（2003）简要分析了三语教育的定义、内容和师资与研究人才的培养三个方面的功能及其相互关系。少数民族语言教学改革研究逐步向民族教育领域研究迈进，如郭天翔、孟根其其格和唐苏格从社会学、人类学、心理学及教育学角度出发，对双语、三语教学问题进行分析和研究，并提出了相应的对策（郭天翔，孟根其其格和唐苏格，2003：48-50）。

由于各少数民族地域不同、文化不同、语言系属不同，再加上各地区经济发展导致的办学条件的不同，这个阶段的三语教育研究除了继续深化理论研究以外，各地学者纷纷开始了针对不同地域少数民族外语教育的实证研究。敖木巴斯尔（2004）从2002年开始了三语教育改革实验研究课题，其研究对象主要针对蒙古族学生，车雪莲（2006）对延边地区朝鲜族的中小学三语教育开展了研究，杜洪波（2008）对藏族学生英语学习特点进行研究，阿呷热哈莫（2007）对凉山彝族地区的三语教学可行性进行研究。通过一系列的实证研究，我国学者逐步提炼出"三语习得"理论，如吴音白那（2009）对蒙古族学生语法时态的语际影响实证研究表明，三语教育中英语课堂教学、教材编写应该使用蒙古语而非汉语。田有兰、刘明和原一川（2007）对彝族、哈尼族、白族三个少数民族的英语学习中的语用迁移方面做了实证研究，陈丽华（2008）对朝、汉、日三语者在英语学习中的正迁移现象进行了研究。

对国外三语教育研究成果的借鉴也得到学者们的重视。李晓和童安剑（2009）在《关于少数民族聚居区三语教育研究意义的思考》一文中，阐述了卢森堡的语言政策的成功案例。曾丽（2011）在研究中详细阐述了包括西班牙、加拿大等国的语言政策及欧盟对语言多样性发展的重视。重视多元文化背景下的三语教育研究开始起步。乌力吉（2005）指出，少数民族三语教育的实质是跨文化教育。多元化的语言、文化环境使少数民族学生在三语习得过程中的可变性增加。

与前面一些学者的研究结论不同，刘全国（2007）发现，少数民族学生在学习第三种语言时非但没有认知上的优势，反而遇到许多认知、文化和心理上的困难。胡德映（2007）开始关注跨境少数民族的语言使用情况以及位于边境的少数民族学生三语学习方面的困难。

第三节　多语能力与多语教育研究会对三语教学研究的推动

为了促进三语教育研究与教学实践交流，我国多次举行了三语教育国际学术研讨会，迄今为止已经举行了八届，2017 年 10 月还将在云南的普洱学院召开第九届国际学术研讨会。

首届国际学术研讨会——中国少数民族地区三语现象与三语教育国际学术研讨会于 2009 年 12 月 18—19 日在香港教育学院举行，由此揭开了由我国学者主导和参加的三语教育研究与实验的序幕。第二届国际学术研讨会于 2010 年 10 月 24—26 日在云南师范大学举行。第三届国际学术研讨会于 2011 年 6 月 24—25 日在西南大学举行。第四届国际学术研讨会于 2013 年 3 月 7—9 日分别在四川师范大学和阿坝师范学院举行。第五届国际学术研讨会于 2013 年 10 月 31 日—11 月 2 日在吉林延边大学外国语学院召开。第六届国际学术研讨会于 2014 年 11 月 28—30 日在宁波诺丁汉大学召开。在第六届会议召开之前，学者们于 2014 年 3 月 28、29 日在云南师范大学举行了中国多语教育高层论坛。

对我国的三语教育研究具有里程碑意义的是第七届会议。由于党和政府语言教育政策的不断完善，国内已形成以汉语普通话和方言为主、各少数民族语言和外语为辅的多语言现象，为适应这种新变化，出席本届会议的专家、学者和三语教师决定成立以原一川教授为会长的"中国区多语能力与多语教育研究会"，挂靠在"国际多语教育协会"（International Association for Multilingual Education），该协会总部设立在香港并由鲍勃·亚当森（Bob Adamson）教授领导，旨在促进中国对多语言及多语言教育的研究，在国内外传播有关多语言及多语言教育相关知识的学术信息及在国内外保持与多语言及多语言教育制国家和相关教育研究机构的交流、沟通。

下面简要回顾其中几次会议取得的研究成果。

2013 年召开的"第四届中国少数民族地区三语现象与三语教育国际学术研讨会"围绕推动我国少数民族地区三语教育的改革与发展，促进国际学术界对三语现象与三语教育的学术研究，对探索多元文化背景下三语教育的有效途径展开研讨。联合国教科文组织职业教育中心主任兼国际教育及继续教育部主任鲍勃·亚当森教授举行了题为"English in China, past and present"的学术讲座，班戈大学冯安伟教授举行了题为"发展推广三语教学强式模式：what, why and how?"的讲座，这两位教授分别对中国三语教学项目的第二阶段情况进行了介绍。大会涉及的主要问题有全国、省、市、自治区、县、乡各个层面三语教学政策的制定、课程设置、多民族混杂区域的语言教学策略、影响政策制定的因素或形式、政策研究理论与模式等。中国张贞爱教授的"Policy making and trilingual education development in Yanbian"、刘全国教授的"Gannan language policy and school curriculum"、胡德映教授的"Language policies for multilingual Yunnan"、鲍勃·亚当森教授和冯安伟教授合作的"Research ethics"、冯安伟教授的"发展推广三语教学强式模式：what, why and how"、刘承宇教授的"有效发展学校三语教学能力的概述"、黄斌兰教授的"Developing bitrilingualism in Guangxi（report of a research project）"、马福教授和吴晓红教授的"Trilingual programmes at Qinghai University for nationalities"、张霞副译审和王革教授的"Preschool bilingual education in ethnic minority areas：A case study of the Bai"、纳日苏老师的"Good practice in mongolian schools"，以及美国 Jacob Finifrock 的"贵州三语教学试验"、英国杜伦大学 Mamty Sunuodula 博士的"Effective trilingual learning by minority students in Xinjiang within the national and international context"等大会主旨演讲反映了本领域的最新学术研究成果。此外，围绕"学校制定教学语言的相关政策""学校招聘三语教师的相关政策""三语教学课程设置""如何对三语教师进行有效的培训""如何建构有效的三语教学环境""影响三语教学的负面因素""计划试验强式三语教育，行为研究以及创新性方法以发展添加性三语能力""评估正在实施过程中的三语计划与项目的有效性"等小组会议从不同的侧面探讨了三语教育与研究问题。

此次会议的一个特点是作为东道主的四川各院校学者组织了专场学术交流。四川师范大学孔令翠教授的"Trilingual teachers education in Sichuan Normal University"、四川民族学院刘成萍老师的"四川民族学院三语教师培训课程——回顾与展望"和黄信老师的"多语语料库：藏区三语教育的新途径"以及沈群英老师的"以甘孜藏族自治州为例探究藏汉英三语教育"、乐山师范学院黄健老师的"乐山马边彝族自治县三语教育情况调查"、四川大学锦城学院杜洪波老师的"藏—汉—英三语环境下藏族中学生英语学习的认知基础学习机制分析"、凉山民族中学徐蓉老师的"彝授英语教学实践与思考——以凉山民族中学的三语教学实践为例"、阿坝师范学院甲任教授的"藏汉数理教学的双语原则"等发言首次比较全面客观地对四川在三个民族自治州进行三语教育与研究的情况做了分析和研究，因而格外引起与会专家的注意并得到高度评价。

此次会议也有学者分享了少数民族地区三语教师培养实践的成果。来自青海民族大学的三语研究团队调查发现，一些三语教师认为民族语不能帮助学生学好其他科目，也就是说，如果以藏语作为学校教学媒介语，教学效果并不好。藏族地区有 40% 的教师能够使用汉语和藏语，而其他教师只能用藏语授课。几乎所有藏区教师的教学媒介语为其母语（藏语）。从教学效果看，青海省学生的高考成绩与其他省份相比差距比较大。在对待汉语的态度上，教师和学生都认识到汉语的使用价值以及其可能带来的社会效益，大部分学生渴望学好汉语，但是只有少数藏族地区教师能够使用汉语上课。在对待英语的态度上，学生们普遍认为他们有能力学好英语，但与此形成鲜明对照的是教师们普遍缺乏信心，认为英语对学生来说太难，不适合他们学习。教师们对英语教学的这种态度有可能影响学生英语学习的态度和效果。学者张霞和王革带领的研究团队以云南省大理白族自治州的一个白族小山村作为试验研究对象,希望通过白汉双语双文教育发展当地的基础教育。他们提出的教师教学原则是母语优先、自然过渡、学生为主、师生互动、寓教于乐、快乐学习、融会贯通、学以致用。在教师发展方面,他们从当地社区招聘接受过初中教育的白族老师实施白族教育培训计划。他们的试验不但提高了白族孩子的学习成绩,增强了其母语识读能力、表达能力与自信心,还促进了教师的发展,有利于地方民族文化传承。

第五届中国少数民族地区三语现象与三语教育国际学术研讨会围绕"推动我国少数民族地区三语教育的改革与发展,促进国际学术界对三语现象与三语教育的学术研究,探索多元文化背景下三语教育的有效途径"进行学术交流。延边教育科学研究所的俞永虎老师做了主题为"延边州朝鲜族三语教育发展回顾与展望"的发言,他回顾了延边州朝鲜族三语教育的历史,对延边朝鲜族三语教育的成效进行了概述,最后对延边州三语教育的发展提出了一些建议。接着,延边大学崔雪波教授做了"延边朝鲜族中小学朝鲜语模式探究"的发言、李红梅老师做了"延边朝鲜族学校汉语教育教学研究"的主题发言。参会专家胡德映教授做了"三语教学模式实证研究计划——以云南拉祜族为个案"的发言、马福教授做了"少数民族三语教育人才培养实践"的发言、孔令翠教授做了"The research report on trilingual education in Aba Tibetan and Qiang Autonomous prefecture in Sichuan Province"的发言、高琳佳老师做了"A study of the impact of Tibetan parents' self-cultural identification level on middle school students trilingual education"的主题发言。此次会议的一大特色是一批三语研究的后起之秀开始登上舞台:中国宁波诺丁汉大学的博士研究生 Darly Johnson 做了"Ethnography of a Chinese high school:Exploring English language learning in the neidiban program"的发言、香港教育学院博士研究生伊雅媛做了"Language-in-education policies in Inner Mongolia:Empowerment and identiy"的发言,以及英国班戈大学博士生 Jacob Finifrock 做了"The current status of classroom practices and the key stakeholders' attitudes in English-as-a-third language classrooms in the Southern Kam speaking area of Liping County"的大会发言。与以往会议的一大不同是主办者带领代表们到延吉市新兴小学现场观摩了五年级的朝鲜语课、汉语课和英语课。这些孩子们对朝、汉、英三门语言的熟练掌握程度,让所有参会的教授和老师们感到震惊。

此次会议上孔令翠教授提议成立全国性的三语教育研究组织,得到了与会专家的一致赞同。

2014年3月由云南师范大学承办的中国多语教育高层论坛吸引了来自英国诺丁汉大学以及中国香港教育学院、西南大学、西北师范大学、延边大学、四川师范大学等十多所院校的专家、学者参加。论坛还特别邀请了国际双语学会会长、中央民族大学首席科学家、云南师范大学汉藏语研究院院长戴庆夏教授莅临会议并做指导发言。此次论坛的议题有四个方面：①中国少数民族地区的三语教师教育——模式、理念和效果；②推动添加性三语能力的有效模型；③三语能力和三语教育评估以及相关政策研究；④有效三语教育与三语教师培训等。戴庆夏教授对此次论坛给予了高度的评价。他认为此次会议讨论的内容既符合中国的国情也符合世界发展的潮流和趋势。中国是一个以汉语为主的，多民族、多语种和多文化国家，开展多语教育研究是一件利国利民的举措，它有利于多民族和多元文化的和谐发展。当今世界，多元文化已为国际社会所广泛认同，发展多元文化首先是语言教育，也就是多语教育。此次论坛的议题与中国的国情、中央精神一拍即合，开展多语教育研究是当务之急。

此次论坛的一大贡献是将成立中国多语教育研究会提上了议事日程。

第七届国际学术研讨会于 2015 年 6 月 4—7 日在青海民族大学外国语学院举办。本届研讨会分为四个分论坛。与会专家学者就三语教育理论与现状、实施个案和未来走势等内容从宏观、局部、微观方面做了 12 场主题发言和讨论。本届研讨会进一步开拓了参会人员的视野，提升了研究层次，为下一步开展更为深入全面的研究打下了基础。

第八届中国少数民族地区三语教育国际论坛暨中国区多语能力与多语教育研究会议于 2016 年 6 月 11—12 日在陕西师范大学举行。围绕"三语教育的理论探索与实践模式""三语环境下教师教育与教师培训""三语教育课程开发与实施""第三语言习得研究""三语教育相关研究课题成果交流"等五个议题发表了 23 场主旨演讲。冯安伟教授首先做了题为"中国区多语能力与多语教育研究会研究 SWOT 分析"的报告及"中国民族院校双语教学项目介绍"的主旨演讲，围绕青海、四川、新疆的三语教师培训项目开展了优势与发展机会的探讨，鲍勃·安德森教授做了"香港教育大学多语教育中英语课堂语言角色分析"报告，原一川教授做了"云南藏区三语教育语言生态评估"的演讲，张贞爱教授发表的《英语作为第二、第三语言习得的跨语言影响》探讨了朝、汉、英三语学生的语言学习状况，马福教授做了"双语学校英语教师培训困境"的发言。此外，云南师范大学胡德映教授、云南民族大学李强教授、香港教育大学崔太僖博士、贵州民族大学曾丽教授、陕西师范大学刘全国教授分别围绕"中国畹町与缅甸九谷跨境区域汉语识字情况调查""全球化背景下少数民族三语教育的理论研究与实践意义""多语教育·身份认同·跨民族性""清末民国时期贵州石门砍苗族地区外语教育研究""藏族学生藏—汉—英三语语言态度对比研究"做了主题发言。云南大学王革教授、曲靖师范学院王进军教授和苏玲副教授、延边教育出版社金文福老师、延边大学金秀东老师、广西大学黄斌兰教授、云南师范大学万永坤副教授、云南师范大学汤树兰副教授、内蒙古农业大学常云教授、西北民族大学伊希拉姆措教授、青海师范大学李增垠教授和西南大学单菲菲老师、内蒙古大学梁俊青老师等也和与会代表分享了他们的最新成果。

值得一提的是，第八届中国少数民族地区三语教育国际论坛是自 2009 年开展与三语教育有关的学术活动以来，国内规模最大、水平最高、影响力最广的三语教育国际论坛，标志着我国的三语教育与研究迈上了一个崭新的台阶。

第四节　中国的三语教育概况

三语教育是提高少数民族地区人口素质，加速少数民族地区经济发展的重要手段之一。困扰少数民族学生学好汉语和英语的主要原因之一是没有好的语言环境。不同的语言体现不同的文化，不同的文化带来语言上的冲突，三种语言的相互干扰使少数民族学生在语言课堂上受到其他语言的负迁移作用。而我国少数民族地区的三语教师由于语言水平、教学经验、本体素质等各方面的原因，很难为学生构建好三语共存的语言环境。要发展三语教育，就必须向少数民族地区投入大量的三语教师。三语教师教育已经成为目前掣肘三语教育发展的主要问题。

语言教学不仅是传授语言知识，也是在传承文化。树立三语教师的多元文化意识，将这种意识渗透到三语课堂中，提高三语课堂的文化教学内涵，进一步提升三语教学的质量。

经过我国各地学者对国家语言政策、语言教育规划以及三语教学理论的十多年的研究，在 2008 年前后，各少数民族聚居区的学者们开始逐步探索如何将三语习得和三语教学理论应用于三语教学实践工作。在此后的三语教学实践中，各地学者获得了宝贵的经验并开始从中总结不足，以期逐步建立符合各地实际情况的三语教学模式。本节选取了几种具有代表性的少数民族地区三语教学概况加以描述。

一、延边朝鲜族自治州的三语教育

在不同的历史时期，延边朝鲜族自治州朝鲜族的中小学教育曾出现过朝、汉、日、英、俄等双语或者三语教育。但始终不变的是，朝鲜族教育一直坚持使用本民族语言（朝鲜语）为教学媒介语。

1949 年以来，延边朝鲜族自治州的基础教育均采用本民族文字授课，课本（包括汉语课本）编写也使用朝鲜族文字。按照国内外统一标准划分，延边朝鲜族学校是采用"民语文为主"的双语教育模式。也有学者将之称为"兼通性双语教育"（姜永德，1998）。这种情况一直延续到了 20 世纪 80 年代改革开放以后朝鲜中小学开展双语教学改革。直到 2003 年，延边的朝鲜族学校才开始使用统一编写的汉语教材。同年，延边朝鲜族自治州朝鲜族教育改革工作领导小组办公室制定了《延边朝鲜族中小学"双语"教育改革实验方案》，包括：①延边朝鲜族学校从小学、初中起使用新编汉语教材；②部分课程用汉语授课；③使用汉族学校语文教材；④用汉语授课加授朝鲜语文；⑤使用第二套汉语教材；⑥朝鲜语文教学改革实验。这个改革的目的是希望平衡朝鲜语与汉语，努力做到双语教学。(来自延边教育科学研究所的俞永虎老师在第五届中国少数民族地区三语现象与三语教育模式国际学术研讨会上的题为"延边州朝鲜族三语教育发展回顾与展望"的发言)

教育部在 2001 年颁布的《义务教育小学英语课程大纲（试行）》标志着我国少数民族地区三语教育的全面开展。由于延边朝鲜族三语教学在此之前已经开始发展，相对于我国其他少数民族来说起步较早，发展较快。在延边地区已经出现了相当一部分的三语人（朝鲜语、汉语、英语）和四语人（朝鲜语、汉语、日语、英语）。

当然，延边地区的三语教育也存在一定的不足。赵洪妍（2009）在对延边地区朝鲜族小学英语教师进行了调查和分析后得出了如下结论：①教师对英语课程具有一定适应性，但水平不高；对课程标准理解程度不够，对课程实施原则的理解不够，对课程内容的开发与灵活运用有困难。②英语教师对新课程的适应存在教龄、学历、职称、从教时间和参与课程改革时间上的显著差异。③教师本体性知识缺乏，影响了课程内容的适应。④教师教学负担重，评价制度不合理，培训保障不力、培训内容方法单一、培训效果不佳。

延边朝鲜族自治州的三语教师所遇到的问题同时也出现在全国其他少数民族地区的三语教师身上。但是，多年来坚持不懈的双语教育使整个地区的朝鲜族人对目前所接受的三语教育表示认同。他们普遍认为三种语言存在内在的联系，当然也希望少数民族三语教师能具备三语能力。对延边朝鲜族民众而言，自身所具有的民、汉、外三种语言能力可谓是一种语言资本，这种语言资本使他们能够自如地发挥每种语言的作用，在本族间、族际及国际架构起沟通桥梁和交流平台。具备三语能力的少数民族学生从三种语言所产生的社会效益中获得了社会认可，他们切身感受到了三种语言教育的益处，这使他们对三种语言教育的认同度越来越高（张贞爱和俞春喜，2012：19-22）。

二、内蒙古自治区的三语教育现状

内蒙古自治区位于我国北方，与宁夏等 8 个省区相邻。以大草原闻名于世，自古以来就是少数民族的主要聚居地之一，如今也是我国五大少数民族自治区之一，人口以蒙古族为主。蒙古族有人口 581.4 万人[①]，是中国第九大少数民族。除内蒙古自治区外，在我国北方各省份都有蒙古族聚居地。

内蒙古自治区也是我国少数民族语言文字、文化教育和传承发展较好的地区之一。目前区内有近 2500 所中小学和 50 所职业技术学校，学生人数超过 70 万人。另有 13 所大学有蒙语授课，学生人数超过 10 000 人。所有学校按授课语种可划分为四类：①所有在校师生均为蒙古族，所有课程以蒙语授课；②同时以蒙语和汉语授课的双语学校；③以汉语授课的学校，但学生既有汉族也有蒙古族；④以汉语授课的学校，学生均为汉族。

这四种语言教学模式可以涵盖各种语言背景的蒙古族学生，不论是以蒙语为第一语言还是以汉语为第一语言的蒙古族学生都可以上与自己语言水平相符的学校，蒙古语授课贯穿了内蒙古自治区各教育阶段，从小学到大学均有蒙语授课。

内蒙古自治区由蒙语教育或双语教育逐步过渡到三语教育。模式的改变使进入大学的蒙古族学生更容易融入主流教育体系（接受蒙语授课→接受汉语、英语授课）。目前在民族学校中，蒙语课程平均每周一节，同时超过半数的民族学校还安排课时数目相同的汉语课程。大部分蒙古族学生都是在双语（蒙语、汉语）环境中上课。英语课程变化较大，过去的民族学校根据师资、学生素质等实际情况选择是否开设英语课，而现在英语课程已经作为必修课出现在小学课堂上。

三、云南省跨境民族的三语教育规划

云南省是我国与东南亚国家最重要的陆上通道，与越南、老挝和缅甸接壤，陆地边境线长达 4000 多千米。目前云南有 25 个少数民族，少数民族人口达 1534.92 万人，占全省人口总数的 33.4%[②]。在这 25 个少数民族中，有多个为跨境民族。这些跨境民族聚居区地域资源丰富，但经济发展较为滞后，而且毗邻世界上主要的毒品产地。提高跨境民族的人口素质对于边境地区的安全、经济发展和对外开放有着非常显著的意义。

云南省许多学者对少数民族尤其是跨境少数民族三语教育实践做了大量的研究，希望能制定出符合云南跨境少数民族实际情况的外语政策。原一川等（2013）做了关于云南跨境民族外语教育规划的研究。该研究以问卷调查得出

---

① 数据来自中华人民共和国中央人民政府网：http://www.gov.cn/guoqing/2015-03/18/content_2835608.htm[2017-9-20]。

② 数据来自中华人民共和国中央人民政府网：http://www.gov.cn/guoqing/2013-03/28/content_5046169.htm[2017-9-30]。

的数据为基础。问卷主要调查了跨境民族学生对待三语教育的态度。研究描述了云南跨境民族三语现象和三语教育的现状：受试学生的中文成绩不理想，英语成绩普遍较差。只有一半多受试学生的少数民族语流利，但几乎无人懂书面语。受试教师（校长）和家长们的汉语普遍较好。大部分受试教师（校长）的英语水平较高，少数教师（校长）的少数民族母语水平较高。少数家长懂本民族母语，极少数懂英语。受试学生和教师（校长）赞成学生能够同时学习英语和东南亚语（邻国语言），部分学生更愿意学习东南亚语言。在对学校语言教学的了解上，大多数受试者认为，所在学校非常重视少数民族语言和文化，对本民族母语、汉语和英语三种语言教学都给予了足够的重视；但还缺乏对少数民族语言文化的关注，这不利于三语教学的改革和发展。受试学生和教师（校长）都同意少数民族学生与汉族学生一样享受同等待遇，能够像汉族学生一样学好英语。同时，受试者一致认为学校需要更多的教学设备，受试者喜欢多民族共同就读的学校，学生的汉语、英语和民族语水平有待进一步提高，相信学生能把自己的母语、汉语和英语学好，所在学校聘用的少数民族教师人数应该多于汉族教师人数。受试者多认为双语/三语教育具有可行性。对于三语学习的先后排序，学生的答案是民族语、汉语和英语，而教师（校长）的排序则为汉语、英语和民族语。受试者普遍赞同三语教育能促进跨境地区的稳定和安全、地区经济发展和民族团结等，对三语教育的成效给予了充分的肯定。家长们则对学生能够同时学好三门语言持保留态度。

根据云南省目前的外语政策、跨境民族与邻国的文化背景和语言渊源，原一川教授等还提出了少数民族自治县采用民族语"就近"选择和非少数民族自治县采用邻国语种"优先"选择原则的建议。"就近"和"优先"的选择，意指云南边境少数民族学生不一定非要以英语作为外语来学习，可以选择邻国的语言，如河口、金平县接壤越南，这里的学生可以选择学习越南语，白族、彝族等少数民族聚居区的学生可以选择同为汉藏语系中藏缅语族的缅甸语。而边境的汉族学生，则因为存在得天独厚的语言环境（边境陆路相连，许多地区边境贸易发达），可用"优先"选择的原则，如中缅段地区的学生可以选择缅甸语，中越段地区的学生首选越南语，中老段地区的学生首选老挝语。

由于建议中出现了外语学科的转变，这几位学者还同时提出了成立第三方外语考试委员会专门应对负责外语考试的建议。

四、四川省的三语教育研究

由于经济欠发达以及地理环境的原因，西部是目前我国三语教师最缺乏的地区。西部地区的三语学者也同样积极开展了三语教育的实践研究。

四川省是我国少数民族聚居地分布广泛的省份之一，有甘孜、阿坝、凉山在内的三个少数民族自治州，还有若干民族自治县。少数民族主要有藏族、彝族、羌族等。四川省学者对四川的三语教学理论和实践的研究开展较早。2012 年召开的"第四届中国少数民族地区三语现象与三语教育模式国际学术研讨会"专门就"四川三语教学实践"开展了学术交流。四川师范大学外国语学院孔令翠教授代表四川同行就目前该省三语教学实践与研究做了题为"藏授中小学英语教师培养探索"的学术报告。孔令翠在报告中论证了藏族中小学英语教师培养的必要性和可行性，认为四川藏区目前没有能力培养英语教师，亟须开展藏族英语教师培养的理论研究和实践。与会的四川学者主要以四川藏族和彝族学生为研究对象，对包括三语教师教育、民族身份认同、三语教学方法、高校招收民族学生等各个方面进行了探讨。四川民族学院的研究团队介绍了该校招收藏族学生举办藏汉英三语教师专业培养三语教师的情况以及该校的三语语料库建设对三语教学实践的作用。四川大学杜洪波老师通过对藏语和汉语的语音、语调、语法和句法等方面的分析揭示了藏语和汉语间的语言迁移现象及藏族学生的学习机制。凉山民族中学的徐蓉老师分析了彝族学生英语学习中的困难，提出在语音教学上要注重比较彝英两种语言的发音，在词汇教学中要寻找与彝语意义相对应的表达方式，在语法教学中要注意比较两种语言句子的顺序等（王慧，金黛莱和孔令翠，2013：172-174）。

我国少数民族地区主要分布在经济欠发达地域。民语教育保证各少数民族文化的传承，汉语教育促进各民族相互理解和尊重，英语教育是各民族人民走向世界的保障。三语教育的发展不但能够促进这些地区的多元文化融合，还能进一步加速地方经济发展。

总体而言，我国少数民族地区的英语教师普遍存在三语水平参差不齐的特点：他们的母语水平最好，二语和外语水平次之。有的少数民族聚居区的三语教师本身就是汉族，只能使用汉语和外语。根据刘全国教授的研究，个体三语水平差异问题会引起个体认知发展的负面效应，而从三语教师身上产生的这种负面效应会在三语课堂上传播扩散，进而影响学生的三语能力发展（刘全国，2012：3-7）。

三语师资力量的培养目前在我国还处于起步阶段。三语师资获取的捷径就是从民族大学培养，必须得到政府的大力支持。（范允龙，2012：199-202）民族大学的少数民族学生本来就已经懂得少数民族语言和汉语，在他们当中招收英语学生，或者在民族大学开办英语师资培训班、英语师范班是最为有效和快捷的师资获取途径。

从 1949 年以后国务院推行普通话、汉字简化改革到针对少数民族语言使用制定一系列的政策和语言使用方案，中国政府始终在语言政策制定上遵照《中华人民共和国宪法》的规定，维护我国少数民族的语言文字使用权利。20 世纪 90 年代以来，各少数民族地区的三语教学试验开始蓬勃发展，至今已经过去了 20 多年。对过去 20 多年来三语教学理论研究、少数民族语言政策的回顾以及对三语教学实践的总结，突显出成功和不足之处，必将为各地学者和三语教学工作者提供有益的参考，推动少数民族地区三语教学模式的建立，促进少数民族文化的传承和发展，从而繁荣中国多元文化社会，巩固各族人民多中华民族身份的认同。

第三章　四川藏区藏汉英三语教师培养原因探析

关于三语教师培养,虽然完全可以借鉴和采用国外已有的一些相关三语习得、师资培养培训的理论、模式与路径,但是四川藏区的英语教学情况较为特殊,国外的理论与这些地区的实际情况有所不符,因此需要根据实际情况进行理论探索和应用。

针对我国民族地区英语教师培养问题,国内研究者已经进行过一些研究,如张正东"建议从少数民族和汉族学生中培训外语师资"。(王慧和孔令翠,2013:109-113)海巴根和金志远"建议民族师范院校发挥自身优势,从民族地区的少数民族学生中培养一支既懂母语、又懂汉语和外语的少数民族英语师资队伍"。(王慧和孔令翠,2013)但是,从系统性、理论性和实践性的角度来看,民族地区三语教师的培养亟待加强。

就四川省乃至中国而言,藏族地区英语教学令人不满意的状况是各种原因所致的,有经济、政治、地理位置、个人因素等方面的原因。教师数量问题、质量问题、教学媒介语选用等问题是亟须解决的主要问题。由于百年大计教育为本,教育大计教师为本,所以在这些问题中,最为关键的是四川藏区英语教师的培养问题。由于藏汉英三语教师教育(简称"藏授英语教师教育")几乎处于空白状态,因此为了提高三语教师培养质量,非常有必要开展四川藏区藏汉英三语教师培养的理论研究和实践探索。

第一节　四川藏区藏汉英三语教师培养的学术研究价值

四川藏区藏汉英三语教师的培养,既涉及理论层面的研究和探索,如对三语教师培养培训、英语教学媒介语使用、母语(藏语)与第二语言(汉语)使用和第三语言(英语)学习、藏族学生母语迁移作用、英语教师的藏语言文化修养、藏族学生基于母语的学习策略和方法等,又涉及实践层面的操作和运行,如具体培养方案、教学管理制度、实践教学、职业伦理与就业指导实践等。换言之,四川藏区藏汉英三语教师培养是理论探讨与实践探索并重、涉及内容面广——涵盖多元文化、多语语境、外语教学理论与实践、学生心理与管理等——的研究。因此,具有较高的学术研究价值。

该学术研究价值体现在三个方面：有助于建构藏区藏汉英三语教师培养理论、开拓藏区藏汉英三语教师培养新领域、丰富和发展我国民汉外三语教师培养的理论。

下面是藏区藏汉英三语教师培养的理论和术语建构。

一、藏汉英三语教学语境

在四川藏区，藏语的使用和发展始终伴随着藏族族群的繁衍生息，这与藏族族裔的文化、社会、历史、环境等休戚相关。藏族学生的母语是藏语，在藏语语境中，藏族学生可以自如地运用自己的母语进行思考、交流情感、传承物质文明和精神文明。但是，值得注意的是，由于社会、历史、政治、经济、地理位置、国家利益等因素，汉语在四川藏区也有着十分重要的作用，可以说汉语是藏族的第二语言。对于藏族学生来说，汉语也成了他们在学校学习科学文化知识的主要和重要教学媒介语。因此，藏族学生在日常社会生活和学校的学习活动中，很自然地处于一种藏汉双语语境。相应地，四川藏区中小学的教学语境也就是一种藏汉双语语境。自四川藏区的中小学开设英语课程后，从语言环境的角度来看，英语作为第三语言就介入了原来的藏汉双语教学语境。于是，在学校学习英语的藏族学生就处在一种藏汉英三语教学语境中，这种情况在中小学英语课堂上尤为突出。

在三语语言教学语境中，藏语、汉语和英语三种语言的地位、作用和语用情况如下。

藏语是母语，这就意味着从出生开始，藏族学生关于周围世界主客观事物的意象、图式、认知方式和结果都受到藏语根深蒂固的影响。他们能够用藏语描述一切，也能够通过藏语理解一切。他们对世界事物的认知和理解，已经深深地打上了藏语的烙印。

从语言学的角度来讲，汉语的地位对四川藏区的学生来说，不是母语，而是一种共同语——中华民族的共同语。在中华民族文化传统的大背景下，汉语促进了藏族学生认知中国文化背景下的主观和客观事物，也帮助他们认知和表达自己藏语语言文化背景下的世界。

英语作为一门外国语言，与藏语和汉语相比较，毕竟有着语音、词汇和语法系统、结构和模式等方面的重大区别，在对主客观世界的表达方式方面，也有着明显差异。因此，藏族学生倘若要运用英语来认知和表达主客观世界的话，是有较大难度的，需要经过系统和艰辛的课堂学习才能较好地掌握。

二、藏区三元文化教学环境

从宏观角度来看，文化指的是"人类在社会历史发展过程中所创造的物质财富和精神财富的总和,特指精神财富,如文学、艺术、教育、科学等"。(中国社会科学院语言研究所词典编辑室,1983:1204)从微观角度来看,文化也指人们的价值观、对社会内容的判断标准、道德取向和倾向、对事物的认同标准和原则等。语言和文化有着十分密切的关系,语言是"某种内部结构特别紧密的文化现象的聚合体(cohesive aggregate of cultural phenomena)"(Whorf,1956:35),语言形式蕴含着丰富的文化内容。所以,文化环境实质上就是一种语言文化环境。

藏区中小学教学语境是藏汉英三语语境,那么藏区学生实际上处于一个多元文化环境中。具体表现为:首先,藏族学生有着深厚的藏文化背景,这是他们自己的母语(藏语)文化;其次,由于藏族和汉族在经济、文化、社会生活等方面密切相关,而汉语又是他们的第二语言,因此他们的生活也深深地扎根于汉语文化的土壤之中,或深受汉语文化的影响,这一因素不可小觑,汉语语言的使用促使藏民族更好地浸淫和受益于中国文化;最后,随着中国的改革开放以及藏区学校英语课程的开设,藏族学生也在接触、了解和认识西方文化特别是英语文化。所以,藏族族裔学生所处的教学文化环境是一个多元文化环境,一个包含藏语、汉语和英语文化的三元文化环境。

三、藏区三语(英语)教学

我国藏区三语教学有两个含义:从广义的角度来看,指的是在我国藏区实施的三种具体语言的教学。例如,在西藏地区的教育史上就实行过"藏语文教学""汉语文教学"和"英语教学"(田家乐,2001:75-79);从狭义的角度来看,指的是关于我国藏区的第三种语言(如英语)的教学。

在"四川藏区藏汉英三语教师培养"研究中,藏区三语教学的建构是基于Fouser(1995)的三语习得理论观点和国内研究者的观点的,指的是"除了学习者的母语和已经掌握的第二语言之外,目前正在学习的一种或多种语言"(Fouser,1995:31)。按照这一观点,四川藏区的英语教学可被视为一种"三语教学"。针对这种情况,研究者认为"三语教学是英语进入我国民族教育原有的民、汉双语教学体制后产生的一种新兴的教学形态"(刘全国和姜秋霞,2010:97-99)。

关于藏区三语教学实质,王慧和孔令翠(2013)有详细论述:真正的三语教学必然涉及某一具体学科的三种教学语言。以此衡量,藏区的各学科教学中,只有英语具有实施三语教学的可能。因此可以说,在英语普遍作为外语课程开设的国情下,藏区的三语教学的实质可以说是英语教学,即在藏语、汉语语境下对藏族学生进行的英语教学。

所以，针对国内藏族地区英语教学状况来看，四川藏区三语教学可特指四川藏区的英语教学。就四川藏区的中小学英语教学而言，三语教学指的是用第一语言（藏语母语）和第二语言（汉语共同语）作为教学媒介语进行的英语（外语）教学。

四、藏汉英三语（英语）教师

由于"母语和第二语言对第三语言习得的影响普遍存在"（Cenoz & Jessner，2000：1-10），所以在藏区的英语教学过程中母语（藏语）和第二语言（汉语）对第三语言（英语）有影响作用；又由于"母语对三语习得还具有纠错作用，而对第二语言起着工具作用"（Williams & Hammarberg，1998：295-333），所以，藏区的英语教师应该熟练运用藏语、汉语和英语三种语言。

按照王慧和孔令翠（2013）的界定，我国藏汉英三语教师是否合格的重要标准是，他是否具备藏汉英三语三文能力，是否能用藏族学生的母语藏语教授英语、是否掌握藏汉英三语教育的理论与方法。同时，由于藏族地区普遍信仰佛教，佛教文化盛行，而藏语也是佛教文化的一种表现形式。因此，英语老师必须在藏语的引导下对佛教文化进行深入的了解，并对藏区家长和学生的民族情感和宗教情感给予理解和尊重。所以，藏汉英三语教师就是既懂藏语又懂汉语和英语并能使用藏语和普通话进行英语教学的教师。

五、藏授英语和藏授英语教师

"藏授英语"是王慧和孔令翠（2013）在《藏区英语教学媒介语问题与基于藏族学生母语的藏授英语教师培养》一文中提出的一个重要观点和概念，指的是用藏语即藏族学生的母语作为教学媒介语的英语教学。这一概念的提出有助于加强藏族学生的藏族母语意识，具有深刻的政治、经济、文化和社会发展意义。此外，"用母语教学会让学生产生一种安全感，并借助学生已有的经验和知识来帮助他们进行新的语言的学习，同时也能使其大胆地开口表达自我"（Auerbach，1993：27）。当藏族学生特别是汉语水平较低的藏族学生能够借助自己的母语而不经过汉语中介语直接学习英语时，学生的正常语言心理需求会得到满足，有了语言学习的安全感。所以，"藏授英语"在藏区的英语教学中颇具现实意义。

在"藏授英语"的基础上，"藏授英语教师"的概念就比较好界定了，它指的是在藏区运用藏语作为媒介语进行英语教学的教师。他们具有良好的藏汉英三语文化修养，特别是具有很好的藏语言文化素养。他们的教学行为，会对藏族学生的英语学习有很大的促进作用。值得注意的是，从培养藏区藏汉英三语教师的理论层面上来讲，"藏汉英三语教师"和"藏授英语教师"是一致的概念。

六、"双培"——培养和培训

"双培"指的是"培养"和"培训"四川藏区三语教师或藏授英语教师（本质上是英语教师）的两种方式。"培养"就是在大学生中有计划、有目的地培养四川藏区三语教师；"培养"的周期稍长，但是接受"培养"的准教师们会受到很好的藏授英语教师的专业和技能的训练和培养。"培训"则是指对在职的教师，或者招聘的教师等进行有目的、有计划、有时段的培训，促使他们能够尽快胜任四川藏区的英语教学工作。"培训"周期较短，具有时效性特征，能在短时间内见到效果，但不够系统和全面。

"双培"是针对四川藏区中小学英语教学的现状而提出的。四川藏区学校英语课程的开设，对英语教师的需求量不断增大。然而，四川藏区现有的中小学英语教师在质和量方面均不能满足需求，因此需要不断补充英语教师。通过高校或专门学校培养，或是通过招聘人员进行培训，或者对现有工作岗位的教师进行培训，以提高教学水平，都不失为一种好方式。这种"培养"和"培训"方式的结合，符合四川藏区中小学的师资现状，有益于在四川藏区造就一定数量的合格英语教师，从根本上解决师资匮乏状况，并有助于提高英语教学质量。

七、"双非"——非藏族教师和非汉语媒介语

"双非"的含义包含两个方面。一方面指的是培养和培训的对象是非藏族裔的英语教师。在实际培养过程中，主要是指汉族裔教师，即从汉族学生中培养和培训的藏授英语教师。另一方面指的是，不用汉语媒介语，而用学生的母语藏语作为媒介语进行英语教学。

"双非"培养理念的提出主要是考虑到两个因素。一是藏族地区藏族裔英语教师匮乏、藏族学生因英语水平不高而缺乏成为英语教师候选人的可能性。正如王慧，金黛莱和孔令翠（2013）通过研究发现的那样，来自藏族的学生和学员的高考入学成绩平均只有200多分。很大一部分学生到了大学二年级就得过且过，甚至自我放弃。而汉族学生英语高考成绩较好者比较多，其中的部分学生可作为四川藏区英语教师培养的理想候选人。因此，应该培养非藏族裔的英语教师。二是为了教学效果和质量，藏授英语教师不用汉语进行教学，而用学生的母语藏语作为媒介语从事英语教学。

第二节　四川藏区藏授英语教学模式

关于我国民族地区开设三语（外语）课程这一现象，已经有一些研究者就其理论和实践的问题进行过一些研究，并对多元文化背景、课程模式等进行了探讨。例如，刘全国和姜秋霞就明确指出，"三语课程是一个新兴的研究领域，在我国，三语课程的理论和实践基础都相当薄弱，因此，三语教学课程的开发和研究应充分借鉴多元文化教育的课程设计模式或取向"。（刘全国和姜秋霞，2010：97-99）毫无疑问，这是对同类研究提出的更高要求，也是对加强民族地区的外语教学理论研究提出的更高要求。藏授英语教师的培养，有助于寻求行之有效的藏授英语教学模式。

藏族学生虽然处于三元文化（即藏语语言文化、汉语语言文化和英语语言文化）甚至多元文化教学环境中，但是他们自己的藏语母语文化已经根深蒂固了。因此，在英语学习过程中，应该考虑到藏语母语文化发挥的重要作用。藏族学生在学习英语的过程中要建构和理解概念，而这一切都要受到母语文化影响。由于母语在外语教学中发挥着正负迁移的作用，正迁移促进外语学习，负迁移阻碍外语学习。因此，在四川藏区三语（藏语、汉语和英语）教学的语境下，藏族学生的母语显然也发挥着重要的迁移作用。

四川藏区藏汉英三语教师培养是培养这样一种语言素质的四川藏区英语教师，即在四川藏区三元文化教学环境和藏汉英三语教学语境下，他们能够使用藏族学生的母语（藏语）作为英语课堂媒介语进行英语教学。这就要求建构一个"藏汉英三元文化环境—藏汉英三语教学语境—藏语作为英语教学媒介语"的藏授英语教学模式。简言之，这种模式就是四川藏区"三元文化—三语语境—藏语媒介语"藏授英语教学模式。

一、四川藏区"三元文化—三语语境—双培双非"英语教师培养模式

四川藏区英语教师培养之所以采用这种模式主要基于以下几方面原因。

（1）由于历史社会发展原因，在四川省范围内，藏语文化地区和汉语文化地区，特别是内地汉语文化地区，在经济方面、交通运输方面和文化生活方面都有明显差距。汉语文化地区的英语教学较为发达，英语教师候选人员较为充裕。而四川藏区藏族英语教师培养的后备人选相对不足、条件相对较差。因此，从汉族学生中培养四川藏区英语教师具有可行性和可能性，可以解决四川藏区英语教师紧缺的问题。简言之，该模式的建构主要是考虑到两个因素。一是藏族中能够胜

任英语教师的人有限，汉族教师资源较为丰富；二是用藏族学生的母语作为英语教学媒介语，从心理和认知的角度看，学生的课堂学习效果可能更加理想。

在培养"非藏族"的汉族英语教师的同时，也应注意培养藏族或其他民族族裔的英语教师。这样，既可以增强藏族学生和藏族族裔英语教师之间的情感，提高认知认可度，又可以促进四川藏区英语教师培养的可持续性以及维护英语教师队伍的多元性。

（2）运用藏语而非汉语进行英语教学，既保障了学生使用母语进行学习的权利，又能最大限度地发挥母语（藏语）的认知优势，中间不经过第二语言（汉语），直接和第三语言（英语）实现语言认知思维转换，获得母语（藏语）在英语学习过程中的最佳迁移效果。

（3）"双培双非"既可以通过四年的大学本科学习培养出合格的、愿意从事四川藏区英语教学事业的较高素质的年轻教师，又可以使一些在职的、有经验的现任教师在教学业务上得到提升，或者将一些招聘的大学生尽快培训成称职的四川藏区英语教师。

该培养模式充分考虑了多元文化、多语语境、准教师资源等因素，是一个较为理想的"藏授英语教师"培养模式。在四川藏区藏汉英三语教师培养的具体实践过程中，对"三元文化—三语环境—双培双非"英语教师培养模式的具体实施情况做如下介绍。

"培养"就是从大学生或应届毕业的高中生中培养，让他们接受大学本科四年的教育，取得学位。他们所修的课程包含英语专业知识、跨文化知识、教育学、心理学、民族学、英语教学法、语言学理论、语言测试方法等。

"培训"是一种短期或定期培养模式，涉及的培训对象是没有接受过系统训练的四川藏区在职中小学英语教师，培训内容包括跨文化知识、英语教学法和技巧、英语专业知识等。

总之，所有"双培双非"均在"三元文化"（藏汉英文化）和"三语"（藏汉英三语）环境下进行。也就是说，教师的培养培训蕴含着藏汉英文化的内容，包含着藏汉英三语的知识结构、语言技能和语言素养。运用这种模式，有助于培养培训出合格的"藏授英语教师"。按照这种模式培养的四川藏区中小学英语教师，能够在具体教学工作中处理好语言、文化、语言迁移、母语媒介语等问题，以提高四川藏区英语教学质量。

二、藏汉英三语语言文化背景下的藏授英语教学模型

把藏授英语教师的培养置于藏授教学过程中，藏汉英三语语言文化背景下的藏授英语教学过程可概括和抽象为图 3.1 所示的"藏授英语教学模型"。

```
              主客观世界
     ┌─────────┐
     │藏汉英三语│      ┌─────藏汉英三语语言文化空间─────┐
     │  空间   │      │  ┌──┐  ┌──────┐  ┌────┐  ┌──────┐ │
     └────┬────┘      │  │双培│→│藏授英语│→│藏语│→│藏授英语│ │
          ↕       →   │  │双非│  │ 教师 │  │媒介语│ │ 教学 │ │
     ┌─────────┐      │  └──┘  └──────┘  └────┘  └──────┘ │
     │藏汉英三元│     └──────────────────────────────┘
     │ 文化空间 │
     └─────────┘
```

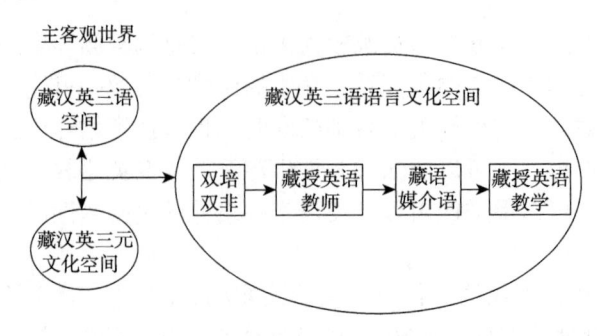

图 3.1　藏授英语教学模型

本模型表达了四川藏区藏汉英三语教师从培养到实施教学行为的整个过程，也揭示了该过程的细节以及每个环节的大致情况。

"藏汉英三语空间"和"藏汉英三元文化空间"存在于主客观世界的大背景中，同时又反映主客观世界。由于语言和文化的密切关系，藏汉英三语和藏汉英文化共同构成一个"藏汉英三语语言文化空间"。该空间的要素包含藏语、汉语和英语三种语言要素，也包含藏族文化、汉族文化和英语文化。藏汉英三语教师的培养培训以及藏授英语教师将藏族学生的母语作为英语教学媒介语实施英语教学行为——藏授英语教学，就是在"藏汉英三语语言文化空间"中进行的。简言之，该教学模型启发我们，首先运用"双培双非"的理念和方法培训出"藏授英语教师"，然后在四川藏区中小学运用藏族学生的母语（藏语）作为英语课堂的媒介语，达到"藏授英语教学"的目的，以获得理想的四川藏区英语教学效果。

本模型为四川藏区藏汉英三语教师培养提供了语言文化背景、过程、目的等理论层面的参考，也为我国民族地区英语教师的培养提供了实践指导。

值得深入探讨的是，该藏授英语教学模型也可为其他民族地区的英语（外语）教学提供借鉴和参考。如果把该模型中的英语视为任何一门外语，则该模型可以拓展为在任何少数民族地区进行外语教学的"民授外语教学模型"，如图 3.2 所示。

```
              主客观世界
     ┌─────────┐
     │民汉外三语│      ┌─────民汉外三语语言文化空间─────┐
     │  空间   │      │  ┌──┐  ┌──────┐  ┌──────┐  ┌──────┐ │
     └────┬────┘      │  │双培│→│民授外语│→│民族语言│→│民授外语│ │
          ↕       →   │  │双非│  │ 教师 │  │ 媒介语 │  │ 教学 │ │
     ┌─────────┐      │  └──┘  └──────┘  └──────┘  └──────┘ │
     │民汉外三元│     └──────────────────────────────┘
     │ 文化空间 │
     └─────────┘
```

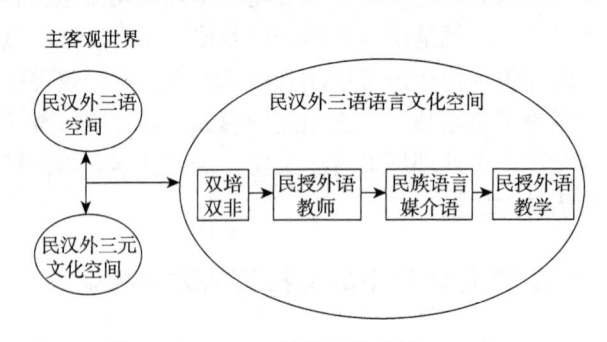

图 3.2　民授外语教学模型

在该模型中，在主客观世界大背景下，由于语言和文化的密切关系，民汉外三语空间和民汉外三元文化空间的相互作用构成一个新的内涵更加丰富的民汉外三语语言文化空间。在该空间内，民族地区英语（外语）教学行为得以实施。英语（外语）教师将民族学生的母语作为英语（外语）教学媒介语实施英语（外语）教学行为——民授英语（外语）教学。

总之，该拓展模型充分揭示了民族地区外语教学的运作和规律。基于该模型，培养藏授英语教师的"三元文化—三语环境—双培双非"培养模式可以推广到中国的其他民族地区，用以指导或引导该地区的外语（三语）教师培养。

三、探索藏汉英三语教师培养实践路径

当下藏汉英三语教师培养实践路径主要有两条：第一条是陶班，第二条是培训四川藏区在岗英语教师。

陶班的学生是四川师范大学外国语学院在校的英语专业的本科生，均为汉族。学制四年，除了接受毕业后从事英语教学所必需的专业知识、专业素养、专业技能的训练外，他们还要接受藏语语言文化教育。设置有严格的人才培养方案与教学管理制度，学院还要求他们完成一定数量的实践教学，训练他们对社会文化的心理适应能力，并且对他们进行职业伦理与就业指导等。他们毕业后都应该具有较为扎实的英语专业知识、较好的藏语语言文化修养，能够承担把藏语作为媒介语的四川藏区学校英语教学工作。

第二条路径是四川师范大学外国语学院和一些四川藏区中学的合作。一些四川藏区现任的英语教师，要么是英语专业水平需要提高，要么是藏语语言文化素养、藏语运用技能需要加强，或者是两方面均需提升。这条路径的施行，既解决了当地的教学实际困难，节约了大量物质、经济等社会资源，又能在较短的时间内培训出合格的四川藏区英语教师。

第四章 英语教师教育的盲区与面向民族地区培养三语教师的构想

边远民族地区与较发达汉族地区情况千差万别，然而我国中小学英语教师教育长期以来基本上没有考虑民族地区的特殊性，存在民族性盲区，所培养的英语教师自然不能适应民族地区教学、生活与文化环境，是造成民族地区与较发达地区英语教育质量差距的重要原因。在深入分析目前全国中小学英语教师教育民族性盲区及其后果以及民族地区对英语教师要求的基础后，本章试图以为四川藏族地区培养中小学英语教师为个案，从当地的实际与需要出发，通过调整招生政策与培养机制、更新英语教师教育理念、改革英语学科传统定位、突破中小学英语教师教育传统培养模式、设置多元语言文化课程使在四川藏区任教的英语教师能使用藏语辅助英语教学、增加四川藏区见习实习实践、强化跨文化适应等，构建面向四川藏族地区的中小学英语教育体系，推动我国中小学英语教师教育面向民族地区，促进民族地区中小学英语教学质量的提高。

第一节 机遇与挑战

一、机遇：民族地区英语教育提高到了国家战略高度

在经济全球化和文化多元化背景下，世界各国尤其是发达国家都把外语教育置于国家战略高度，先后出台了外语教育的战略性规划甚至法律，旨在提高学生的全球化意识和国家的国际竞争力。

随着全球化时代的到来，2001年教育部《小学英语课程教学基本要求（试行）》的颁布实施标志着外语（主要是英语）成为我国民族地区基础教育的重要组成部分。我国蒙古族、藏族、维吾尔族、朝鲜族等民族聚居区也从民汉双语教育逐渐发展为民汉英三语教育。

本课题组曾对甘孜、阿坝两州200余名英语教师和500余名藏族高中、初中和小学生进行过多次问卷调查、实地考察与面对面访谈，掌握了大量的第一手信息。结果表明，包括四川藏区的汉族英语教师在内的英语教师普遍认为教师应具备藏授英语教学能力，了解藏族文化，熟悉藏族学生英语学习特点，以便最大限

度地因材施教。绝大部分藏族学生也希望自己的英语教师能使用藏授英语教学。调查还发现,藏授英语教学在传统四川藏区的支持率较高,在年级低、年龄小、汉语程度不高的藏族学生中的支持度也较高。这说明四川藏区对藏授英语教师有强烈的渴求,也表明本课题具有理论意义与现实社会价值。

二、挑战：藏族孩子英语学习的两个极端

（一）藏族孩子是英语学习的成功者

据新华社 2009 年 3 月 28 日报道,19 岁的第十一世班禅额尔德尼·确吉杰布在第二届世界佛教论坛开幕式上用流利的英语发表了演讲。中央电视台 2011 年 7 月 11 日和 26 日分别播放了两则小活佛学英语的报道：14 岁的西藏热振寺第七世热振活佛特别喜欢学习英语,年仅 7 岁的孝登寺小活佛也在学英语。从 7 岁儿童到 19 岁青年,三位藏族宗教界人士都在学英语,说明他们都意识到学习英语的意义。第十一世班禅入寺前仅 5 岁,家在偏远的牧区,从来没有接触过英语。但他凭着个人的聪慧与刻苦、国家政府的关怀特别是老师的精心栽培,成了英语学习的成功者（桑吉扎西,2009：129）。

（二）藏族孩子又是英语学习的失败者

然而,也有很多藏族孩子没有学好英语,不幸成为英语教育的失败者：藏文没学好、汉文不过关、英文又不会。（龙藜,2009：62-63）这种观点虽然有失偏颇,但并非空穴来风。笔者从 2011 年 8 月四川甘孜藏族自治州（以下简称甘孜州）初中英语骨干教师培训会上所做的调查中了解到,该州县城及以上初中毕业生会考英语成绩平均低于 60 分（满分 150 分、选择题占 100 分以上）,乡镇只有 20—30 分。以中考连续三年位居全州榜首的康定中学为例,2010 年中考英语平均成绩仅 77.75 分（满分 150 分）。虽然没有公布英语高考平均成绩,但从 2012 年甘孜全州普通高考文理科硬上本科线（含三本）人数总计仅 268 人、康定中学仅 15 人上重点线可以推测其高中英语教学质量。再以阿坝州最优秀的汶川中学为例,该校 2012 年高考文理科硬上本科线（含三本）人数也只有 200 余人。

更令人忧虑的是,四川藏区与较发达城市英语教育的差距在进一步拉大,藏族孩子与汉族孩子面对不平等竞争：首先是英语教育起点的不平等。很多藏族孩子小学阶段根本没有条件学英语,有的地方虽勉强开了英语课,但由于师资等条件的制约,参加培训的骨干教师抱怨说还不如不开。而在发达地区,有的从幼儿园就开始教英语,甚至教三语——一门汉语加两门外语。其次是教学语言的不平等。在汉族地区,英语教师用学生的母语汉语辅助英语教学。而在

藏族地区，汉族英语老师则用藏族孩子稚嫩的第二语言汉语辅助英语教学，这种用第二语言教授第三语言的现象在世界上并不多见，学习效果可想而知。再次，学习负担不一。四川藏区孩子要学母语、汉语和英语三种语言，而汉族孩子只需学两种语言。最后，四川藏区与较发达城市英语教育教学资源特别是英语教师资源差距巨大。

第二节　藏族孩子的英语教育困境

一些国家在少数民族教育都面临一定问题。例如，美国不但不同种族、不同民族教育间存在极大差异，而且在各种族、民族内部也存在着鸿沟：一些少数民族的学业成绩非常优秀而另一些少数民族却基础薄弱。

四川藏区的孩子尤其是藏族孩子学习英语的困难可谓数不胜数，多种因素交织在一起，错综复杂。虽然历史悠久，文化璀璨，但地广人稀（面积约占全省三分之二，而藏族人口仅150万左右），经济发展相对滞后，交通不太便利，信息流通较为不畅。

1949年前，四川藏区主要是寺院教育，基本上没有现代学校教育。1949年后，寺院教育与学校教育并存。包括外语教育在内的教育事业虽然有了长足发展，但与较发达城市相比仍然比较滞后。如果要追问四川藏区英语教育的困境，我们不妨从相反的角度解读桑吉扎西对第十一世班禅成功原因做出的"个人聪慧刻苦、国家政府关怀、老师精心栽培"的总结。当然这只是部分原因，而且所起的作用也不尽相同。笔者拟从以下方面进行分析。

一、教师

（1）教师整体质量有待提高。长期以来，四川藏区的实际情况导致本地高校培养英语教师能力较弱，培养质量也无法满足本地英语教学需要。而从本地考出的大学英语专业毕业生大量外流不归，只能从较发达城市大量引进汉族英语教师。由于自身吸收力差，受过良好英语教育的教师不愿来，来了也很难留住。英语教师无论是学历还是职称普遍偏低。由于流失太大，年轻教师多，教学经验不足。教师的职中培训覆盖面窄，培训时间短，针对性不够强，无法从根本上解决问题。

（2）教师数量长期不足。四川藏区自身培养能力不足，对外引进面临诸多困难，引进的又留不住，致使英语教师数量经常不足，很多老师平均周课时在20学时以上。偏远的乡镇学校因英语教师缺乏，只得雇用资质更差的代课老师。教师数量不足导致英语教育无法在四川藏区小学全面普及。

（3）职业精神有待提高。外来的英语教师有的不够安心，不安心就很难指望他们尽心尽力尽责地把孩子教好。近年来通过公招、支教、西部计划等新增的英语教师存在把这里作为跳板的想法。二者相互影响，更使职业精神再打折扣。

（4）不能利用学生的母语优势辅助英语教学。第一，由于绝大多数汉族英语教师不懂藏语，无法用学生的母语辅助英语教学。而很多藏族孩子的汉语又没有完全过关，致使外语教师与藏族孩子之间交流困难，部分孩子既听不懂汉语又听不懂英语，老师和学生之间隔空对话。第二，教师教法不当。由于没有受过专门的训练，外语教师只好用大学所学的教汉族学生学英语的办法教藏族学生用英语，因而很难做到因材施教。第三，语言起点不同的汉族学生与藏族学生同堂学习，为教师教学带来巨大挑战。第四，有的教育主管部门没有充分考虑到藏族孩子英语学习的具体情况，即使会讲藏语的教师也必须使用普通话教学，使藏族学生不得不将英语思维先转化为汉语思维再转化为藏语思维，增加学生理解困难和学习压力。第五，由于语言的制约和有关藏族宗教、文化、地理、历史、音乐、美术、心理等知识缺乏（何兆熊，2003：49），英语教师与藏族家长、学生和同事沟通困难，不利于拉近彼此之间心理与感情距离。第六，教师管理课堂的能力不足，很难组织高效的课堂教学。这些无疑会给英语教学造成巨大障碍。

（5）现代教育素养偏低。有的英语教师现代教育观念有些淡薄，教学方法有些陈旧，教学手段相对比较滞后。偏远农牧区学校英语教师仍然以"一支粉笔、一块黑板"的传统教学手段为主，传统的翻译教学法和语法教学方法还有一定市场。学校较为缺乏现代教育的条件，英语教师现代教育技术的愿望与能力不足，难以调动学生的学习兴趣和自主学习能力。

二、英语教育环境

（1）教育政策有待完善。国家虽然从多方面支持少数民族教育，但从高考、中考的入学成绩看，少数民族学生的学业成绩仍然低于汉族学生。笔者查阅了2012年西藏高考录取线，发现汉族学生比藏族学生要高200多分，这一分数差距几乎从恢复高考制度伊始就一直存在。四川一类模式的藏族考生成绩也低于汉族考生，差距一般在150—200分。有的少数民族群众抱怨说，孩子学习三语压力太大。在英语教师教育问题上，鼓励师范院校和民族院校面向民族地区招收和培养专门英语教师的方案比较缺乏，现有模式培养出来的英语教师很难满足民族地区英语教学的需要，缺乏吸引毕业生到民族地区工作的条件。人民教育出版社（以下简称人教版）的全国统编教材没有充分认知到不同民族地区英语教育的特殊性，教材内容没太顾及民族地区学生的生理、心理与认知特点。教育经费紧缺造成教育设施相对比较滞后。由于很难指望英语为学校在中高考中添彩，有的学校英语周课时只有两节，把课时挪用到能立竿见影的政治、历史等背诵性学科上。英语课程形同虚设，名存实亡。

（2）缺乏英语教学环境。从大环境看，去四川藏区的外国人不多，外教也少得可怜。四川藏区现代感不强，缺少英语标志，只有在旅游景区才能看到英语标志。学生接触英语的机会少，使用英语的机会更少。从小环境看，藏族社区没有较发达城市那么多优秀的培训机构，藏族学生无法从一个校门走向另一个校门"加餐"；家长受教育程度低，无心也无力为孩子营造良好的英语学习环境，更无法为孩子进行具体的学习辅导。较发达城市非常普及的现代外语学习工具很难进入藏族家庭。

（3）多元文化冲突。藏族学生要学习藏汉英三种语言，接触相伴而来的三种文化，势必面临着多元文化的冲突，给英语学习带来额外困难。

（4）市场经济冲击。一方面，绩效工资制下四川藏区教师收入与较发达地区教师相比偏低；另一方面，四川藏区物价与较发达城市相比偏高，这对吸引新教师和稳定老教师都非常不利。

（5）宗教影响较大。四川藏区寺院教育和学校教育并存，现行的学校教育难以完全满足藏族需要（巴登尼玛，1998：52-54）。部分家长会将孩子送到寺院，这也对孩子学习英语造成了一定的影响。

由于上述原因，四川藏区的英语教学质量面临信任危机，家庭条件较好的学生与教学水平较高的英语老师不断流失，进而形成恶性循环。

第三节　为什么培养不出藏族需要的英语教师

教育大计，教师为本。没有好的英语教师，就没有好的英语教育。《国务院关于深化改革加快发展民族教育的决定》和《国家中长期教育改革和发展规划纲要（2010—2020）》都明确提出要努力造就一支高素质专业化的教师队伍。这就促使我们反思，这么多年为什么没有培养出藏族需要的英语教师。

（一）我国中小学英语教师教育存在民族性盲区

发展民族地区的英语教育，必须从英语教师教育的源头抓起，建立起面向民族地区的英语教师教育机制。然而，我国中小学英语教师教育长期以来存在民族性盲区：在一个少数民族总人口超过一亿、接受英语教育的孩子以千万计、设有英语专业的高校已经超过 1000 所的国家迄今为止很少有专门为特定民族聚居区培养外语师资的院校。笔者查阅了全国几乎所有的师范院校和民族院校的英语专业培养方案,只发现内蒙古师范大学开设了蒙授英语专业(数据也许不全),从会讲蒙语的学生中招收英语为零起点的高中毕业生进行培养,而面向全国藏区的藏授英语专业一个也没有。原因只能是藏授英语教师培养存在盲区了。由于盲区的存在,本应为藏族地区培养英语教师的民族院校英语专业在培养目标与课程设置上与其他地区的师范院校英语专业同质化程度较高,缺乏区域性、民族性特色,导致所培养的学生很难适应藏族地区的工作和生活。理论研究同样存在盲区,从CNKI上几乎检索不到一篇相关的高等教育机构怎样专门为藏族地区培养能够用藏语辅助英语教学的英语教师的文献,虽然也有其他机构的学者开始讨论汉族英语教师使用藏语辅助英语教学的必要性。(旦增桑布和何竹,2011:25)其实,四川省的彝族聚居区凉山彝族自治州(以下简称凉山州)的西昌民族中学就针对彝族孩子在汉语水平不够的情况下学习英语的特殊困难现象,早在十年前就开始尝试运用"母语释意法",即运用彝语辅助英语教学,充分发挥母语在英语语音、语法、词汇与会话教学中的作用,取得了良好成效。(窦青,2006:36-41)。然而,理论界似乎对这一改革成果视而不见,关注度颇低,更没有将其上升到为民族地区培养能够使用少数民族语言辅助英语教学的英语教师的高度。

(二)对《高等学校英语专业英语教学大纲》存在理解误区

《高等学校英语专业英语教学大纲》(以下简称《大纲》)要求高等学校英语专业培养具有"广博的文化知识"并能在教育部门从事教学的复合型英语人才(高等学校外语专业教学指导委员会英语组,2000:1)。"广博的文化知识"被理解为汉英文化知识而不包括所在地区少数民族的文化知识。英语"教育"局限于面向汉族学生教英语而不是面向所有民族学生教英语。受此影响,师范类学校英语专业无论在培养目标还是课程设置上都难免作茧自缚,所培养的英语教师自然不能在语言、文化和素质等方面适应民族地区的要求。笔者认为,在中国这样一个由多个民族、多种语言文化组成的国家,将"广博的文化知识"理解为国内各民族之间的多元文化知识和中华文化与英美文化之间的跨文化知识,方能反映我国民族地区外语教育的实际。

(三)缺乏多样性、多民族的高等教育观

《国家中长期教育改革和发展规划纲要》明确提出高等教育要服务民族地区、办出特色。外语专业也应根据不同地域、不同院校类型办出专业特色(戴炜栋,2010:6),而特色就是差异,就是多样性。由于缺乏多样性、多民族的高等教育观,各师范院校与民族院校的英语专业培养出来的人才难怪存在戴炜栋批评的千人一面现象(戴炜栋,2009:5-6)。

（四）缺乏外语教育规划

我国外语学习人数多，需要一个整体的外语教育规划，特别是英语师范专业需要有关师范英语教育的指导性文件来指导如何培养民族地区的英语教师。

第四节　四川藏区究竟需要怎样的英语教师

他山之石，可以攻玉。美国实行数十年的双语教育的一个重要目的是帮助少数族裔和外来移民的后代尽快提高英语水平，办法是要求双语教师必须是双语者和双语文化者，具有从事双语教学的综合能力，具有很强的人际交往能力，掌握所需的特殊教学策略，会营造浓烈的双语教学氛围。美国外语教育委员会发布的《外语教师培养标准》阐述了外语教师应具备的知识、技能和态度倾向（钱玲，2005：10-13）。这些完全可以为面向民族地区的英语教师培养提供借鉴。

我国多年前就有学者看到了为民族地区培养专门的英语教师的必要性，建议从少数民族学生和汉族学生中培训外语师资（张正东，2002：24-25）。还有学者敏锐地意识到民族地区懂双文双语甚至三语教师的重要性，建议民族师范院校发挥自身优势，从民族地区的少数民族学生中培养一支既懂母语、又懂汉语和外语的双文双语甚至三语的少数民族师资队伍（海巴根和金志远，2003：13）。上述学者都提到为民族地区选拔后备英语教师的必要性，这为我们面向民族地区培养英语教师提供了有益的启迪。

调查与研究发现，少数民族地区中能"尊重学生，关心爱护学生，对学生负责；授课清楚，能让学生理解讲课内容；能维持课堂纪律，保持良好的师生互动"的老师深得学生喜爱（吕国光，殷雪和刘伟民，2011：22），熟悉本民族文化、了解和热爱第二语言民族文化与英语语言文化（刘丽丽，2007：29）、具有少数民族特征（胡玉萍，2006：61）、能以藏语为教学中介语促进藏族学生对作为第三语言的英语的理解和掌握的老师（张京花和李英浩，2010：12-13）很受学生欢迎。

笔者曾在四川藏区做过调查，通过进一步考察，得出的结果除支持上述结论外，还有如下的新发现。

四川藏区的英语教师，除了要有过硬的专业知识和较高的教学水平外，还应该：①热爱四川藏区英语教育事业；②懂得藏族语言文化，了解藏族学生英语学习策略与方法，能够使用藏语辅助英语教学；③适应四川藏区的生活、工作与人文环境，具有良好的身体与心理素质、较强的适应能力和跨文化交际能力；④理解和尊重四川藏区家长学生的民族情感和宗教情感，会做家长和学生工作，敢于并善于管理课堂。

第五节 面向四川藏区培养英语教师的构想

我们通过借鉴国内外培养外语教师的宝贵经验，经学校批准，结合国家级特色专业建设、省卓越教师培养计划和学校优势特色专业巩固计划，从英语专业2011级学生中选拔出最优秀的学生，单独组建面向四川藏区并兼顾全国藏区和较发达城市藏族班的陶班。为此，我们制定了专门的人才培养方案，主要内容包括以下几点。

一、指导思想

制定专门的人才培养方案，所培养的中小学英语教师除应具备《大纲》要求的专业技能、专业知识和相关专业知识外，还具有在四川藏区从事英语教学的知识、能力、素质与情感。

二、课程设置

课程设置是专业办学的核心。（严庆，2004：85）国外向母语为非英语者培养英语教师的 TEFL（teaching English as a foreign language）、TESOL（teaching English to speakers of other languages）和 TESL（teaching English as a second language）的课程设置都强调有针对性地进行理论与听说读写教学能力的教学，重视语言和文化环境的适应。我们有必要按照《大纲》精神，参考和借鉴 TEFL、TESOL 和 TESL 课程设置经验，同时结合四川藏区英语教学实际构建课程体系。

三、课程体系

（一）显性课程

（1）藏语言文化课程。胡锦涛（2005）强调指出，在民族地区工作的汉族干部要努力学习少数民族语言，了解当地民族的历史、文化。联合国教科文组织也鼓励用母语或少数民族语教学。（马效义，2008：19-20）《大纲》规定的"相关学科知识"与"素质"（高等学校外语专业教学指导委员会英语组，2000：17-18）

如果从广义上理解，则包括在民族地区从事英语教育所需的各种知识与素质，前者不但指汉语和英语之间的跨文化知识，也指民族语言和汉语、民族语言和英语之间以及彼此之间的跨文化知识（周洵瑛和范宜，2010：39），后者则包括道德、文化、业务、身体和心理素质。因此，面向民族地区培养的英语教师应三语并重，中西兼修。具体来讲，可用藏语课程替换现有的第二外语课程，也可在原有的英语、汉语和二外的基础上增设藏语。增加藏社会与文化课程，以提升学生多元文化意识，学会尊重和宽容，了解和欣赏异质文化（滕星和苏红，1997：28）。英语教师将透过藏语言文化打开认识藏族的窗口，促进与藏族学生的交流，拉近与藏族学生的情感，缓解其学习焦虑与压力，提高英语教学质量。

（2）针对藏族孩子的语言习得与英语学科教学论课程。四川藏区中小学英语教学与较发达城市既有共性，也有个性。因此，英语学科教学论课程既要向学生讲授英语教学的一般原则、策略与方法，也要借鉴国外的外语教学与双语、三语教学的理论成果与实践经验，如加拿大的沉浸式和美国的淹没式双语教育，向学生讲授藏族学生的语言习得规律、特有的认知心理和学习策略，了解民族地区英语教学由双语教育过渡为三语教育的特殊性（阿呷热哈莫，2006：102）：由非英语的汉族教师用民（藏）汉英三种语言向母语为民（藏）语的学生教授英语。

（3）实践性课程。在实行三学期的学校，可利用小学期到四川藏区进行教学见习实习，实地体验四川藏区英语教学与生活，加深对藏族风土人情、生态环境的认识和理解，以便毕业后能尽快适应四川藏区环境，形成基本的教学能力。

（4）职业伦理教育课程。外来的英语教师会因没有成就感、条件艰苦而放弃在藏族教学，因此很有必要在职前从教育观念、职业精神、责任感、爱心方面加强教育（叶世明，2003：48），激发和培养学生在民族地区从事中小学英语教学的长久动机，使他们成为坚定的少数民族英语教师。

（5）民族政策性课程。在四川藏区从事英语教学涉及民族和宗教，这就要求学校开设民族政策性课程，使培养的英语教师学会妥善处理民族关系，注意自己在课堂内外的言行举止，坚决杜绝侮辱性、歧视性的言行。

（二）隐性课程

（1）专题讲座。邀请校内外专家、藏族地区学校领导和老师开展一些专题讲座，让学生多了解四川藏区的英语教学和教师学生实际，及早做好相应准备。

（2）校园文化建设。在校园举办丰富多彩的藏文化活动，让学生了解藏族的风俗习惯、宗教信仰和民族特点。建设网络教学平台，营造藏语言文化环境。

（3）社会实践。共同的生活工作经历对一名教师同少数民族学生打成一片很重要。组织学生在校内与藏族学生同吃、同住、同学习，到四川藏区进行社会实践、见习、实习和体验四川藏区生活，形成共同的生活经历。

增加课程所需的课时，可以通过增开专业选修课、实行主辅修制解决，也可以通过双学位制等方式解决。

四、课程目标

（1）培养学生在四川藏区用藏语辅助英语教学的能力。四川藏区英语教师除了应具备英语教学基本能力外，还应具有在四川藏区从事英语教学的特殊能力，能站在藏族学生的角度去理解、思考、研究和解决学生英语学习的问题，善于突破学生学习障碍。

（2）培养学生的跨文化调适能力与交际能力。来自较发达城市的汉族英语教师由于语言、环境、人际关系、饮食起居、风俗习惯、宗教信仰、价值观念、社会风俗等原因普遍存在文化不适应问题，这就要求所培养的汉族英语教师具有适应能力（马戎，2011：110），尤其是跨文化调适能力，即在跨文化冲突中能适时调整心理状态从而达到自我放松的能力（杨盈和庄恩平，2007：16），能恰当地处理在陌生环境中所遇到的各种挑战和不适，尽力调整和适应新的文化环境中的文化差异（Kim，2001：3-4），以适应四川藏区教学、生活、人际交往、内心情感和环境等方面的需要。作为跨文化教师，英语教师应具有跨文化交际能力，能应用自己掌握的多元语言文化知识妥善地处理藏汉英三种文化的碰撞、交流与融合问题，超越多元文化对立实现兼容并包，超越多元文化误解达成理解（陈静，2009：83）。

（3）培养学生结合三语教育对藏族孩子进行中华民族国家认同教育的能力。懂藏语言文化的英语教师犹如一座桥梁，一头连着藏族，另一头连着汉族；一头连着四川藏区，一头连着较发达城市。教师应结合三语教育，运用智慧、耐心和艺术，教授跨文化知识，使学生正视文化差异，促进跨文化理解，消除跨文化误解，防范跨文化冲突。身教重于言传，认同共同的祖国从认同自己开始。

（4）培养学生初步的教学研究能力。英语教学研究是外语教师实现专业化发展的关键，是区别学者型教师与一般教师的重要标准。英语教学情况极为复杂的民族地区的英语老师尤其要具备教学研究能力，去观察、分析、思考和研究藏族英语教育与汉族英语教育的共性与个性，创造性地解决四川藏区英语教学的新问题。

（5）改编教材与开发教辅资源的基本能力。鉴于现行统编教材不完全适应教学需要，教师应具有初步改编与开发英语教材的能力，不仅要将最基本、最必要的英语知识传授给学生，还要学会自做教具，创设有效的教学环境。此外，还能设计、开发与发掘课程资源，对学生进行多元文化教育（郑富兴，2008：35）。

（6）管理课堂内外英语教学的基本能力。教师善于做藏族学生和家长工作，将工具型短暂学习动机转化成融合型持久学习动机（郑定阳，1994：86）。能通过本民族榜样，如第十一世班禅，增强学生学好英语的信心；能以一颗真挚火热的爱心去感染打动学生，激发他们为实现梦想而奋力拼搏；能对学生进行励志教育，让学生认识到英语是可以学好的，但又不是可以随便学好的，非下苦功不可；能创造轻松和谐的课堂学习环境，降低学生的英语学习焦虑（李志明，2009a：129）；能根据藏族群众笃信佛教的特点（李元光，2005：158）培养学生对英语学习的虔诚，培养家长和社会对英语学习的支持。

（7）具有运用现代信息教育技术的能力。运用现代外语教学技术进行现代外语教学，帮助藏族孩子的英语学习从传统走向现代。

（8）建立民族地区英语教师资格认证制度。目前我国虽然实行了教师资格证书制度，但较为笼统，没有体现学科特点。戴炜栋和吴菲（2010）认为，应建立外语教师资格认证制度促进高校外语学科发展。面向民族地区尤其是面向四川藏区的英语教师教育涉及面相对较小，操作起来相对容易，可以率先建立民族地区英语教师资格认证制度。

教育是实现社会公平的利器，是各民族孩子实现"中国梦"的可靠保证，教育事关国家统一、民族团结、经济发展和社会进步。我们举办的陶班，一方面彰显了我们英语教师教育的民族性、区域性和师范性特色，另一方面也为全国的民族基础外语教育发展和相应的教师培养培训进行了探索与实践，构建起面向所有民族地区的基础教育外语教师教育体系，让包括藏族孩子在内的所有少数民族孩子接受优质英语教育。

第五章　四川藏区藏汉英三语教师培养与藏民族的中国梦

"中国梦"是中国共产党召开第十八次全国人民代表大会以来，习近平总书记所提出的关于我国经济建设的重要指导思想和管理国家的重要执政理念，正式提出于 2012 年 11 月 29 日。"中国梦"的内涵是国家富强、民族振兴、人民幸福。"中国梦"的性质是民族的梦，也是每个中国人的梦。"中国梦"内涵丰富，是全国各族人民的美好梦想。藏民族的中国梦和中华民族的中国梦是一致的，是中华民族的中国梦的一个重要组成部分。藏授英语教师的培养与藏民族中国梦有着紧密联系，能够促进藏民族中国梦的实现。

第一节　藏民族中国梦的实现与四川藏区三语教师培养的关系

一、学校教育有助于藏民族中国梦的实现

藏民族中国梦的实现与许多因素有关。其中，最重要的就是藏族内部的团结，以及藏民族同全国各族人民的团结。然而，要达到团结的目的，从人类的社会心态角度来看，藏民族人民就应该有认同感和被认同感。要做到这一切，学校教育非常重要。

针对当今西藏的现实情况，马戎曾经这样谈到学校教育对藏族学生的重要性："西藏的社会经济发展和对外开放近年来进入了一个新的历史时期，面临许多前所未有的发展机遇，同时也必须应对多种考验。在工业化和现代化进程中，传授现代知识体系和技能的学校教育扮演着极为重要的角色。"（马戎，2011：108-139）所以，藏民族中国梦实现的前提条件之一是四川藏区的年轻人应该或者说必须接受正规、持续、有计划、有目的的学校教育。

二、四川藏区三语（英语）教学促进藏民族中国梦的实现

由于语言与人类历史、文化、社会、认知思维等关系密切，所以语言因素

条件在人类发展和进步过程中，起着至关重要的作用。在四川藏区，藏语作为母语对四川藏区的发展作用自不待言，汉语作为中华民族的共同语言在四川藏区也有人使用，对四川藏区的社会和经济发展等发挥着重要作用。而在 21 世纪的今天，四川藏区学生的英语学习则需要加强，因为对英语的学习有助于藏民族具有多元文化意识，有助于藏民族走向世界、了解世界并与世界同步发展。

我国藏族历史悠久，文化灿烂，藏区总面积达 120 多万平方千米，人口 541.6 万，有 100 多万个藏族孩子正在藏族聚居区、较发达城市西藏班和较发达城市藏族班接受基础教育。藏族孩子的教育状况与水平对四川藏区甚至全国的社会发展有着密切关系。在全球化的大力推进下，四川藏区开始实施藏汉英三语教学势在必行。

在西藏英语教学对社会经济的发展的作用问题上，田家乐（2001）以西藏为例，呼吁人们必须认真考虑教育"三个面向"的实施问题，因为西藏经济和教育的发展程度，这个问题已经到了必须认真考虑的时候。普及英语教学对西藏发展有着十分重要的促进作用。英语的国际通用语地位及其在四川藏区社会、政治、经济、文化、交通、旅游等领域的重要作用，决定了英语语言对西藏的社会建设和经济发展的重要作用，也说明了英语语言在藏民族中国梦实现过程中有着十分重要的促进作用。

值得指出的是，英语作用在藏民族中国梦实现过程中充分发挥的前提就是，藏族地区青年学生应该具有很好的英语水平。要做到这点，四川藏区中小学的三语（英语）教学就需要得到很好的发展。

第二节　四川藏区三语教师培养对藏民族中国梦实现的作用

在藏民族中国梦实现的众多前提条件和因素中，人的因素非常重要。倘若藏族青年学生成为很好的藏文化传承者、爱国者和国际性人才，具有多元文化意识和民族团结意识，具有开阔的视野和良好的自我发展能力，那么必定会促进藏民族中国梦的实现。对这些素质和素养的养成及藏族地区中小学的英语教学水平的提高而言，师资力量是一个不可忽略的重要因素。因此，四川藏区藏汉英三语教师（藏授英语教师）的培养不但与四川藏区的发展关系密切，而且与藏民族的中国梦关系密切，对藏民族的中国梦的实现有着重要的推动作用。

一、促进地区之间和民族之间教育的均衡发展

由于历史、文化、地理、种族、社会、经济、科技发展等原因，国内各地区之间、各民族之间的教育发展是不平衡的。这种不均衡表现在教育的投入和产出两个方面。教育投入方面包括教学硬件和软件，软件中最重要的是师资；教育产

出方面包括教师的教学效果、学生的学习效果、教材的使用效果等。将这两方面综合起来看，无论是硬件和软件，还是教师的教学效果和学生的学习效果，教师的教学行为都会起到至关重要的作用，因此四川藏区英语教育中最关键的是师资问题。换言之，地区和民族之间教育发展的不均衡的主要原因之一就是师资问题。这种师资问题在民族地区的外语教学中更为突出。

四川藏区和较发达城市或者和我国的发达地区的教育相比较也是类似的情况。这种差异在英语教育上也很突出。根据杜洪波（2006a）对四川藏区的调查研究，藏族地区的教学条件较为滞后，无论是硬件还是软件。调查显示，在四川藏区，没有专设的语音室、多媒体教室，没有配备相应的英语教学设施及资料的学校高达 90%。由此一来，英语教师几乎不可能在英语教学过程中运用听说法、视听法进行教学。此外，在英语教材方面，统编英语教材对四川藏区学生的学习并不完全适合。同时，四川藏区的师资力量也较为薄弱，英语师资相当不足。根据对阿坝州的红原县、马尔康县、若尔盖县的各个学校的调查，可以看到该地区各个学校英语教师的专业水平整体不高。这无疑阻碍了多种英语教学法在实际教学中的综合运用。因此，语法翻译法就成了藏族地区使用频率最高的教学方法。

造成这种不平衡情况的原因极为复杂，既涉及硬件，又涉及软件。在这些不平衡原因中，英语教师师资水平属于教学软件范围，也是一个关键问题。师资水平的提高和师资力量的加强，可以促进四川藏区英语教学活动中对教学法的优选和运用，优化教学硬件和软件的搭配和使用理念，科学地选用、利用甚至编选教材等。所以，虽然藏汉英三语教师的培养不能解决以上调查研究中的所有问题，但是能够在一定程度的主观努力下促进地区和民族之间教育的均衡发展。

二、有利于培养藏文化的传承者、爱国者和国际性人才

藏民族中国梦的实现要求藏族学生是爱我中华的爱国者、藏族文化的传承者，而且还应该是通晓外语的国际性人才，能够有世界眼光和视野，有良好的民族心态。

藏语是藏族学生的母语，但是倘若在学校教育中忽视或回避藏语的使用，那么藏语就没有真正出现在藏族学生的主要生活和学习环境中。这就不利于培养热爱中华文化的爱国者、藏文化的传承者和具有全球视野的国际性人才。只有藏族学生本人才能够在心理上和认知上天然地接受自己的文化、发展自己的文化、创造自己的文化，因此藏族学生才是自己文化的真正传承者。藏汉英三语教师的培养，保证和保障了藏族学生的母语使用权，自然有助于将他们造就成真正的藏文化传承者。

藏族文化是中华民族文化的一个重要组成部分，藏族学生成了藏文化的传承

者，也就成了中华文化的传承者。需要指出的是，要做到这点，藏族学生学习和使用汉语是十分必要的。

国际性人才的特质之一应该是能够熟练运用国际通用语。英语作为国际通用语之一，也是一种世界性语言。因此，英语的学习和使用，为藏族学生提供了一种国际视野，也提供了一种国际性的世界观，从而有利于将藏族学生培养成国际性人才。

综上所述，在学校所有学科教学中，四川藏区三语（英语）教学是一个不可忽略的重要因素，而四川藏区三语（英语）教学良好效果的取得，需要有称职的藏授英语教师做后盾。所以，四川藏区藏汉英三语教师的培养，有助于将四川藏区藏族族裔的中小学学生培养成藏文化的传承者、爱国者和国际性人才。

三、有助于培养藏族学生多元文化意识和民族团结意识

（一）有助于培养藏族学生多元文化意识

文化意识指的是人们对社会价值观、社会内容的判断标准、道德取向和倾向以及对事物的认同标准和原则等的反应，也指人们对文化内容的感觉和思维等各种心理过程的总和。

在语言学研究领域，语言被视为一种世界观。这种观点来自人类语言学者，如 Humboldt, L.、Weisgerber, J.、Trier, E. S.、Whorf, B. L. 等（潘文国，1997：23-24）。"语言世界观"认为语言在世界观的形成中有着重要作用，语言世界观的要素有现实、认知、语言和文化，而且这些要素之间相互作用。潘文国还将语言世界观的含义归纳为语言反映不同民族的概念和意义体系；语言反映不同民族的价值体系；语言反映不同民族的思维方式（潘文国，1997：27-34）。

在当今全球化经济发展的大背景下，把文化意识和语言世界观两种观点结合起来看，四川藏区三语（英语）教学的开设，从语言学习和使用的角度上来讲，是学习一种外国民族语言，便于运用和交流；但是，从语言和思维、思想、认知的角度来讲，语言却是一种世界观，学习外语，就是学习、接受、拥有一种新的世界观。换言之，四川藏区实行三语（英语）教学能够促进学生的身心发展、认知能力发展以及多元文化意识的培养，也能促进藏族学生具有全球化意识。

在培养藏族学生多元文化意识的过程中，藏授英语教师起着重要作用。王慧，金黛莱和孔令翠（2013）认为，四川藏区的英语教学与藏汉英三种语言文化有着十分密切的联系，教师若能在实际的英语教学中将教学的具体内容与中华民族的团结奋斗史、发展现实同英语国家的历史、发展成效做对比，必将促进学生对中华民族多元文化的理解，从而增强学生对中华民族的国家认同感，使中华民族"多元一体"格局的基础得到夯实。这是一个完全有实现的可能性和必要性的目标。

而要实现这一目标，必不可少的条件即为藏族地区培养熟练掌握藏汉英三种语言文化，对国家民族团结历史有充分了解，具有在英语学科中开展民族多元文化教育与国家认同教育意识和能力的中小学英语教师。

在四川藏区实行民汉外三语教学也极具现实性。学生能够用自己的母语藏语交流，能够用汉语与汉族学生交流或在汉语文化背景下交流，能够在世界范围内与英语民族交流，这对藏族学生的世界观、多元文化观、价值观的形成都有积极的影响作用。

关于少数民族族裔学生的多元文化意识培养，刘全国和姜秋霞（2010）提出了这样的培养方法："结合我国民族外语教育的实践，将少数民族的有关文化事件、历史知识、语言传统和社会习俗等融入三语课程中，进而培养学生从不同的民族立场和观点出发，从多元文化的视角探讨三语课程的内容、观念和主题，最终形成多元文化观。"这种方法也可在藏授英语活动中实施。

总之，藏汉英三语教师的培养有利于培养藏族学生健康的语言心理、多元文化意识和价值观，促进学生增强多元文化意识认同感，加强民族团结。自然，也会促进藏民族中国梦的实现。

（二）有助于培养藏族学生的中华民族团结意识

中国梦的实现需要全中国各族人民的共同奋斗，需要全中国各族人民的团结。"习近平总书记在参加十二届全国人大一次会议西藏代表团审议时发表的重要讲话，对做好西藏工作指明了方向。讲话强调的坚定不移巩固和发展民族团结，给当前西藏民族团结事业提出了新要求，也为共筑中国梦提供了必要的前提条件。"（王春焕，2013）因此，藏民族中国梦的实现需要藏族学生具有全国民族团结意识，学校教育也应该注重培养藏族学生的全国民族团结意识。

本节的研究推崇的"藏授英语"的方式，无疑有利于促进藏族学生对本民族、中华民族和各兄弟民族的认同感，有利于培养藏族学生中华民族一家亲和全国各民族之间的团结意识，因为"在民汉外三语教学中，让媒介语的文化立场朝少数民族文化的方向倾斜，谋求民汉语言的文化共性，有利于提高三语教学的成效和消减民族学生潜在的无意识的文化对立"（叶小军，2013：256-258）。原因是"……从汉语言文化的立场去解读英语文化，这就忽视乃至否定了藏族学生从家庭和社会获得的知识和经验，导致他们从一开始就产生文化焦虑和恐惧，疏离和排斥英语学习乃至英语教师，这就是情感和知识的负迁移"（叶小军，2013：256-258）。

所以，在培养藏族学生的全国各民族团结意识方面，"四川藏区藏汉英三语教师培养"课题有着积极作用。四川藏区英语教学可以培养学生的多元文化意识，促使他们具有良好的中华民族认同感，也促使他们有很好的被认同感，和全中国各民族团结起来。

（三）有助于藏族学生开阔视野和自我发展

中国梦的实现与全国各民族个体和群体的发展休戚相关，因此藏族学生开阔视野和自我发展非常重要。四川藏区中小学英语课的开设，使学生接受到了三语教育。三语教育对学生有开阔视野的作用，促使他们能够超越时间和空间思考问题、认知事物、处理事务；同时，三语教育也有助于学生的自我发展、自我成长、自我成功。例如，美国 Jacob Finifrock 领导的课题组在贵州进行的三语教学试验表明，接受过三语教学的学生在学习成绩、升学等方面具有很大优势，而没有接受过三语教学的学生辍学率很高、发展前景普遍暗淡。因此，通过对四川藏区藏汉英三语教师的培养，为四川藏区英语教学提供或创造良好的师资条件，有助于四川藏区学生们很好地接受三语教育。从学生个体的长远发展来看，有益于他们将来自身的生活富足、家庭和谐、幸福美满。毫无疑问，藏族学生开阔的视野和良好的自我发展也是藏民族中国梦的一个重要部分。

藏民族的中国梦是中华民族中国梦的一个重要组成部分，藏民族的中国梦的实现与藏族学生的母语使用权、多元文化意识、人文价值观念等有着密切关系。由于四川藏区藏汉英三语教师教学行为的实施可以促进四川藏区和汉族地区及藏族和汉族之间教育的均衡发展，有利于将藏族学生培养成藏文化传承者、爱国者和国际性人才，有助于培养藏族学生健康的语言心理，有助于培养藏族学生多元的文化意识，因此四川藏区藏汉英三语教师的培养和藏民族的中国梦的实现密切相关，有益于实现藏民族的中国梦。

第六章 四川藏区中小学英语教学现状、问题、原因与对策

随着经济全球化和文化多元化的深入及中国西部大开发的推进，四川藏区对掌握多语人才的需求越来越大，掌握多种语言已不仅仅是少数民族学生谋生的一项技能，也是他们走向社会更好地服务四川藏区经济文化发展的迫切需要。四川藏区是我国第二大藏区，四川藏区的发展对四川省乃至整个西部的发展至关重要。同样，四川藏区民族教育在全国民族教育中也具有十分重要的地位。

为了深入了解四川藏区三语教育的现状，摸清四川藏区三语教育的问题，从而找到具有针对性的解决办法，本课题组的部分教师，如四川民族学院的曹容老师，充分发挥了自身作为四川藏区民族学院老师的得天独厚的优势，通过多种方式进行了调查研究，从而为四川藏区三语教师培养提供了宝贵的第一手资料，并指明了三语教师培养中应该解决的问题。

本课题组成员根据课题的研究内容与计划，首先通过文献研究的方法了解了四川藏区双语教育和三语教育的发展历程；随后根据该地区少数民族的分布特点，先后赴阿坝州的马尔康、若尔盖、汶川等县和甘孜州的康定、道孚、色达、得荣等县以及凉山州的木里藏族自治县的教育行政管理部门、师范院校、职业技术学校及中小学进行了细致的实地考察，并重点选取了其中有代表性的12所民族地区中小学为抽样调查的对象，通过问卷调查、随堂听课、口头访问、专门座谈、课堂观察、体验等多种调查方法相结合的手段，调查四川藏区中小学英语教学的实际情况；最后在所掌握的翔实可靠的第一手材料的基础上进行了较为深入的数据分析和理论研究，以期为探索适合四川藏区民族教育中英语作为第三语言的教学模式和师资培训模式提供科学依据，为民族地区的三语教育的发展提供借鉴。

第一节 四川藏区民族教育概况

我国是一个多民族的统一国家，藏族是我国古老的民族之一，藏族人民自古以来就长期生活在今天的西藏、四川、青海、甘肃、云南等省区，按照地区划分为卫藏、安多和康三个方言区。卫藏即今拉萨、山南、日喀则等西藏的大部分地区，安多则主要是指今青海大部、四川的阿坝州北部以及甘肃的藏族地区，康区

则指今四川的甘孜州、木里藏族自治县，西藏的昌都地区，青海的玉树藏族自治州、果洛藏族自治州和云南的迪庆藏族自治州。（林俊华，2002：2）其中的康区也称"康巴"，自古以来就是西部民族地区的政治、经济、文化交汇之地，从清朝康熙年间起便有"治藏必先安康"之说（欧泽高和冉光荣，2000：5）。中华人民共和国成立后，邓小平曾经指出"在西南地区搞民族区域自治，最先应在康巴地区，如果弄得好，就会直接影响西藏"（邓小平，1994：166）。由此可见康巴藏区从古至今都是联系内地和西藏的纽带，军事地位突出，政治影响较大。

四川藏区指四川省境内实施民族区域自治的藏族人口聚居区，包括甘孜州18县、阿坝州13县和木里藏族自治县（简称为两州一县），总共32个县。该区位于川西北高原，北接青海、甘肃，西连西藏，南邻云南，东南接四川盆地及川西南山地，是我国第二大藏区。从地理区域来看，基本上都在康巴藏区范围之内，而且是康巴藏区最重要和最核心的组成部分。第六次全国人口普查结果显示，四川藏区境内共有藏、汉、羌、彝、回、纳西等六个民族，藏族人口占本区人口的一半以上。他们主要聚居在甘孜州折多山以西及阿坝州的西北部地区，地旷人稀，人口密度小，平均每平方千米8个人，人口地域分布极不平衡。部分藏族散居于凉山州的盐源、冕宁、甘洛、越西和雅安市的宝兴、石棉、汉源以及绵阳市的平武、北川等县。

从地理位置来看，四川藏区地处青藏高原东部、横断山区和成都平原之间，历史上自古以来就是藏族与汉族和其他民族之间政治、经济、文化相互往来的交通要道，也是西部地区各民族经济、政治和文化交汇融合的多元性区域。

教育是四川藏区未来政治、经济、文化发展的基础，是四川藏区长治久安的根本。四川藏区教育事业的发展有利于该民族地区政治稳定、经济发展及文化交流和传承。发展四川藏区的教育事业不仅是实施"稳藏安康"策略的根本，更是贯彻落实国家和四川省有关少数民族发展政策之必须，是西部大开发进程中不可或缺的组成部分。

第二节　四川藏区外语教育发展历程

要更好地在四川藏区开展史无前例的三语教育，就必须首先了解其教育的历史，特别是外语教育的发展历程，这样才能从历史发展中取得经验和汲取教训。

一、四川藏区教育发展历史

四川藏区教育历史非常悠久，1949年以来，西部大开发战略、《四川省民族地区教育发展十年行动计划（2011—2020年）》的实施，给教育事业的发展带来了前所未有的机遇，使其取得了从未有过的成绩，有力地促进了四川藏区文化、经济的发展，改善了四川藏区人文环境状况，对四川藏区超常规、跨越式发展起到了非常积极的作用（郭娅，2002：34）。

四川藏区的近代教育始于明清两代，发展于辛亥革命之后。但在半个世纪前，四川藏区几乎没有一所像样的学校，数以百万计的农牧民几乎都是文盲。"学在寺庙，以僧为师"，四川藏区的"文本"文化全靠寺庙传承，高级喇嘛是藏文化知识分子……长期以来，藏民族已经形成这样一种观念，即受教育就是送子入寺学经做喇嘛，除此之外无教育。送子到寺庙学经当喇嘛逐渐成为藏族的教育传统（邵陵，2003：28）。1949年前，四川藏族聚居地区基本上没有近代或现代意义上的学校教育，教育基础相当薄弱。受历史、经济、宗教等多种因素制约和影响，长期以来，许多农牧民不愿送子女入学，现代教育具有很强的"被动性"特征。

1949年后，特别是近年来，在党的民族政策的指引下，国家和四川省进一步加大了对民族地区义务教育的投入，采取了因地制宜的办学原则：先镇后农村，先公路沿线后边远农牧区，先典型示范后逐步推广；实施了适合四川藏区条件和环境的多种办学方式，如两州一县的各级政府通过实施国家贫困地区义务教育工程、教育对口支援、农村寄宿制学校工程、农村中小学现代远程教育工程、"两免一补"、农村义务教育经费保障新机制等一系列和教育相关的优惠政策，落实了政府部门是办学主体的责任，实干兴教，依法推进"教管分离"，加大教育经费投入，切实把教育列为"一号工程"和"一把手工程"，使四川藏区的民族教育获得了巨大发展，取得了以下可喜成就。

（一）四川藏区现代学校教育从无到有，从小到大，布局调整逐步合理

四川藏区由于居住人口分散、平均海拔高，学校布局呈现服务半径大、校均在校学生人数少的特点：绝大多数学校之间的距离都在50千米以上。人口较集中的乡（镇）中心校在校学生200人左右，一般乡（镇）中心校在校学生仅有100多人。通过多年的中小学布局与结构调整，四川藏区初中和小学的布局结构逐步合理，形成了"州办高中、县办初中、乡办小学"的基本格局。在办学方式上采取了适度集中的原则，加大了农村寄宿制规模和优质办学力度，围绕城镇化发展和新农村建设，新建（改扩建）一大批上规模、高质量的城镇或片区寄宿制学校，加快了城乡统筹发展的办学进程。

（二）教育资源逐步整合，教学管理日趋成熟，办学效益和质量明显提高

由于历史地理因素的影响，长期以来四川藏区的基础教育中，各年级学生分布都存在着"年级越高、人数越少"的"金字塔"现象，各级教育部门在全面落实国家"两免一补"政策的基础上，以农牧区寄宿制教育和藏汉双语教学为四川藏区办学的基本特征，逐渐探索出了很多行之有效、适应本地区发展的藏汉双语、藏汉英三语教育的成功办学经验。四川藏区于2010年完成"两基"任务，基本实现低水平、低层次"普及"，办学效益和办学质量得到了明显提高。

（三）双语教学日益普及，三语教育开始破冰

由于四川藏区的广大农村和牧区的藏族学生在日常学习生活中主要以藏语为交际语言，该民族地区的教学媒介语也从单一的藏语教学或汉语教学发展为藏、汉两种语言结合的双语教学，区内的两州一县均先后开展了"两类模式"（各科以藏语教学、开设一门汉语文的"一类模式"和各科以汉语教学，开设一门藏语文的"二类模式"）并存并重并举。通过双语教学"单独命题、单独划线录取"和"统一命题、单独划线录取"的"两次接轨"，畅通了四川藏区从小学到大学双语教育的直通渠道，大量农牧民子女在双语教学中受益。双语教学已成为四川藏区重要的教学模式。双语教学模式为四川藏区输送了大量的双语人才，培养了大量政治可靠、藏汉兼通、又红又专的民族干部和专业技术人才。

尽管改革开放以来，四川藏区的民族教育取得了长足的发展和进步，但由于地域辽阔、气候较恶劣、经济发展较为滞后、校点较分散、交通不便利、民族教育起步较晚、基础较差等因素的制约，四川藏区的教育总体水平与较发达地区、其他民族地区和全国总体发展水平相比较，仍然存在着很大的差距。民族教育的相对滞后，不仅制约着四川藏区的经济发展，而且还对四川省的发展也产生了不利的影响。因此，要将四川藏区的教育现状与地方经济文化发展的需要和教育需要结合起来，使其协调发展。

同时，随着经济全球化发展，国际交流日渐兴盛，教育全球化趋势日益凸显，语言和文化交流的需求越来越大，四川藏区对掌握多语人才的需求也越来越强烈。在加快双语教育发展的同时，也应把藏汉英三语教育提到紧迫的议事日程。

二、双语教学发展概况

四川藏区的双语教学始于中华人民共和国成立初期。1952年11月西康省颁布的《西康省藏族自治区关于发展民族语言文字的实施办法》鼓励汉族干部学习

藏语文，少数民族干部在自愿原则下学习汉文。1955—1978年，由于"左"的路线干扰，民族语言工作和民族语文教学受到极大影响。党的十一届三中全会以来，随着党的民族政策在民族地区的贯彻落实，民族教育又迎来了第二个春天（亚玛曲珍，2008：89）。根据国家的有关规定，结合四川民族教育和民族语言的实际，四川省政府对发展民族语言文字教育做出了专门规定，并提出了全省双语教学的体制和方针。甘孜、阿坝、凉山各少数民族自治州也结合州内实际，制定了相关政策，有关行政部门和教学单位对本地区双语教育和教学进行了细致深入的探究。经过30多年的不懈努力、摸索和总结，双语教育在学校规模、教育质量、师资建设、办学条件和民族文字教材等方面取得了一定的成就：全区因地制宜地开展了以汉语文教学为主（一类模式）和以藏语文教学为主（二类模式）的双语教学，一类模式主要是在没有汉语基础的边远农牧区，二类模式主要是在有一定汉语基础的半农半牧县，其中，90%以上的牧区学校实行了双语教学，并且逐步形成了"双语教学、两种模式、两次分流、三次接轨"的发展思路，实现了双语教学从小学直通到大学的升学路子，培养出了大批双语兼通、德才兼备的少数民族高级人才和实用型人才（亚玛曲珍，2008：89）。双语教育及其教学模式的成功推进对后来的"三语"教育的实施提供了基础与经验。

三、三语教学的兴起

2001年2月，教育部在《小学英语课程教学基本要求（试行）》中提出了"学习和掌握一门外语是对21世纪公民的基本要求"。2002年7月召开的第五次全国民族教育工作会议也提出，我国各少数民族在学习使用本民族语言文字的同时要大力加强汉语教学，积极推广普通话，有条件的民族还要在中、小学开设外语课。在国家相关政策指引下，四川藏区在民、汉双语教育取得丰硕成果的基础上，根据本地区经济和教育的发展需要逐步开始开展不同形式的三语教育。

藏汉英三语教育最早始于双语教育发展较好的农区，如原康定师范学校藏英班和后来的康定中学藏英班、新都桥藏文班、四川民族学院（原康定民族师范高等专科学校）藏英班等都在不同程度上对"三语"教育进行了尝试。以康定中学藏英班为例：从1990年开始招收高中民族班，最初只有藏汉双语教育，从2003年开始尝试藏汉英三语教育，主要招收甘孜州各个县的有一定双语基础的藏族学生。进校后根据学生的藏汉英水平分成藏单班（该班学生只学习汉语和藏语，不学习英语）和藏加班（该班学生除了和其他汉族学生一样需要学习汉语和英语外，还要单独学习藏语），进行分层次、分阶段教学，其主要特色是将藏语文和汉语文、英语作为常规课程（袁利等，2009：79）。

目前，四川藏区已在全区中小学开设了英语课。大部分学校所使用的英语教材是以汉语为媒介语的统编人教版教材。藏汉英三种语言在英语课上同时并存，四川藏区的语言教育在藏汉双语教学的基础上又发展到了藏汉英三语教学，三语教育也成了该民族地区语言教育的特殊表现形式，具有鲜明的地方特色。

第三节　四川藏区中小学英语教学现状

在经济全球化时代，语言能力尤其是英语综合运用能力已成为衡量现代高素质人才的一项重要指标。作为国家英语教育的重要部分，少数民族英语教育对培养少数民族高素质人才、发展民族地区经济、促进少数民族走向世界、共同实现中国梦都起着至关重要的作用。

然而，由于四川藏区地处偏远地区，社会经济文化发展相对滞后，少数民族外语教育特别是基础外语教育发展一直比较缓慢。在传统双语教育基础上发展起来的、以英语为第三语言的三语教学发展还处于探索阶段。三语教学还只是形式上开设了藏语、汉语、英语三门语言课程和其他必修课程，所涉及的教学媒介语多以藏语和汉语为主。双语教学依然是民族教育的重点，三语教育只是对双语教育的有效补充，其发展程度与三语教育相对成熟的内蒙古和延边等地相距甚远。对于涉及三语教育的课程设置、教材教法、学制、办学形式、教学用语、教育思想、教学体制等一系列问题，无论是各级政府主管部门还是学校都还没有完整的结构和配套的体制，三语教育还处于低级的尝试阶段，还面临诸多亟待解决的复杂问题（袁利等，2009：80）。

为了全面而准确地调查四川藏区中小学英语教育的现状和存在的问题，了解该地区英语师资的现状和结构，为探索民族地区英语教育的特殊模式、探索适合该民族地区教育现状的英语教学和师资培训模式、制定相应的英语教育政策提供科学依据，课题组在实地考察时主要采取了问卷调查和个别访谈两种调查方式。问卷调查中使用了三种问卷：教师问卷、学生问卷和行政教务管理人员问卷。其中，对学生和教师的问卷调查以封闭问卷和开放问卷相结合的方式进行。对行政教务管理人员的问卷调查以表格方式为主，目的是采集所需的数据资料。通过问卷对英语学习态度、教学方法、教学理念、教学媒介语、教育设备和文化资源环境等问题进行调查。在问卷调查的基础上从每所考察的学校中分别选取1名主管教学领导、2名英语教师和5名学生进行个别访谈，并通过随堂听课深入观察了解英语教学方法和课堂教学效果以及网络教学和现代化信息技术的具体应用情况。

为保证调查的可行性，整个调查项目分两阶段进行：前期采用点面结合和分层分类抽样的方法，分别对选入样本的学校的教师、学生和教务管理人员进行问卷调查以及个别访谈和随堂听课。以英语教学情况作为"面"，以样本学校的调查作为"点"。在"点"的选择上分别选取了从小学到中等职业技术学校的各类学校，有利于从对各类"点"的了解基础上进而掌握各级各类学校英语教学的全貌。后期课题组成员利用暑假走访了四川藏区的各地区各级教育行政管理部门、职业技术学校及中小学，结合随堂听课、个别访谈、问卷调查以及观察和体验等多种调查方法收集资料，采取数据分析和归纳总结的方法对资料进行整理，并力求对信息的分析全面、客观和公正。

通过调查，现将四川藏区三语教学中英语作为第三语言的教学现状与成因总结如下。

一、教育体制不统一，管理不规范，地区差异十分明显

四川藏区最早的三语教学是在双语教学的基础上响应国家政策号召、结合学生发展的实际需求及当地经济发展的需要而开展的。对于民族地区来说，藏汉双语教学是重点，藏汉英三语教学是补充。由于四川藏区地域辽阔，境内32个县的地方经济基础、环境交通、教育投入和发展不均衡，各地区的三语教学各自为政，各级政府和主管部门没有从上至下对该地区三语教学的教育模式、方法、实效进行认真的实践考察调查和论证调研，自然也就不可能对当地的三语教学状况做出正确判断和实际评估，因而没有对该地区的三语教育的教学模式、课程设置、师资建设等方面从上到下地提供一套可供参考和执行的标准。同时，一些地区政府和主管部门制定的三语教育教学实施意见和规划缺乏科学依据，存在较大盲目性。而有些学校在执行过程中也有较大随意性，如在课程学制设置上各行其是，政出多门，对三语教学的健康发展产生了消极影响。

四川藏区各地的政治、经济、文化发展的基础不同且发展不平衡，各地区教育发展的水平存在较大差距，从而导致三语教学呈现出多样化和复杂性的特点。以甘孜州为例，州内18个县明显地分成了三种情况：在汉语基础比较扎实、藏族学生汉化程度比较高的农区，如康定、丹巴等县，汉语是其主要教育形式，对部分藏族学生加入英语和藏语的教育，其孰先孰后、孰轻孰重，不同地方三语教学情况也各不相同。在有一定汉语基础的半农半牧县，如雅江、道孚等县，少数民族学生的母语水平较高，在学生掌握一定母语——藏语之后，以汉语文教学为主，同时加入英语教育；在没有汉语基础的边远牧区，如色达、石渠等县，藏语文教育为主体，汉语教育是重点，英语是补充。目前，四川藏区已逐步形成了先城镇后农村、先公路沿线后边远农牧区、先典型示范后逐步推广的

三语教学格局。

由于本民族地区内各地方政府和学校在经济社会发展、环境交通、教育投入等方面的不平衡，各地区基础教育阶段涉及三语教育的各个学校的教学模式、课程学制设置、教材教法、教学模式、教学媒介语、教育思想、教学体制等具体问题以及社会、家庭、文化等一系列相关问题还没有形成完整的结构和配套的体制。各个州、县呈现出不同的形式和学制。例如，英语的课程设置起始年级就很不一致，学时也不统一：以甘孜州州府所在地康定市为例，康定市内的城区4所小学自2012年起均从一年级就开设英语课，每周3学时，为网络班教学；折东片区的姑咱片区寄宿制小学则是从三年级开始开设英语课，每周只有2学时，并且由于师资等原因难以保证，折西片区的小学则没有开设英语课。州府所在地尚且如此，其余各县情况更糟。据调查，除在条件较好的各县城中开设有网络班的小学能保证从三年级起开设每周2学时的英语课外，大多数乡镇小学都不开设英语课程（尤其偏远的农牧区），有的学校在初中甚至高中才开设英语课程。

二、教学模式呈现多样化和复杂性

魏宏君（2005）把我国少数民族三语教育归纳为三种模式："2+1"模式（在民族语言、汉语言开展"双语"教育活动的基础上，在有条件的地区开设外语课程）、"大语文"模式（改变过去各语单独教学的格局，对三语教学进行综合化研究，树立大语文教育观）和"1+1+1"模式（在开展民族语言教育活动的基础上加开汉语课，再加开外语课）。其中，"大语文"模式能关注语言学习的内在规律和文化内涵，因此魏宏君认为这是民族地区最需要也是最理想的教学模式，也具有较高的科学研究价值。但这种模式要求从教的英语教师兼通三语，能够在教学过程中熟练地掌握使用藏汉英三种语言，对教学内容能自如地使用三种语言进行语码转换，因此对教师的语言素养、科研能力、业务素质均有较高要求，在目前教学实践中，还有相当的难度。

目前四川藏区开展的英语教学推行的教学模式主要有三种：一类模式、二类模式和普通模式。一类模式和二类模式是在藏族学生双语教育基础上发展起来的。一类模式指在开展藏汉双语教育基础上，在有条件的地区开设英语课程，即藏汉双语教学，加开英语课。虽然名称不同，其实质就是上文提到的"2+1"模式。二类模式就是同时开展藏汉英三种语文的教学，其实质就是上文提到的"1+1+1"模式。无论是"1+1+1"还是"2+1"模式，实际上都是在分别开展民族语文、汉语文和加开外语课的教学，这也是目前我国三语教学的基本走向。普通模式是以汉族学生和城镇中汉化程度较高的藏族学生为主，其教学方式和四川省其他地方大同小异。调查显示,四川藏区的中小学三语教学中英语教师主要采用的是以汉语和英汉双语为教学媒介语,绝大部分教师在课堂讲解中基本不涉及藏语,只有极少数的英语教师能在课堂中使用藏汉英三种语言进行融合教学。这种以涉及汉语和英汉双语为教学媒介语的教学模式,对藏族学生来说只是分离的三语教学形式,没有形成理想中的"大语文"的三语教学模式,而是更多地形成了"2+1"和"1+1+1"的三语教学模式,即当前四川藏区通行的一类模式和二类模式。

此外,各地区还在一类模式和二类模式的基础上因地制宜地发展了适合当地教学实际的教学形式,如康定中学就在初中部开设了民族班,在高中部开设了藏单班、藏加班和藏英班,进行分班、分层次、分阶段教学。藏单班是指那些从小学到初中一直接受以藏语为主、汉语为补充教育的学生。这部分学生藏语基础较好,也有一定的汉语水平,英语则需要重点加强。藏加班是指那些从小学到中学都接受以汉语教学为主、藏语为补充的学生。这部分学生汉语基础较好,而藏语和英语都需要加强。藏英班的学生的藏汉英三种语言基础都不错,知识面也较广。这种分班、分层次、分阶段教学对藏族学生的培养更有针对性,通过三语教育重点突破,全面发展,最终提高学生多语能力。

三、胜任三语教学的师资数量少,结构不合理,缺乏三语教学基础

师资建设是实施三语教育的重要保证。在四川藏区的中小学,除 1 所省级藏文学校和甘孜、阿坝州开设的 7 所县级藏文学校外,藏族学生与汉族学生同校同班学习的情况比较普遍,木里藏族自治县九年一贯制民族重点寄宿制学校也不例外。汉语是大多数藏族学生的第二语言,英语是他们所学的第三语言。对于这些三语学习者来说,在藏汉英三种语言的学习过程中很容易出现相互干扰的情况。要有效地解决这个问题,英语教学就必须涉及藏汉英三种语言间的认知加工和信息转换,英语教师在课堂讲解中就需要使用恰当的媒介语对三种语言进行语码转换。因此,本地区最需要的理想的英语教师应熟练掌握藏汉英三种语言,能够在教学过程中,关注语言学习的内在规律和文化内涵,能熟练地使用三种语言进行语码转换,从而顺利实施三语教学中的"大语文"模式。

然而,四川藏区英语师资的实际情况不容乐观。从调查中课题组发现三语教学中最大的问题就是英语师资队伍问题。据调查,该民族地区中小学的英语师资队伍的学历、职称、专业结构、年龄结构和民族比例方面都很不合理,无论是从数量上还是从质量上都难以满足当前三语教学的要求。现以甘孜州英语师资数据统计(表 6.1、表 6.2 和表 6.3)为例,从中窥一斑而见全豹。

表 6.1　甘孜州英语师资数据统计表

教学模式	学校/个	学生/人	英语教师情况							周课时/节
^	^	^	学历				职称			^
^	^	^	研究生/人	本科生/人	专科生/人	中专生/人	初级	中级	高级	^
一类模式	23	10 235	0	22	25	1	26	20	2	23
二类模式	510	81 684	0	124	139	1	148	100	16	21

资料来源：根据笔者收集的调查数据统计汇总

表 6.2　甘孜州英语师资基本情况统计表

项目	选项	小计/人	比例/%	项目	选项	小计/人	比例/%
年龄/岁	20—30	45	48.39	性别	男	34	36.56
^	30—40	36	38.71	^	^	^	^
^	40—50	10	10.75	^	女	59	63.44
^	50 以上	2	2.15	^	^	^	^

资料来源：代春，2014：144

表 6.3　甘孜州英语教师教学研究情况

项目	选项	比例/%	项目	选项	比例/%	项目	选项	人数	比例/%
教研活动/次	3	8	教研活动参与情况	一直	14.42	科学研究能力	很强	3	3.23
^	2	25	^	经常	40.56	^	强	15	16.13
^	1	45	^	偶尔	25.06	^	一般	53	56.999
^	0	22	^	从不	19.96	^	差	22	23.65

资料来源：代春，2014：144

由以上表格所显示的数据可以看出师资队伍中主要存在以下问题。

（一）数量较少，专业化程度不高，师生比例失调

民族地区师资状况中存在的最大问题是师资数量相对短缺。另据相关数据显示，甘孜州小学英语教师和学生比例为 1:111，而中学英语教师和学生比例达到了 1:216，已经超过了国家规定的标准，教师很难做到面面俱到，照顾好每个学生。从工作量看，一个英语教师每周至少要上 20 节课，这就意味着除了上课外，教师几乎没有多余的时间和精力从事理论学习和科学研究。

从访谈中，课题组还了解到，跨校、跨年级任课的现象较为普遍，每周上 15—30 节课的教师占 98.55%，也就是说，教师平均每天要上 3 节课以上，有的教师甚至每天要上 6 节课，其中还不包括常规的早晚自习。此外，大部分英语教师身兼数职，除了教学工作外，还担任着班主任、年级主任、教研组长等职务。教学效果和教师的精力相关，超大的工作量使教师常常不能及时给予学生辅导和帮助，在一定程度

上影响了教学质量。

（二）学历较低，知识结构不完善，教学水平、科研能力不高

很多英语教师，特别是在农牧区任教的教师学历较低，专业方向也不是英语教育，还有相当一部分教师属于校内外主要教授其他学科的兼职老师和来自其他学校的支教教师。据调查，到目前为止，甘孜州内的英语教师没有一个达到硕士以上学历，阿坝州和木里藏族自治县的情况稍好一点，但具有硕士以上学历的英语教师比例也不到5%，具有本科学历的英语教师的比例为46.79%，专科学历的比例为52.56%。从学历上看，除了0.64%教师是中专毕业后兼课和高中毕业后由代课转正的外，99.4%的教师学历在专科以上，都取得了任教资格，但细究起来，这些教师的学缘结构比较单一，由于地域原因，绝大部分教师是当地的师专毕业生，拥有的本科学历绝大多数是通过成人函授、自考或进修等形式获得的，没有进行过系统的全日制本科学习，因此在知识的完整性、逻辑性、系统性及实际的运用性上都与全日制本科生有很大的差距（代春，2014：144）。

在课堂观摩过程中，课题组发现学历较低的教师综合素质也不够高，对语言教学的相关理论尤其是第二语言教学理论了解不多。加之受高考、中考指挥棒的影响，他们认为英语教学的目标就是让学生学会足够的语法项目以便能在中考和高考中取得好成绩，而英语课堂上的一切教学活动的最终目的也是应试，因而在几乎所有教学活动中绝大多数教师采用的是最传统的填鸭式教学方式和语法翻译教学法，课堂时间主要用于重点讲解语法规则和逐句讲解与翻译课文，课后则进行题海战术，要求学生对知识点死记硬背，基本没有组织过与英语相关的课外活动，忽略了英语基础知识与应用技能的培养和训练，忽略了英语作为工具的交际功能。

语言教学理论的缺失还在一定程度上制约了教师教学科研能力的发展，使其无法根据自己的教学实际开展相应的科研活动，也不能将教学感性经验上升到理性思考。调查发现，甘孜州英语教师撰写的英语教学论文质量不高，发表过科研论文的教师仅占25%，多为校级论文，省级或在核心刊物上发表的论文少之又少。通过表6.3的数据可以看出，科学研究能力很强和强的老师，加起来才占教师总数的19.36%（代春，2014：144）。近3年全州25项中小学省州级科研课题中仅有一项州级科研课题在研，比例为4%。此外，由于大部分老师学历低，知识结构不完善，对国内外先进的和英语教学密切相关的语言教学理论和方法，如双语教学、民族教育、二语习得、中介语、母语迁移分析等理论知识普遍比较欠缺，因此也不能在教学实践中探究和发现少数民族学生的学习规律和少数民族教师的英语教学规律，不利于英语教学质量提高。

在调查中，课题组还了解到，为少数民族地区开办英语师资课程或继续教育班的大学较少，且集中在成都等省会城市，一般只在暑假期间开课，中小学英语教师即使有外出进修提高的愿望和机会，但地处四川藏区，交通不便，经济发展较为滞后，加之高原地区暑假通常只有一周左右，培训时间与学校正常行课时间重合，培训工作难以落实，因而他们的业务水平难以提高。

（三）职称、年龄结构不尽合理

职称结构偏低，初级职称占教师总数的55.76%，具有高级职称的教师比例只有5.76%；在年龄上趋向年轻化，50岁以上的老教师仅有2.15%，40—50岁具有较为丰富教学经验的老教师的比例只有10.75%，而20—30岁的年轻教师却达到了48.39%，差不多占了一半。

（四）民族比例不尽合理，缺乏具备三语能力的教师

据调查，四川藏区大部分英语师资来自较发达城市，82.9%的英语教师为汉族，基本上不懂藏语。部分来自本地的藏族教师藏语水平不高，仅限于口头交流，不能用于课堂授课，也缺乏三语协调教学的有效方法。总体上，精通藏语，能熟练运用民汉英三语的教师极少，绝大多数教师不能熟练地使用藏汉英三种媒介语，顺畅地进行有效的课堂语码转换，课程的讲授仍以汉语为主要媒介语，无法满足不同民族和不同三语水平学生的需求。

四、办学水平偏低，生源基础参差不齐，教学质量不高

由于四川藏区社会经济发展总体滞后，地理环境条件艰苦，教育发展起步较晚，三语教育总体规划不明确、不规范，加之从政府到学校对三语教育的教学管理、课程设置、学制设置、教学模式、师资建设、教学方法和教学手段甚至对英语所处地位的观念等方面都不同程度地存在一些问题，影响了教师教学、学生学习的积极性，也影响了教学质量的提高。

此外，由于四川藏区内各州甚至各县之间三语教学发展不均衡，学生的语言基础差异很大，学习英语的基础参差不齐。既有来自城镇的学生，也有来自偏远山区和农牧区的学生。相对而言，来自城镇和山区的学生更重视汉语和英语学习，而来自农牧区的学生则比较侧重藏语和汉语学习。生源的多样性和学习水平的参差不齐给教师组织英语教学带来了很大困难。课题组调查发现，位于州府和县城，如康定、马尔康、泸定等城镇化程度高且已开通网络教学的学校的学生参加社会办学机构补习英语的情况已非常普遍。但总体而言，全区内各县（校）研究教学、研究课堂、研究学生的氛围不够浓厚。

课题组还发现，四川藏区 80% 以上的学生都是在初中以后才开始接触英语的；50% 的学生到了初中才认识 26 个英文字母。大多数学生起步晚，基础薄弱，学习英语十分吃力。在对英语的重视程度方面，80% 以上的同学每天花在英语学习上的时间在半个小时以下；90% 以上的同学在英语课堂上表现不积极；50% 以上的学生从不朗读英语；70% 以上的学生不会用基本的日常用语进行交流。表 6.4 和表 6.5 为甘孜州近 3 年来的英语检测的相关数据。

表 6.4 2013 学年甘孜州六至八年级学科调研检测（英语）

年级	六年级	七年级	八年级	七年级（一类模式）	八年级（一类模式）
参考人数/人	3275	7846	7347	963	979
平均分/分	33.43	61.87	53.68	54.73	42.53
及格率/%	17.41	22.62	14.37	15.23	4.75

注：除六年级总分为 100 分外，其余各年级总分均为 150 分

表 6.5 2013-2015 年甘孜州初中毕业暨高中阶段招生统一考试英语成绩

年度	2013		2014		2015	
教学模式	普通及二类模式	一类模式	普通及二类模式	一类模式	普通及二类模式	一类模式
参考人数/人	7833	809	8101	994	4331	1113
平均分/分	55.28	39.94	52.57	38.73	53.71	42.62
及格率/%	14.40	1.11	12.36	0.40	14.86	2.16

注：总分为 150 分。由于二类模式考生除加试藏语文外，其他考试科目与普通模式相同，故合并统计

从成绩统计可以看出全州各地区英语教育的发展不平衡，两极分化明显，及格率较低，差生面大。另据相关资料显示，各类型的发展差异也十分明显，主要表现在区域差异、城乡差异和农区、牧区之间的差异上。首先是区域差异，四川藏区东部各县教育发展水平高于南北路各县；其次是城乡差异，无论是办学条件、办学师资还是办学质量，城区都远远高于乡村，比较发达城市城乡差异更加明显，更加突出，一些城乡差异，可谓"天壤之别"；最后是农区、牧区之间的差异，就绝大多数地方而言，农区教育发展水平高于牧区。

五、教学安排不合理，教学基本设施不完善，教材、教辅资料问题较多

从调查中发现，几乎所有中小学英语教学的课时量都偏少，特别是在大多数小学，每周只有 2 课时且经常被其他老师占用。而在大多数中学，英语课时仅占周课时的 1/4 左右，所占的百分比偏低。其中，位于城镇且已开通网络教学的学校情况相对较好，基本能够完成课时量。而有些位于偏远农牧区的学校，由于师

资、课程设置、教学设备等各种原因，英语课的正常行课时间都很难保证，经常被其他学科老师占用。调查还发现，有些中学除了每周规定课时外，还存在着教师利用课外时间额外为学生进行补习的情况，但是，这种补习主要是面向中考和高考升学考试进行的，补习也只是采用题海战术，让学生大量地做各种练习题，对学生掌握英语基本技能和提高语言综合运用能力帮助不大。

随着现代教育技术的发展，农村中小学远程教育工程实施顺利，计算机、网络和多媒体技术开始广泛运用在教学中，在一定程度上改善了四川藏区地处偏远、交通不便、信息流通较为不畅的状况。但是调查中也发现，四川藏区教育信息化水平较低，教学基本设施设备滞后，语音实验室、图书资料室等设施不完善且地区发展很不平衡，很多县连语音室都没有。实施双语教学的两类模式的学校中，绝大多数学校的语言教学设备都较为滞后、信息化程度较低、现代教育技术运用能力较差。尤其在甘孜州折多山以西农牧区的大部分中小学，语言教学的基本设备主要以录音机和磁带为主，且设备质量难以保证。有些县虽然拥有一些多媒体语音教室，但数量有限，加上缺乏现代教育技术人才，现代化设备就成了摆设，满足不了语言教学的需要。"一张黑板一张嘴，一盘磁带一本书"的现象仍然很突出，教学资源十分欠缺与教学资源不能充分发挥作用的现象并存。另外，学校的图书资料少而旧，普遍缺少课外读物，尤其是和藏民族历史、生活、习俗相关的藏汉英三语合璧的读物，与时代要求有些脱节，对学生没有什么吸引力，也满足不了他们的需要。

许多民族中小学校采取了变通的"2+1"或"1+1+1"教育模式，由于至今没有专为民族学生设计的专用汉语和英语教材，许多中小学选用的都是和普通汉族学生一样的统编教材。这些国家统编的教材所执行的教学大纲以及教材的制定和编写都是采用全国统一标准，与当地藏民族历史、生活、习俗等关系不紧密，在编排上也没有充分考虑藏族（尤其是农牧区）中小学生的思维特点、生活认知水平，忽略了民汉英三种语言文化的差异，没有很好地实现工具性和人文性的统一。而教师在使用这些教材时，也较少考虑少数民族学生三语学习的特点，很少就民族地区的特殊性制定专门的内容和目标，基本是按照统一的大纲和内容来讲授的，少数民族学生很难在学习中融入情感。因此，统编教材的选用在较大程度上影响了少数民族学生对英语的兴趣和对藏汉英三种语言文化的感悟。此外，各地区教材教辅资料的使用也存在不统一的现象，随意性较强。以康定市城区四所小学为例，虽然它们都开设了网络教学，并在教学中统一使用网课班的北京师范大学出版社出版的教材。但由于学生基础差，该教材在实际教学中使用不多，接受度并不高，任课教师通常会自己找一些资料辅助教学，造成教辅材料因人而异，极不统一的现象。而县城外的其他小学选用的都是人教版教材。阿坝州情况相对较好，就调查的几所藏文中学来看，均统一选用了外研社教材，但也有极少部分教师使用自编教辅资料。总体上看，教辅资料的使用随意性大，缺乏整体的体系构建。

由于四川藏区中小学生日常生活中能接触到的英语教辅材料、普及读物和音像制品本就不多，适合三语学习的资料更少，教材就成了他们中大多数人接受语言输入的唯一来源。问卷调查结果表明，除少数在办学条件略好的县城中学就读的学生能读到《中学生英文报》《21世纪英文报》等英语报刊资料外，绝大多数学生几乎接触不到课本外的其他相当水平的课外阅读材料，既没有在课堂上听过除教材以外的英语录音材料，也没有在课下看过与英美文化相关的英语视频短剧或英语教学片，可以说，整个学习过程中都基本没有感受过全英语的语言环境。教材和任课老师是他们学习英语、获取英语语言知识的唯一来源。

综上所述，四川藏区的三语教育还处于起步阶段，依然面临着教育投入少、教育理念不清楚、办学体制不统一、教学模式复杂多样化、师资队伍匮乏、办学水平低、教学质量不高、地区差异明显、教学设施和教辅资料问题较多等诸多问题。仔细分析其成因，既有来自政府机构、教育主管部门、学校等行政管理部门的原因，又有来自任课教师、家长和学生自身的原因，还有来自英语学科本身语言和文化差异的原因。其中，四川藏区英语教师不能使用藏语作为英语教学媒介语，没有专门针对藏族学生制定教学理念、策略和方法是藏族学生英语学习效果不理想的重要原因。

第四节 培养三语教师和实施三语教育的建议

要实现西部大开发与四川藏区现代化，人才是关键。四川藏区的教育由于多种原因仍然比较滞后，已越来越难以适应国内国际21世纪社会经济文化飞速发展的要求。要解决四川藏区教育存在的问题，必须与时俱进。在双语教学基础上发展起来的四川藏区三语教育虽然依旧处于初步探索阶段，许多层面的现实问题还有待解决，但从近几年政府、教育部门及各地区中小学不同层次的三语教育尝试可以看出，因地制宜地发展三语教育是符合四川藏区社会经济发展对高素质的少数民族人才的需求的，是值得并需要政府、主管部门和教育工作者进行实践验证和探究的。因此四川藏区的政府主管部门和教育工作者的当务之急就是寻找一条能使三语教育可持续发展的道路并促进其在逐步完善后再加以推广。以下是课题组通过充分探讨论证提出的对策建议和具体实施的途径，以供参考。

一、统一认识，加强领导，统筹规划

三语教育要持续发展，离不开当地政府、教育部门的统一认识和统筹规划。首

先，各地区政府和各级主管行政部门要立足未来、转变观念，要充分认识到英语已成为现代教育学科中一门最基础、最重要、最具有广泛影响的学科，而少数民族地区的英语教学更是关系到中华民族和谐发展、祖国繁荣安定的大事，必须要把三语教育中的英语教学放在维护四川藏区的安定团结、促进藏民族实现中国梦的高度来抓；同时还要认识到英语教育不仅仅是一门语言学科教育，也是一种公民文化素养教育，更是一种学习能力培养，使学习者达到身心全面、和谐的发展。

其次，四川藏区各州县当地教育局和学校应高度重视三语教育，统筹规划，从基础教育开始抓起，把四川藏区基础教育工作落到实处，拓宽渠道，加大对教育的投入，确保四川藏区教育经费专款专用，促进教育事业的发展；调整四川藏区教育结构：突出重点，兼顾一般（袁晓文，2001：156），注重实效，制订出适应各地区的、较为长远的三语教育培养计划，并分层次、有计划、有重点地建设部分民族中小学，再在全区逐步推广，走出独具特色的四川藏区三语教育发展路子，形成系统的三语教育体系和一整套行之有效的模式。

二、搞好试点，加强梯度建设，扩大三语教育的受教育层次

四川藏区各个县经济发展的不平衡制约着教育发展，直接导致了各地区教育发展的不均衡，各地区在对三语教育的投入、管理、师资队伍建设、教学质量等方面也存在着巨大差异。当地政府应该在宏观层面进行长远规划，有层次、有梯度、有方向地发展三语教育。并不是每个地区一开始都适合三语教育，三语实验班的开设主要依据这个地区的经济基础、社会文化、教育发展程度，需要因地制宜。同时，三语教育在国家基础教育学科中的课时设置、三语在课程体系中所占的比例结构也会随地区、生源的不同而不同：一般来说，地处城市及其郊区的学校里的少数民族学生汉化程度比较高，其汉语、英语水平相对而言也比较高，可适当增大母语的比例；而地处广大农村、牧区的学校中的少数民族学生，母语水平较高，但汉语、英语水平相对滞后，可增大汉语、英语的比例，适当减少母语的比例，努力为少数民族学生搭建一个统一的三语教育平台（刘全国和李倩，2011：76）。

在三语教育发展初期，可先选择双语教育开展较好的地区开设三语实验班，搞好试点，进行个案研究，积累经验，在实践中寻找三语教育培养模式并逐步推广。康定市、马尔康县分别是甘孜州、阿坝州两州州府所在地，既是四川藏区经济、教育、文化重地，也是双语教育程度相对较高的地区；既是民族教育的领航队，也是众多科研项目的基地。在教育发展方面，两地的中小学规章制度都较为完善规范，教学管理方式也较为严格实际，对各学科教学的研究较为重视，能较好地指导教师进行科研和教学，对四川藏区的双语、三语教学都有较大的影响。

此外，两地经济发展也相对较好，教育投入也逐年增加，较好地保障了教育的发展。因此以康定市、马尔康县双语和三语教学发展为依托逐步实施三语教育，进而辐射整个四川藏区是可行的。

从目前的三语教学发展情况来看，在小学阶段实施发展三语教育还需要很长的时间。试点可选取在教学条件相对较好的县城中学和民族中学开设实验班，重点从课程建设、教学模式、教材建设、师资建设等方面进行梯度建设并逐步规范，分层次地建设三语教育的各个层面，逐步积累经验，再完善推广。加强初中藏汉英三语教育实验班建设是三语教育中极为关键的环节，特别是民族中学初中部的三语教育要为高中和大学输送优秀的后备人才。应加大扶持力度，加大资金的投入，搞好相关的基础建设，配备良好的三语师资队伍，为开展三语教育试点提供充足条件。

三、加强政府支持、政策扶持，从上至下重视三语教育

从我国双语教学发展历史和成功经验来看，四川藏区要实行藏汉英三语教育也必须主要依靠甘孜州、阿坝州和凉山州的木里藏族自治县的各级政府主管部门来进行推动和管理。因此当地政府主管部门应该在高度重视、统筹规划的基础上，因地制宜，不断进行实践探索，积累经验，并阶段性地将该地区三语教育的成功管理和实施方式以条款的形式规定下来。只有通过密切关注实践、吸取经验教训，制定和完善科学可行、具有指导性和强制性的三语教育政策、法规，建构优质高效的管理体制，避免各级管理者凭个人喜好而随意变更三语教育政策、法规，才能有效确保该地区的三语教育能够有计划、有步骤、有效率地开展。

此外，当地政府还应从资金、设备、师资培养上为三语教育的开展给予帮助。起初，各级各类学校的藏英班绝大部分都是由民间组织机构给予资金上的帮助，三语教育要发展推广，最终还是需要当地教育主管部门投入资金，专门用于培养三语人才和加大英语教师继续教育培训力度，并充分利用"人才引进"政策，制定更优渥的条件吸引优秀的英语专业的毕业生留在四川藏区、服务四川藏区。另外，在教育措施和教育政策上也应积极投入，拨出专款添置必要的教学设备，改善办学条件，增办民族中小学、民族班，并设置研究少数民族地区英语教学问题的专门学术机构，专门立项来探讨三语教育的模式和实施方案，从上至下对三语教育模式、方法、实效进行认真考察和调研。同时紧密结合西部大开发战略的实施，制定政策，加大扶持力度，尽快实施远程教育，加速四川藏区人才的培养，解决四川藏区教育的特殊需要，如加强教育，依法治教，把四川藏区教育逐步纳入法制轨道；国家就业制度中，公务员招考、科研机构用人，在同等条件下优先

录用少数民族考生等（袁晓文，2001：155）。

四、加大对四川藏区教育的投入，加强培训力度，解决师资匮乏问题

据上文所述，四川藏区英语师资的问题首先就是数量上的缺乏。要保障四川藏区英语教师队伍的发展与壮大，提升四川藏区英语教学质量，必须要从数量上稳定现有师资，并发展壮大教师队伍。课题组认为最根本、最有效的措施就是增加对四川藏区教育的投入，加大培养培训力度，师资培养可从两方面进行：一方面，由各地区政府和教育主管部门选择当地优秀的藏族高中毕业生，与高校联手培养定向免费师范生来解决教师数量不足的问题，大力系统地培养懂得藏语的英语教师，通过一些优惠政策吸引他们在毕业后回当地工作，解决藏牧区学生对英语老师的特殊需求问题。这些藏族英语教师精通藏汉英三种语言，便于与学生进行沟通和交流，在教学中，既能了解少数民族学生学习英语的难点，又能用准确的藏语作为媒介来讲授英语，从而最大可能地保证知识信息的有效传递。而且，他们在自己土生土长的地方为本土本乡的父老乡亲服务也会非常安心尽力。另一方面，在职培训和脱产进修相结合，对现有的汉族英语教师进行藏语培训，鼓励他们学习使用藏语和学生进行日常交流，在课堂授课时逐步减少使用汉语的频率而增加藏语比例，使学生能准确理解老师传授讲解的英语语言文化知识。同时，充分利用"人才引进"政策，改善汉族教师的现有工作条件，如提高工资待遇、住房条件，解决他们的后顾之忧，使现有优秀的汉族教师能安心地在四川藏区教书育人，减少师资的流动性。

四川藏区英语师资存在的第二个问题就是教学质量低下。提高现有师资素质水平，加强教学研究，可以考虑从以下几个方面着手。

（一）深入和拓展三语教育理论研究，探索多元文化环境下三语教育的理论与模式

四川藏区教育部门长期把一类、二类模式下少数民族的汉语、英语教学与普通模式下汉族的汉语、英语教学混为一体，遵循的都是全省统一的教学计划，按照全省统一的培养目标选择相同的教材和教辅资料，教师在教法上也是大同小异。同时，很多民族中小学还存在着师资共用（任课教师同时担任汉族班和民族班的汉语、英语课程教学任务）、科研滞后、与当地社会经济的发展有些脱节等问题。实践证明，虽然少数民族英语教学与汉族英语教学在教学理论、教学原则等方面是相通的，但由于藏语的语言特征与汉语的语言特征不同，反映在英语学习过程中，藏语和汉语作为母语和第二语言对少数民族学生所产生的迁移影响也各不相同（太扎姆，2008：61）。因此在教学过程中，针对一类、二类模式的少数民族

学生的教学内容、涉及的教学方式和方法与针对普通模式的汉族学生的英语教学应该是有差别的。民族地区的英语教师在教授语言技能的同时，还应加强科研，结合自身三语教学实践，学习国内外先进的语言教学理论和方法，并借鉴国内外双语教学理论、民族教育学、二语习得理论和外语教学等相关理论，通过加强藏汉英三种语言的对比分析、错误分析，母语、二语习得/学习的比较，母语迁移分析、中介语理论分析，英语学习策略研究等，从中发现针对藏族学生的汉语教学、英语教学的教学规律和学习规律，博采众家之长，求实创新，探索多元文化环境下三语教学的理论与模式，创造出适合该民族地区中小学的三语教学理论和学习理论，从而推动三语教育学科的建设和发展，培养出符合当地经济发展的少数民族复合型人才，满足本地经济发展、文化创新的需要。

（二）培养三语师资

文化素质、知识结构和教育能力是决定教师教育教学质量的关键。在师资培训上，应着眼于本地实际和未来，着眼于全球，将传统文化包括藏文化、中华文化及其他民族文化在内的教育与现代科学知识教育结合起来，将知识学习与技能训练结合起来，培训出足够数量的具有现代化意识和水平的师资力量（邵陵，2003：31）。

1）加强校际合作，夯实理论基础，加强科研

鉴于目前四川藏区的中小学英语教师学历职称普遍较低、学科理论基础薄弱、科研能力不强等现状，加强高等师范院校与中小学之间的合作交流就显得尤为直接和必要，因为师范院校是培养本地区中小学英语教师的主要阵地，而中学则是师范大学的生源地。双方合作的形式很多，可以通过顶岗实习、合作课题研究、对口帮扶培训、座谈会等形式开展校际交流。对口帮扶培训，就是大学教师利用自身优势，到中学对教师们进行不定期的理论、教法等方面的培训，或者分期分批组织中小学教师到大学听课。座谈会就是组织大学英语教师与中小学英语教师共同参加会议，让他们有机会相互反馈信息、交流思想，共同分析、探讨、解决教学中存在的问题。大学教师把学生入学后的学习表现、困难及其可能的原因进行分析汇报，中小学教师提出教学中存在的问题与困难，针对语言教学中存在的问题，大家坐在一起分析研究，联合进行行动研究，提高中学教师教学自我反思与自我评价能力，从而提高本地区英语教学的整体水平。同时，对中学教学情况的了解也有助于大学英语教学改革（韦丽秋，2002：113）。

2）依托高校，开设以三语教育师资为培养目标的专业和培训

四川省内的高校是四川藏区实施三语教育的坚强师资后盾，也是三语教育的强大技术支撑。四川民族学院已经开设了七个藏汉双语专业，其中包括针对藏族考生、专门为四川藏区培养双语师资的汉语言和数学两个专业。课题组认为，四

川藏区高校通过藏汉双语教育积累一定实践经验，在充分调查四川藏区三语教育现状的基础上，针对四川藏区三语师资的现状，拟订三语教育计划和实施方案，从学制课程设置、教学模式、教材教辅资料等层面对三语教育进行全面论证，再配备以良好的师资队伍，就能着手进行三语师资的培养。通过开设三语教学专业和开展短期课程培训，逐渐形成具有地方特色的三语培养模式，为民族地区源源不断地提供合格的三语师资，从而最终作用和反作用于三语教育，把四川藏区三语教育水平特别是整体教育水平推上新台阶。

无论是开办藏汉英三语教学专业还是培训班，在课程设置上都要体现民族特色、四川藏区特色和三语特色，外语教学理论在总课时中也应占有相当的比例。同时还要充分利用网络、多媒体等现代化的教学手段与隐性教学资源，加强语言学、心理学、教育学等理论知识的学习，提高受培训教师的三语语言能力、执教能力，培养他们的自主发展意识和发展能力。重点应放在以下几个方面：各种外语教学流派、教学方法及有关课堂活动的设计原则与方法的介绍和培训；关于语言课堂的评估方法、各种测试题型的设计原则与方法；语言教师行动研究的技术及科研方法；有关语言学习的重要理论的专题讲座，如母语、外语习得/学习的比较，对比分析、错误分析及中介语理论，学习策略、动机等对外语学习的影响等（韦丽秋，2002：113），除此之外，还应重点探讨针对藏族学生的三语教学理论、策略、方法和技巧。

3）建立多元化的教师培训途径

探索外出进修和校本培训相结合、外在教育和自我反思相结合的教师发展模式。外出进修应以教师为主体，结合民族地区三语教育现状与需求，开展短期课程培训、教学观摩、教科研专题研讨等活动，与其日常的三语教学紧密结合起来；优化师资进修模式，不断注入新的教育理念，凸显培训的实用性、针对性与时代性。校本培训作为教师外出进修的有效补充，从学校和教师的实际出发，解决三语教学中的实际问题，促进民族地区学校的自身发展，促进三语师资素质的全面提升（刘全国和李倩，2011：76）。应强化三语教师的自我反思意识，使教师在反思中建构自我，促进三语教师的专业成长（白浩波，2008：45）。

推动教育现代化还需积极加强与外部世界的联系，针对四川藏区幅员辽阔、教育服务半径大、教师资源不足、教学质量不高等问题，有些地方政府联合教育发达的县市采取"对口支援"和在较发达城市的学校中培养少数民族学生的措施，实施"送出去，请进来"策略，有效地拓展了培训途径，如成都市和甘孜州巴塘县联合实施的格桑梅朵绽放工程，双流县计划用5年时间组织250名巴塘一线骨干教师和校长分批到双流培训学习，参加跟岗培训、教学观摩、座谈交流、参观考察等活动；每年选送30名巴塘籍初中毕业生免费到双流县三所国家级重点中学就读，让这些孩子享受到更加优质的教育资源；组织双流专家讲师团队到巴塘，采取互动交流、专题培训等方式指导巴塘中小学、幼儿园骨干教师和校长,选派12位支教老师到巴塘中学和巴塘县人民小学一线从事教学工作。这种"送出去与请进来,全力支教助发展"的合作策略对促进双方的教育理念、管理模式、育人方式和校园文化等资源的共享,进行各种教育资源的充分交流,努力缩小四川藏区教育与较发达城市之间、州内县域之间、城乡之间和校际的发展差距都发挥了积极的作用。

此外,引进国际师资、开辟教育投资等渠道也是推动四川藏区与较发达城市师资交流和学生交流的有效途径。

五、树立学习各民族优秀文化教育的观念,促使少数民族学生转变学习态度

语言学习本身作为一种心理过程,受到了很多复杂心理因素的制约。根据问卷调查结果,四川藏区的大多数少数民族学生在家说本民族语言,在学校说汉语或藏语,而英语在他们的理解中,只是一门为了升学考试而开设的课程,在日常生活中使用英语的场合几乎为零。有些少数民族学生的家长由于所受教育有限,加上地处偏僻,消息流通较为不畅,还有些出于民族感情,对子女学习藏语和汉语要求严格,而对子女学习英语则不是太重视。加上英语教师基本遵循国家的英语教育政策,所以少数民族地区开设的英语课程缺乏一定的灵活性和创造性。这一切直接地导致了少数民族学生缺乏学好英语的愿望和动机,很难激发他们学习英语的兴趣(杨小鹃,2006)。

英语是藏族学生学习的第三语言。藏语、汉语和英语三种语言分属于三种不同的文化,学习语言的同时必然会引发其负载着的各种文化冲突,这些冲突或多或少地会对语言学习产生干扰和影响。藏文化是一种典型的高原游牧文化,同时也是蕴意丰富的宗教文化。藏族的寺院教育在历史上对四川藏区的文化和教育的发展有着深远的影响,形成藏族相对稳定的价值观念和行为取向(江巴吉才和潘建生,1992:67)。汉文化是一种具有守成性的大陆农耕文化,受儒家思想文化的影响极深,儒家把伦理道德视为核心教育价值观,其最高标准就是"礼","礼"确定了社会人与人之间亲疏、贵贱、长幼分异的合理性,并依此制定出各阶层人的行为规范。英语则是典型外向型的西方海洋文化,文艺复兴和启蒙运动思想,使西方人注重分析、理性、逻辑和抽象思维,强调个人价值和自由(邓浩和郑婕,1990:42)。汉族学生学习英语时只有两种文化冲突,少数民族学生则要面对三种文化冲突,而英语教学大纲从未就民族地区的特殊性制定专门的内容和目标;教材的编排也没有考虑少数民族学生三语学习的特点。与汉族学生相比,藏族学生在学习、理解英语的过程中,产生的冲突和障碍相对较多,藏语、汉语及其思

维方式等多重负迁移（即干扰作用大）影响更为严重。这种独特的文化背景和语言氛围，使藏族学生对远离自身生活认知及教学规律的教科书产生排斥心理，严重地影响了其学习英语的主动性和积极性。学习动机、兴趣等关键的学习因素的严重缺失自然导致藏族学生的英语学习水平低下。

我国在以课程改革为核心的全球化教育改革趋势下启动了培养创新型人才的新一轮课程改革，反思了我国少数民族教育中存在的忽视适应性、先进性、时代性的倾向和观念等问题。四川藏区中小学教学语境是藏汉英三语语境，四川藏区的民族学生处于一个多民族文化环境中。要想真正提高民族偏远地区的英语教学质量，首先必须要激发少数民族学生学习英语的动机、兴趣和学习积极性，其关键在于教师要树立"弘扬各民族优秀文化教育"的观念，使学生在认同本民族文化的基础上，平等地欣赏、珍惜主流文化和异域文化，尊重和理解文化选择和认知的多元性，公正、客观、科学地看待每一种文化存在的价值及本民族文化与主流文化、异域文化之间水乳交融的关系（刘全国和何旭明，2012：157），从而转变少数民族学生学习三语的态度，使学生产生学习英语的兴趣，以主动、乐观的态度对待第二语言和第三语言的学习，培养积极的学习态度，在快乐接受的情绪中学习三语，树立正确的文化价值观。

学习各民族优秀文化教育的内涵是让学生在继承本民族优秀文化传统的基础上，认识和理解社会中的各种文化，理解和赞赏其他民族文化及具有普遍性的为各民族共享的国家主流文化包括学生自身所处的文化，最终实现文化创新的一种观念。在四川藏区三语教育中实行民族文化教育的目的是提高藏族学生在保留本民族的传统文化的基础上融入以汉语为主的主流社会的能力，培养其学习、融汇本民族和其他民族文化的能力，拓展藏族学生的视野和知识面，切实提高他们适应世界主流文化和国际社会的能力，促进其个人素质的全面发展，满足未来公民需要具备的跨文化的知识和技能的要求。

六、注重课程的整体构建和改革

课程是教育实现人才培养目标的根本手段和基本途径，是教育改革的核心部分。现行的《英语课程标准》已经把教学目标从传统英语教育所要求的知识和技能两个方面扩展到了技能、知识、情感态度、学习策略和文化意识等五个方面，其核心是培养学生的综合语言运用能力，强调学生智力因素和非智力因素的协调发展。这种课程改革有利于真正实现素质教育，促进学生全面发展。

课题组的调查结果显示，四川藏区实行一类、二类模式的中小学对英语课程的设置都不够合理。"培养学生的综合语言运用能力"这一全国统一的英语课程教学目标对该地区的少数民族学生来说要求过高。当前，该地区内绝大多数中小学校不具备像较发达城市中学校那样的学习英语的条件和设施，加上交通不便、信息流通较为不畅，英语在日常学习生活中的实用性不突出，就连英语教师使用英语的场合也屈指可数。

少数民族学生因历史、地理、社会环境、饮食习惯等差别，在年龄发育、个性、认知方式、学习动机等方面与汉族学生有许多不同之处。但他们的特点长期以来被忽视或被"汉族化"了。要提高少数民族学生的外语水平，就必须研究少数民族学生学习外语的困难，针对其特点制定相应的政策，构建适合民族地区三语教学的课程体系。少数民族地区的三语教学的目标是培养三语兼备，具有社会责任感、健全人格的 21 世纪民族创新人才。因此在课程建设过程中，应该注意将现实的经济发展、社会稳定的需要与长远的文化传承和创新的需要相结合，注意将本土课程与跨文化课程相结合。

七、开发三语教材和辅助性三语教育工具书

"教材是课程内容的核心……是对课程内容所做的一些基本的、局部化的材料性规定。"（尹世寅和赵艳华，2005：21）

外语是我国素质教育的重要课程资源之一。我国英语基础教育新课程标准所倡导的分级教学、小班教学和分项操练，尊重学生个体差异，倡导学生体验与参与，以及现代化远程教育等教学理念和模式，对外语教师和外语教学资源都提出了更新更高的要求。目前四川藏区绝大多数一类、二类模式学校使用的都是人教版统编教材，而我国的人教版统编教材主要针对的是广大汉族学生，对少数民族学生而言，部分内容脱离了他们的实际生活，已超出他们的认知能力，因而缺乏感性认知和认同感。

四川藏区现实经济发展、社会和谐稳定的迫切需要与长远的藏民族文化传承和创新的需要，使开发三语教育的地方本土教材已刻不容缓。开发时应遵照"国家课程居主导地位，地方课程、校本课程是对国家课程的重要补充"的理念。就三语本土教材而言，它应是专门针对少数民族学生编写的，承载民汉英三种传统文化、风俗、历史文化信息的"校本教材"，包括相对统一的少数民族语文教科书、汉语教科书、英语教科书，以及相关的教学参考书和各种学习材料。教材内容以本民族文化为基点，广泛触及多民族、多文化的语言、文化传统、价值体系、宗教信仰等，凸显教材的民族特色及国际视野，具体可涉及政治、经济、文化、历史、地理及当地的旅游、畜牧业生产等和学习者生活息息相关的方方面面（刘全国和何旭明，2012：156），与学习者个体的兴趣、生活、经历等关联，要充分体现教育的人文价值和文化传承功能，体现教育惠及每一位学习者的实用价值，要能激发起学习者的内在和外在学习动机，激发学习者的积极学习情感。三语教育工具书和课外阅读

材料必不可少，三语教育工作者可以考虑编写藏汉英三语对照系列词典等相关的工具书及藏汉双语、藏英双语的说话材料等教辅资料。

八、改善教学设备，推动四川藏区教育网络化

兴起于20世纪90年代的网络教育是一种基于计算机和网络技术的崭新教育形式，它不受时空限制，集个别教学、集体教学、现场教学、自学与小组学习等多种教育形式的优点于一体，适合四川藏区地广人稀的现实。针对四川藏区英语教育现状，充分利用网络通信技术和教育部中小学现代远程教育工程的基础设备和资源条件，推动四川藏区教育网络化，开发符合本地文化特色和教育现状的远程教育辅助资源库，积极探索少数民族地区外语师资远程培训的模式（姜秋霞，刘全国和李志强，2006：135），可以增强少数民族汉语教学、少数民族英语教学的现代化教学手段，提高教学水平。

四川藏区的三语教育面临着资金投入少、教育理念不清楚、学制不统一、教学模式复杂多样化、师资队伍匮乏、办学水平低、教学质量低、地区差异明显、教学设施和教辅资料问题多等诸多问题。要想有效地解决这些问题，可以尝试以下途径：首先从四川省到两州一县的各级政府及教育部门应组织专家、学者和一线教师进行深入调查研究，认识到英语教育在四川藏区社会经济发展中的重要地位及关键作用，明确三语教学的指导思想，因地制宜地制定出切实可行的三语教学的语言政策、规章制度并保障其顺利实施；其次，进一步加大对教育的投入力度，加强培养和培训力度，解决师资匮乏问题，满足当地经济、文化发展的需要；再次，保障民族地区三语教育发展的基本条件，逐步缩小和较发达城市教育发展的差距；最后，精心组织三语试点实践，探讨适合当地三语教育的方案，积累丰富经验后再逐步推广，优化三语教育效果，从而为全面实施民族地区英语课堂三语教育系统工程奠定良好基础，促进我国少数民族学生认知能力、语言能力及健康人格的发展和提高，培养出符合当今时代发展要求的具有多语能力的高素质少数民族人才，从而实现四川藏区教育的现代化，促进各民族的和谐发展与共同繁荣。

第七章 藏族学生母语迁移作用与教师的藏语言文化修养

本章将从母语迁移作用的角度分析藏汉英三语环境中,母语藏语、第二语言汉语在藏族学生英语学习过程中产生的迁移作用,文章将在语法层面上对比分析藏语、汉语和英语语言结构的主要特征,并通过对阿坝州红原县藏族中学学生进行问卷调查和英语语言测试的方式,分析藏族学生英语学习过程中固有的母语知识体系和习得过程中潜移默化的汉语思维模式对英语学习产生的负迁移作用。

第一节 语言习得与学习分析

一些语言学家(如 Krashen, 1981)定义语言习得(language acquisition 或 language learning)为一个人语言的学习和发展。学界把母语或第一语言的学习称作第一语言习得,把第二语言或外语的学习称作第二语言习得。有些理论家把"学习"和"习得"区别开来,用"学习"指一个有意识的过程,涉及对语言外在规则的研究和个人行为的监控,即外语课堂教学背景下的典型形式;而用"习得"指当学习者将注意力放在意义而不是形式的时候接触到的可理解性输入进行的无意识的规则内化过程,即第二语言背景下的常见模式。语言的学习,严格来说可以分为语言的获得(即从无语言到有语言)和语言的习得(即在一种语言的基础上再学习一种语言)。语言的获得过程必须有语言环境和文化背景的支持,而语言的习得不一定要有语言环境。无论是获得还是习得的语言,只要是同时存在一个人头脑中的语言,都会发生接触,即存在于一个人头脑中的两种或几种语言之间的相互关系、相互作用和相互影响(Bloom, 1994)。

第二语言习得理论研究的发展基于如下方面:学习者的内在特点、语言学习形成环境的基本作用、学习者特点和综合的环境因素对二语习得发生、发展和形成的作用。

第二语言习得理论针对以下九个问题:学习者是否已习得一门语言;学习者的认知能力;学习者元语言意识的发展情况;学习者的知识结构;学习者在学习过程中是因紧张出错还是因发音而造成错误;学习环境对习得的影响;学习者的学习时间是否充足;学习者在学习过程中是否得到正确的反馈;学习者对语言的

运用是否能契合其理解和交际能力。

研究二语习得的理论主要有以下几种。

一、行为主义理论

美国心理学家华生（Watson，1930：180-190）认为学习是以一种刺激代替另一种刺激建立条件反射的过程，他提出行为主义者用模仿、操练、强化和形成习惯来解释一切学习过程。在行为主义者看来，不论是语言还是非语言学习，其内在机制是完全一样的。行为主义语言习得理论把语言看作一种习惯，学习第二语言就是在旧的语言习惯（第一语言知识）的基础上学习一套新的语言习惯（新的语言知识）。在学习新习惯的过程中，旧习惯必然会对新习惯的学习产生影响，就会出现语言学习中的"迁移现象"（transfer）。本章也将就藏族学生英语学习过程中汉语言与藏语言对新的语言——英语学习所产生的迁移进行剖析。

二、普遍语法说

普遍语法是乔姆斯基针对儿童习得母语提出来的。在乔姆斯基看来，语言非常复杂，有无数的规则，但是儿童习得语言似乎既快又不费力，与他们的智力不吻合。一些语言知识在语言环境中并不存在，儿童却能照样获得。他们得到的多于接触到的，这看似不合逻辑。既然外部因素不能完全解释儿童获得语言的现象，那就只能从大脑内部找原因。为此，乔姆斯基提出了普遍语法这一概念。他认为，普遍语法存在于人的大脑，帮助习得语言，是人与生俱来的语言初始状态，由带普遍性的原则和参数构成。每个说话者都掌握一套原则和参数，这些原则适用于所有语言，而参数则因语言而异，但这种差异是具有一定限度的。

三、第二语言发展监控模式

克拉申（Krashen，1981：2-10）创立的监控模式包括五种假说：习得-学习假说（the acquisition-learning hypothesis）、语言监控假说（the monitor hypothesis）、学习自然顺序假说（The natural order hypothesis）、语言输入假说（the input hypothesis）以及情感过滤器假说（the affective filter hypothesis）。

习得-学习假说区分了第二语言和外语在发展及应用中的两种不同过程。第一种叫"习得"，是发展"语言能力"的潜意识过程，无须教授语法规则。第二种叫"学习"，是指有意识地学习语法规则知识。说话时，学习者首先运用他们已经习得的规则体系。通过正在学习或已经学习所得的规则只有一个作用，即对那些按习得的规则说出的话语进行监控或修正。学习不能产生习得。

语言监控假说认为，人们一方面总是利用习得的知识系统使自己的话说得流畅、得体，意思表达得清楚明白；另一方面还把学得的知识当作监控器监控自己根据习得的知识系统所说的话，对其要表达的意思进行比较，并在必要时作改正，如人们说话时的自我插话和自我修正便是监控的表现，其目的往往是使意思更加明确。

学习自然顺序假说是认为儿童习得语言时以类似的顺序学会语言形式、语言规则及语言项目的一种假说。这是一种自然的发展顺序。在英语和第二外语的学习中，语法规律的学习也有一个自然顺序，只是与第一语言学习的习得顺序不完全相同。

语言输入假说指可理解性语言输入，这是监控模式的核心。根据这个假设，语言输入话语既不能太难，也不能太简单，只要能够听懂对方的话语，语言即可习得。克拉申把学习者现有的第二语言水平定为"I"，把学习者将要达到的更高一级的语言水平称为"$I+1$"。语言输入材料的难度要稍高于学习者现有的水平"I"，"I"学习者为了听懂新输入的语言材料，会求助于以前的知识经验或利用语境、上下文等进行判断。通过努力，学习者理解了语言输入中"难以理解的成分"，从而取得进步。

情感过滤假说与克拉申的第二语言发展监控模式相联系。这个假说的理论基础是情感过滤理论。根据该理论，第二语言习得的成功取决于学习者的情感因素。消极态度（包括缺少动机自信，产生焦虑）被认为是一种过滤器，阻碍学习者对输入信息的运用，从而影响语言学习的效果。

四、现代心理学理论

信息处理（information processing）是将大量的已知信息输入并储存在人脑中，再根据具体的语言环境调用不同的语言信息进行话语理解的过程。

连接主义（connectionism）（Elman et al., 1997：526）特别强调环境的重要性而非学习者先天的知识作用。连接主义主张学习者被先天赋予的只是学习的能力而不是具体的语言结构，并认为学习者通过暴露在具有语言特征的大量的言语中，能逐步累积起他们的语言知识。

交互作用论/互动论（interactionism）（Krashen，1981：11-25）认为语言习得是一个语言发展的社会环境及语言学习者和与其相作用的人之间相互作用影响的复杂过程。语言习得需要或获益于互动、交际和协商。交际中的互动协商使输入的语言信息能为交流的对方所理解。能够被理解的信息输入能加速语言习得。语言学习者在与比其知识层次高、言语丰富的人交流时可以很快提高自己的语言水平。

第二节 语言迁移与二语习得

一、认知理论与二语习得

认知科学认为,语言运用的心理过程以认知为基础。人脑处理各种心理表征的过程从本质上说是认知。从认知科学的角度看,人的大脑是一个有一定容量的信息处理系统,而语言知识的习得和使用与其他知识一样是一个信息处理的过程。第二语言的习得和使用(本节主要指外语学习)同任何知识的习得、使用一样,基本上也是一个以大脑这个"信息处理器"为中心,一头连接输入而另一头连接输出的信息处理过程,而知觉、表象、记忆、理解、意识、决策等心理表征都将对信息处理的过程产生制约作用。

从某种意义上说,二语习得和使用是一个以策略为基础的心理过程。语言策略在本质上是认知的,因此要求学习者有一定的认知资源。尽管人类在认知活动中的感知能力、推理能力和信息检索、使用的能力存在差异,但都力图用最少的认知资源去获得最大(或最佳)的认知效果。二语的理解过程是开放、灵活的,学习者总是力图使用各种认知策略去理解、分析输入信息,以保证理解的正确性和可行性。总之,二语能力是以认知能力为基础的,二语习得建立在学习者自身认知能力发展的基础之上,不能超越认知能力的发展水平。

皮亚杰的认知论(Piaget,1977:33-47)强调人类语言学习中的主动性和创造性,认为学习是一种受认知和环境影响的心智活动。认知论认为,语言学习是在"过程"和"策略"指引下进行的技能学习,而"过程"和"策略"则是通过思维加工进行主动性心智活动完成的。因此,皮亚杰提出了"S-AT-R"[①]公式,认为一定的刺激必须和认知结构建立联系。也就是说,外语的语言知识必须进行认知理解,必须和人的认知结构相联系,否则学习将是肤浅的、容易遗忘的。

二、语言迁移与二语习得

语言迁移主要表示学习者在建立第二语言体系时第一语言特征的自动参入,即学习者原有的语言知识对新语言之学习产生影响的现象。奥德林在其著作《语言迁移》中是这样下定义的(Odlin,1989:210):迁移是指目标语和其他任何

[①] 其中,S 为 stimulate,表示刺激;A 为 assimilation,表示同化作用;T 表示外界刺激经过主体的认知结构;R 为 reaction,表示反应。

已经习得的（或者没有完全习得的）语言之间的共性和差异所造成的影响。认知心理学认为，迁移是指在学习新知识时学习者将以前所掌握的知识、经验迁移运用于新知识的学习、掌握的一种过程。奥苏伯尔的认知结构迁移理论（Ausubel,1968：497-498）认为，任何"有意义"的学习都是在原有的基础上进行的，"有意义"的学习中一定有语言迁移。无论是"为交际初步运用英语的能力"还是"口头上和书面上初步运用英语进行交际的能力"，实质上都是迁移能力的外在表现。迁移又可分为正迁移（positive transfer）和负迁移（negative transfer）两种，如果旧知识的迁移对新知识的学习起帮助、促进作用，那么它就是正迁移；反之，如果旧的知识、经验妨碍了新知识的获得，那么它就是负迁移，即干扰（interference）。相关实验证明，一种语言的使用者在学习另一种语言时，会发现语言各有各的困难。举例来说，母语是英语的人习得西班牙语要比习得俄语来得更容易。原因之一是英语与西班牙语比英语与俄语有更多的共通基础。因此，就语言的相似性来说，我们发现，不同语言之间，相似之处越多，语言的正迁移作用越明显，反之，语言之间相似之处越少，语言的负迁移作用则越突出。

母语和二语作为一种语言系统，两种语言习得过程的主体都是熟练掌握母语的学习者。因此，母语和二语习得必定有相似联系并有可借鉴之处。基于语言的相似性理论，科德提出的二语习得过程"L1=L2 假设"①（Corder, 1967：61-70）认为，如果 L1 习得者与 L2 习得者遵循相同的习得顺序，那么 L1 习得过程与 L2 习得过程有可能也是相同的。同时，欧文–特里普（Ervin-Tripp, 1974：30）也指出在自然语言环境中 L1 习得的过程与 L2 习得的过程极其相似。

语言习得的过程受到外部环境、教学设备及师资素质的影响，但其本质是解决语言和思维的关系。由此笔者在对影响藏族学生英语学习的外在条件调研的基础之上，侧重于藏汉英三种语言结构的关系，从语言相似性和差异性的角度来阐述在藏族地区特定的三语环境——以第二语言（汉语）作为目标语（英语）学习的教学语言中，三种语言结构在学习过程中对英语学习产生的正负迁移。

第三节　藏语、汉语与英语的语言结构特征对比

一、语音语调

藏语和汉语同属于汉藏语系。藏语属汉藏语系藏缅语族藏语支，属于拼音文

---

① 其中，L1 表示第一语言，L2 表示第二语言。

字，共有30个辅音字母和4个元音符号。藏文30个字母都可以做字根，字根的名称音含有元音ɑ，去掉ɑ音的读音叫音素音。即名称音＝音素音+ɑ，如 ག，其名称音为 gɑ，则 gɑ=g（音素音）+ɑ，音节仅由字根组成，字根读名称音，音节由字根和其他成分组成，拼读时字根读音素音，如 གང（gang）=ག（g）+ང（ang）。

由于汉藏同源，汉语和藏语很多音标发音相同，如 g、d、b、j、q、x、z、c、r 与汉语拼音发音方法、性质完全相同，因此，李延福教授在其论文《藏文音素拼读法与语言迁移》中对汉藏两种语言音节拼读做了对比。他指出，基于汉藏两种语言拼读的相似性，藏语音素拼读法也采用汉语拼音字母做注音字母，并采用音素化的拼读结构，这使汉藏两种语言拼音有了内在联系。但是藏汉两种语言的语音仍然存在差异。对于藏语来说，字根是表示辅音的，这也是藏语不同于一般拼音文字的特殊之处。藏语的音素音在汉语拼音中有对应的音。

与藏语不同的是，汉语拼音中 jia、qia 之类的拼法在藏语课本里一般标记为 ja、qa，即不写中间的介音 i，藏语里 jyi、ji 是发音相同的不同拼写形式。

英语和汉语、藏语是非亲属语言，前者属于印欧语系，汉语、藏语属于汉藏语系，但是三种语言相比较，也普遍存在异同。汉语和藏语当中没有[æ]、[ʃ]、[ʒ]、[ʌ]、[θ]、[ð]等音标。英语的元音系统比较简单，由12个单元音和8个双元音组成，汉语的元音系统比较复杂，由声母和韵母组成，而韵母又分单韵母、复韵母和鼻韵母，分别由单元音、复元音及元音加鼻辅音[n]、[ŋ]充当。且汉语的元音没有松紧长短之分，如拼音当中没有/i/和/i:/等的区别。而藏语的元音不是作为字母而是作为辅音的附加符号。a 不标，i、e、o 标在字母上方，u 标在字母下方。辅音方面，英语的/j/、/w/是半元音，但在汉语、藏语中/j/、/w/实际起辅音的作用。/s/、/z/在英语中是齿龈擦音，而在汉语、藏语中，/s/和英语中的相似，但/z/就有了极大不同，常常被发成汉语的/ts/，如 zoo/zu:/常常发为[z]。另外，英语中/r/是齿龈后部擦通音，发音完全和汉语、藏语中的/r/不同，因此常常有人将英语中的 row、room 等词发错。

语调方面，汉语、藏语属于声调语言，英语则属于语调语言。汉语有四个具有区别意义的声调，即阴平、阳平、上声、去声，就音高特征来讲，这四个音调分别是平调、升调、曲折调和降调。藏语声调的变化较小，声调产生和分化的条件清楚，调值与声韵母还保持着比较自然的联系。英语有七种基本的语调调型：低降、高降、低升、高升、降升、升降和中平。因此汉语的四声音调常常会造成英语学习的干扰。

二、句法、语法

句法方面，藏语的句子成分可分为主语、谓语、宾语、定语和状语。句子主要是以谓语为核心的主谓呼应结构，谓语是后置表达系统。藏语序是主语—宾语（间接宾语、直接宾语）—谓语（Subject-Object-Verb，SOV）。藏语句子中，宾语位置也与英语中宾语位置不同。藏语中是直接宾语靠近谓语，而英语中则是有时间接宾语靠近谓语。藏语中的否定句和汉语、英语否定句型一样，也是在所否定的词前或后加否定成分。藏语还有丰富的助词，而且常常有减缩和独立两种形式。形容词和部分派生名词有构词后缀。存在敬语和非敬语的区别。

相比之下，汉语与英语句型结构更为相似。汉语和英语都具有七种基本句型：subject-verb，SV；subject-verb-complement，SVC；subject-verb-object，SVO；subject-verb-object-object，SVOO；subject-verb-object-complement，SVOC；subject-verb-object-adverbial，SVOA；subject-verb-adverbial，SVA，但由于汉英民族的思维习惯有同有异，所以汉英句型有时对应，有时不对应，如英语的一般疑问句为主谓倒装形式，藏语句式却不习惯倒装，而汉语则是加疑问助词表示。例如：

（1）Is the man still alive?

那人还活着吗？

མི་པ་གི་ད་དུང་གསོན་པོར་བཞད་འདུག་གམ།

（对应的汉语：人那个还活着吗？）

英语的虚拟条件句的形式也和汉语有所不同，一般用 if 引导的分句来表达，具有严格的时态要求，但汉语通常是通过时间助词来表达。例如：

（2）Were he here at that time, he would be happy too.

如果当时他在的话，他肯定会很开心。

གལ་སྲིད་སྐབས་དེ་དུས་ཁོང་ཡོད་ན་ཁོ་དགའ་པོ་ཡོང་ངེས་རེད།

（对应的汉语：如果当时他在的话他开心肯定会。）

英语当中存在存现句型（there be）。藏语中存在专门的判断动词和存在动词，且这两类动词有两种表示不同人称的词汇形式，而汉语中没有专门的词汇或短语来表示不同人称。形式主语也是英语特有的语言现象，在汉语、藏语中不存在形式主语。例如：

（3）There are some books.

这里有一些书。

འདིར་སློབ་དེབ་ཁ་ཤས་འདུག

（对应的汉语：这里书一些有。）

（4） It is wrong to waste time.
浪费时间是错误的。

དུས་ཚོད་འཕྲོ་བརླག་གཏོང་བ་ནི་ནོར་འཁྲུལ་ཞིག་རེད།

（对应的汉语：时间浪费是错误的。）

在汉语中，重叠谓语是自身特色，如"轻轻松松""反省反省"等。在英语中则不存在这样的表达方法，因而无法表达出重叠现象，如 "到外面随便走走"在英语中只能表示为"Take a short walk outside."。

此外，英语句子的主谓间存有强制性的一致关系，并有特定的语法手段来表示这种一致关系。汉语、藏语句子的主谓之间则没有强制性的一致关系，也没有表示这种一致关系的语法手段。

所谓主谓间的强制性一致关系，是指主语和谓语动词在人称和数两个方面必须保持一致，表示这种一致关系的语法手段则是谓语动词的形态变化。例如，英语的人称代词、名词有不同的形式来表示人称和数量概念，谓语动词也有不同的形式来表示与主语的一致关系。所以，当英语句子的主语有人称和数的变化时，谓语动词必须使用相应的人称形式和数的形式。汉语、藏语则是典型的分析性语言，主要通过固定的语序来表达语法关系，通过大量的虚词来表达语法意义。除人称代词等极少数语言项目外，藏语没有严格意义上的语法形态变化，更没有形态之间的照应关系。因此，谓语动词不受主谓一致关系的制约。例如：

（5）I am/ You are/He is a Chinese citizen.
我是/你是/他是中国公民。

ང་ནི་རྒྱུང་གོའི་མི་སེར་ཡིན།

（对应的汉语：我是中国的公民。）

ཁྱོད་རང་རྒྱུང་གོའི་མི་སེར་རེད།

（对应的汉语：你中国的公民是。）

ཁོང་ནི་རྒྱུང་གོའི་མི་སེར་རེད།

（对应的汉语：他是中国的公民。）

（6）We are/ You are/ They are Chinese citizens.
我们是/你们是/他们是中国公民。

ང་ཚོ་ནི་རྒྱུང་གོའི་མི་སེར་ཡིན།

（对应的汉语：我们是中国的公民。）

ཁྱོད་ཚོ་ནི་རྒྱུང་གོའི་མི་སེར་ཡིན།

（对应的汉语：你们是中国的公民。）

ཁོང་ཚོ་ནི་རྒྱུང་གོའི་མི་སེར་ཡིན།

（对应的汉语：他们是中国的公民。）

时态方面，英语遵循严格的"时"和"态"的语法形式。它们由谓语动词的特定形式来体现，如"过去完成时""一般过去时""过去进行时""一般现在时""现在进行时""现在完成时""一般将来时""将来进行时""将来完成时"等时态，其谓语动词有严格规定的形式。汉语当中谓语动词则不存在这种变化，"时"和"态"由相应的表示时间的虚词来表示。藏语动词有体态的语法范畴，如现行体、将行体、已行体、完成体、结果体、即行体。动词时态的表达方式是在不同时态的动词后加时态助动词和辅助动词，或直接加辅助动词。例如：

（7）He lives in Beijing.

他住在北京。

ཁོང་པེ་ཅིན་ལ་བཞུགས་ཡོད།

（对应的汉语：他北京住在。）

（8）He lived in Beijing.

他过去住在北京。

ཁོང་སྔོན་མ་པེ་ཅིན་ལ་བཞུགས་ཀྱི་ཡོད།

（对应的汉语：他过去北京住在。）

或者：

སྔོན་མ་ཁོང་པེ་ཅིན་ལ་བཞུགས་ཀྱི་ཡོད།

（对应的汉语：过去他北京住在。）

（9）He has been to Beijing.

他去过北京。

ཁོང་པེ་ཅིན་ལ་ཕེབས་མྱོང་ཡོད།

（对应的汉语：他北京去过。）

或者：

པེ་ཅིན་ལ་ཁོང་ཕེབས་མྱོང་ཡོད།

（对应的汉语：北京他去过。）

（10）He has gone to Beijing.

他已经去了北京。

ཁོང་པེ་ཅིན་ལ་ཕེབས་ཚར་སོང་།

（对应的汉语：他北京去了。）

或者：

པེ་ཅིན་ལ་ཁོང་ཕེབས་ཚར་སོང་།

（对应的汉语：北京他去了。）

（11）They are having a discussion.

他们正在讨论。

ཁོང་ཚོས་ད་ལྟ་གྲོས་བསྡུར་གནང་གི་འདུག

（对应的汉语：他们现在讨论正在。）

或者：

ད་ལྟ་ཁོང་ཚོས་གྲོས་བསྡུར་གནང་གི་འདུག

（对应的汉语：现在他们讨论正在。）

（12）They were having a discussion.

他们当时正在讨论。

ཁོང་ཚོས་དེ་དུས་གྲོས་བསྡུར་གནང་བཞིན་ཡོད།

（对应的汉语：他们那时讨论正在。）

或者：

དེ་དུས་ཁོང་ཚོས་གྲོས་བསྡུར་གནང་བཞིན་ཡོད།

（对应的汉语：那时他们讨论正在。）

定语可分为对定语中心所代表的人或事物起限定作用的限定定语、表示范围的范围限定定语、对定语中心起描写作用的描写定语和起客观分类作用的分类定语。英语和汉语中都有前置定语，但汉语中的前置定语远比英语普遍。英语的前置定语一般以词为主，汉语的前置定语则既有词又有短语和主谓结构。汉语中后置定语却非常少见，只限于少量数量短语和带"的"字的短语。英语中后置定语非常普遍，做后置定语的既有词也有短语和分句。藏语中，形容词、数词、批示代词做修饰语时在中心词之后，人称代词、名词做修饰语时需加领属助词置于中心词前。除此之外，藏语中还有少数可前可后的定语。

通常情况下英语、汉语、藏语的定语排列顺序如表 7.1 所示。

表 7.1　英语、汉语、藏语的定语排列顺序

语种	定语顺序				
英语	指定限定定语	描写定语	分类定语	定语中心	范围限定定语
汉语	指定限定定语	范围限定定语	描写定语	分类定语	定语中心
藏语	指定限定定语	范围限定定语	描写定语	分类定语	定语中心

从表中可以看出，范围限定定语在英语和汉语中的位置差别很大，而其他定语的排列顺序则相同。藏语的定语位置和汉语基本相同，范围限定定语不会出现在定语中心之后。例如：

（13）The temple which the archaeologists explored was used as a place of worship.

这座考古学家考察过的庙宇曾被用作教堂。

དེ་ནི་རིག་དངོས་པར་ཞིབ་མཁན་གྱིས་པར་ཞིབ་བྱས་པ་བཅུད།

（对应的汉语：这是考古学家曾经研究的内容。）

དགོན་པའི་འབོར་ཡུག་དེ་དགག་ཡི་ཤུལ་ཚོས་ལང་དུ་གཏན་ཞིག་བྱས་པ་ཡིན།

（对应的汉语：庙宇教堂被用作。）

或者：考古学家考察过的这座庙宇曾被用作教堂。

རིག་དངོས་བརྐྱེན་ཞིབ་མཁན་གྱིས་བརྐྱེན་ཞིབ་བྱས་པ་བརྒྱུད་དགོན་པའི་འཆོར་ཡུག་དེ་ནི།

（对应的汉语：考古学家经研究的内容庙宇这是。）

དེ་དག་ཨི་ཤུའི་ཆོས་ཁང་དུ་གཏན་ཞིབ་བྱས་པ་ཡིན།

（对应的汉语：教堂被用作。）

英语的状语通常置于谓语之后，如果谓语后面有宾语，那么则放在宾语后面。例如：

（14）I will go rain or shine.

不管是晴天还是雨天，我都要去。

（15）We canceled the trip because of the rain.

因为下雨，我们取消了旅行计划。

英语中，时间状语通常放在地点状语之后。例如：

（16）We have to be there early.

我们不得不早些到那儿。

（17）Let's meet at Lee's tomorrow.

我们明天在李家里见。

如果有两个或更多的时间状语或地点状语，在英语中，较小单位的状语应放在较大单位的状语前。例如：

（18）He was born in a small village near Chengdu.

他生在成都附近的一个小城里。

（19）We shall start at seven tomorrow morning.

我们将于明天早上7点开始。

此外，状语还可以放在句子前面以示强调。例如：

（20）Yesterday morning, when I was going to town, I met your daughter.

昨天早上我正要进城的时候遇到了你女儿。

汉语当中，状语有常序和变序两类。通常情况下状语放在谓语中心语或句子之前，称之为句首状语。例如：

（21）整个荷花淀会震荡起来。

（22）在高原的强烈阳光下，人们喜欢把这片树荫作为户外的休息地点。

通常情况下，充当句首状语的一般是时间状语、处所状语、情态状语、条件状语、对象状语或语气状语等。变序状语只有一种句法序列，即所谓的后置状语："句子+状语"。例如：

（23）我漫步着，在少有的寂寞里。

后置状语多用于文学作品中，主要起引起读者注意的作用。不难发现，汉语状语与英语状语的常序正好相反。汉语以后置状语为变序状语，而英语的常序状语恰恰在谓语中心之后。例如：

（24）我在那儿见过他。

I saw him there.

（25）他在这里逗留了三个小时。

He stayed here three hours.

藏语中，状语主要由副词、形容词、数量词、名词、代词和名词性词组充当。它可以表示谓语的目的、状态、原因、工具、程度、数量等意义。藏语的状语要根据它和谓语的不同关系，加上形式不同的格助词或合成结构助词。例如：gis、byas、las、nas 等，其位置主要有两种，一般来说，状语都置于中心语之前。例如：

（26）ང་རང་གླུ་གཞས་འདི་དགའ་པོ་ཡོད།

（对应的汉语：我歌曲这首听喜欢。或者：我喜欢听这首歌曲。）

谓语动词如果是由 byas、btang、brgyab 等构成的合成动词，则作状语的形容词也可以直接插入此合成词的名词成分和动词成分之间。例如：

（27）རྣན་ཁག་གྱིས་རྐུན་མ་བྱེད་མཁན་ཐག་གཅོད་རྣན་པོ་བྱེད་དགོས།

（对应的汉语：严厉贪污分子惩办。或者：严厉惩办贪污分子。）

第四节　藏族学生英语学习过程中的语言迁移现象

随着汉族人越来越多地迁入四川藏区生活，汉语言文化也被带入四川藏区。由于交流的需要，藏族人在日常生活中也潜移默化地学习、使用汉语，形成了藏汉两种语言通用的双语环境。目前单纯使用藏语的地区已经为数不多，且这样的地区也基本未普及英语教学。因此，在绝大多数地区，英语学习是以汉语为教学语言的，而汉语的学习实质上应是二语习得而非外语学习。对于藏族学生来说，除了在日常生活中习得汉语，他们从小学便开始通过语文教材来进行汉语学习。可以说，在一定程度上，汉语作为二语已成为藏族人日常交流的必要工具。在笔者调查的学校中，城镇中心的中学一般多以汉语为教学语言，学生们无论是在日常生活中还是在平时学习中都使用汉语进行交流和学习，藏族学生则另设藏语班进行藏语文化学习。汉语作为日常用语和教学语言促进了藏族学生汉语知识水平和认知水平的提高，同时其母语藏语也因其在本民族中的使用及课堂学习不会被忽视。但是藏文中学的学生，即来自牧区的藏族学生，却以藏语为母语进行其他科目，如语文、数学、物理等的学习，他们的汉语是在日常生活中习得和积累的，在教学中仅仅作为一门课程来学习。在这样的条件下，根据国家教学大纲，学生们从中学阶段开始第三语言英语的学习。

从对藏汉英三种语言结构的对比分析可以看出，三种语言本身存在着相似之处，两两之间也存在着差异。藏族学生学习英语的语言环境实际上是三种语言融合的三语环境。藏族学生是在一个以藏语为母语、汉语为二语且学生认知和知识水平参差不齐的环境中学习第三语言英语的。藏语与英语之间的差异，藏语和汉语之间的差异，以及汉语与英语之间的差异，必定会在不同程度上对藏族学生的思维产生巨大影响。学生们在学习过程中容易将语音知识按习惯套用，对语法知识更是混淆不清。

一、语音语调迁移现象分析

通过调查，绝大多数藏族学生认为英语学习中除语法之外，语音是最难的一部分。采访调查结果显示，许多藏族学生认为藏语发音和音调与英语更为接近。对于藏族学生而言，藏语作为母语在他们的思维中早已根深蒂固，学生在表达过程中已形成固定模式，学生们在上小学后才开始系统学习汉语语音，甚至一大部分来自牧区的学生汉语和英语的学习是同步的，因此，藏族学生更偏向于按照自己的习惯来进行英语发音。例如，藏语中的某些音节如 ཤ、ཞ 与英语中的[ʃ]、[ʒ]相似，学生们则根据自己的习惯发音，错误率达到98%。另外，英语中的[θ]、[ð]两个音在汉语、藏语中都不存在，学生们在学习过程中也很容易发错，错误率达到80%。表7.2展示了藏族学生容易发错的音。

表 7.2　藏族学生在英语学习中易读错的音

音标	错误率/%	错读为	错误原因	纠正后错误率/%
[æ]	35	加鼻音	藏文中无读音相似的音	30
[t]	76	汉语拼音 t	汉语拼音中有相似的音	50
[ʃ]	98	藏语中某个相似的音	藏语中有读音相似的音	90
[ʒ] [θ] [ð]	80	[s] [z]	发音时没咬舌	23
[r]	56	[re]	汉语拼音中有相似读音 r	42
[m] [n]	90	[n][m]混淆	[n][ŋ]混淆，学习时没有特意区别	30

此外，通过对藏、汉族学生的发音、辨音进行的调查还发现藏族学生的辨音能力要远远强于汉族学生。汉族学生由于极大地受复杂汉语口音的影响，对英语语音远远不如藏族学生敏感。语调方面也是如此。藏语声调变化较小，汉语则有四个声调，在对英语声调的掌握过程中，藏族学生反而更少地受汉语发音规则的影响，对语音掌握得更好。由此可见，在语音方面，汉语对英语语音学习产生更大的负迁移，影响学生对英语的习得。相反，藏语相对简单的发音系统在以汉语为教学语言的基础上并不比汉语发音系统对英语学习的影响大，藏语发音系统中

的某些相似之处反而会绕过汉语对英语学习产生积极的影响。

二、句法、语法迁移现象分析

英语学习者语素习得的自然顺序（Krashen，1981：145-151）依次为现在分词（-ing）、复数（-s）、不规则过去时、否定、系动词、冠词、规则过去时、第三人称单数及助词 be。藏语或汉语中没有时态、单复数、所有格、系动词等概念，在汉语和藏语中这些是通过特定的助词来表达的。句法方面，藏语句子语序（主语—宾语—谓语）与汉语、英语的语序截然不同。藏族学生由于从小不断受到本民族语言文化的熏陶，形成了本民族具有极大稳定性、持久性的思维模式。这种思维模式直接表现在语言结构和语法规则当中。因此，即使学生们学习英语的教学语言为其第二语言汉语，藏语的语法和句法结构仍然对目标语英语的学习直接产生很大的负迁移影响。例如，在 2007 年的一份针对藏汉英三语环境下藏族学生英语学习的语法测试题中，来自四川省阿坝州红原县藏文中学高一的 68 名藏族被试学生中，对于第 15 题"tress They cut down ① the ② three ③ big ④，"78%的学生不能将 trees 放在正确的位置。而对于第 17 题"He _____ London by air tomorrow. A) is going to　B) went to　C) goes to　D) go to，"，多数藏族学生并没有形成时态的概念，仅有 36 人答对，占测试总人数的 52.9%。对于第 19 题"This is my_____bedroom. A) father's and mother's　B) father and mother's　C) father's and mother　D) father and mothers'"，由于受到母语藏语或者二语汉语的影响，藏族学生对英语中名词的数概念模糊，仅有 19 人答对，占测试总人数的 27.9%。

多数藏族学生不会使用被动语态。不论是藏语还是汉语，其被动形式都不像在英语中那样以一定的形态存在，而往往直接表达为"被……"。

如测试中的第 20 题"A new road in front of my house is being _____ in recent days. A) built　B) build　C) building　D) builded"，多数被试不懂选择过去分词，少数被试知道应当选过去分词形式，但是对 built 和 builded 也无法做出区分。这道题的答对人数为 11 人，仅占测试人数的 16.2%。

介词方面，汉语往往通过固定的虚词和方位词来表达，而藏语则是与谓语动词结合形成固定搭配且放在名词之后的，因而藏族学生在学习英语的过程中受到自身固有的语言模式的影响，很难接受英语的介词概念。

在面对测试中的第 21 题"My mother was___in___the shop on Monday."、第 23 题"Mr. Smith bought a Christmas present___to___me."、第 25 题：The cat is___on___the table."、第 29 题"We will go on our holiday___by___air."、第 30 题"After the rain, there is a rainbow___over___the village."时，多数学

生都无法区分不同介词的意思和用法。答对题目的学生数也不高,如在第 21 题和 25 题中出现的 in、on 这些介词更为常用,答对人数的比例相对高一些,分别为 57.3%、60.2%。第 23 题对介词 to 的考察仅有 38.2%的学生答对,第 29 题对介词 by 的考察答对人数比例为 45.6%,第 30 题对 over 的考察答对人数比例为 42.6%。

许多藏族学生在阅读测试结束之后的采访中表示读不懂文章。在阅读过程中学生会习惯于将英语句子翻译成汉语或藏语来帮助理解,而这与客观题答题正确率所反映出的结果一致,多数学生不具备足够的英语学习能力。在英语学习过程中,藏族学生由于其母语藏语及第二语言汉语对第三语言英语的迁移作用,常常将三种语言混淆,藏语和汉语不但没有很好地起到正迁移的作用,反而起到了负迁移的作用,导致英语学习变得更难。

在翻译部分,很多藏族学生把"他写了封信"翻译成藏语语序模式的"He letter write",不但语序不对,句子的时态和数的一致性也不对。在用汉语与藏族学生交流的过程中笔者曾问学生是否喜欢英语,也有学生回答"我,英语,喜欢得很",这样的例子在藏族学生的日常生活中经常出现,如他们常常说"我,饭吃了。""我,课下了。"等。可见,藏语本身及藏族学生所形成的固定的思维模式不但对汉语的运用造成负迁移影响,而且对英语学习也造成了相当大的负迁移影响。

由于英语学习的教学媒介语为汉语,汉语句法结构又具有自己的体系,再加上藏族学生学习、使用汉语的时间不长,因此藏族学生的汉语不论是在基本交流技巧(basic communication skills)层面还是在认知水平(cognitive proficiency)层面都极为有限。因此,固有的藏语思维模式和对汉语语法系统的认识,造成藏族学生常常将藏语语法句法、汉语语法句法和目标语英语的语法句法规则混淆,在英语学习过程中产生负迁移作用,反而对英语的学习起到了阻碍作用。例如,英语中的定语、状语位置和汉语、藏语中定语、状语的位置均不相同,且英语中的条件、让步结构也与汉语、藏语有所不同。另外,英语中存在的时态、数的一致性、形容词和副词的比较级等形式在汉语、藏语中均是不同的表达方式。这些都导致在目标语英语的学习和运用中,藏族学生极易对三种不同的语法规则混淆不清,特别是对英语的时态、数的一致性和主谓间的一致性无法准确掌握。调查测试中的一道题目就考查了主谓一致:"Tim_____the passport to the officer. A)given B)give C)gives D)gived",正确答案应为 C。仅有 24 人选出了正确答案,正确率为 35.3%。

另外一道关于宾语位置的题目为"the book Please__①__send__②__to__③__ No. 4 Middle school__④__.",本题要求将"the book"放到正确的位置。这道题目的正确率仅为 33.8%。

从第二语言习得的角度看,藏族学生固有的母语知识系统思维模式及在生活和课堂中积累的不成熟的汉语知识系统、思维方式妨碍了第三语言英语的表达和思维，使学生在英语学习过程中受到藏语和汉语两种语言系统的影响，产生双重负迁移现象，从而使英语学习更加困难。

三、四川藏区三语环境下的英语学与教

对于绝大多数中国人而言，英语学习均是作为母语以外的第二语言的学习。很多研究表明，母语知识体系在目标语学习过程中不可避免地会对外语学习产生迁移作用。在四川藏区，藏族学生的英语学习是在藏汉双语的大环境下，以二语汉语为教学语言和基础，进行的目标语英语学习。在这样一个三语环境下，英语的教与学要恰到好处，必然存在重重障碍。

（一）藏族学生英语学习现状

由于藏族生活环境不如较发达城市，无论是英语学习的硬件条件还是人们对西方文化了解的环境与途径都相对滞后，藏族学生在对英语学习的主观情感方面处于既好奇又被动的矛盾状态。一方面他们对英语及其承载的西方文化存在一定的好奇和兴趣，另一方面却缺乏学习英语的环境和动机。这使他们往往从最初的热情和感兴趣渐渐转变为失去兴趣，从而陷入被动学习。

此外，比起较发达城市语言教材的多样化与语言环境的丰富性，四川藏区的英语教育在教学状况，教材、教辅及语言应用环境方面，实际上处于极度缺乏的状态。通过采访调查了解到尽管四川藏区中学英语教学现在使用人教版的全国统编教材，但这些教材并不适合四川藏区学生，学校在教材选用上忽视了四川藏区英语教育的特殊性，从而使教学困难重重，在很大程度上影响了教学质量：一方面藏族学生起点低，进度慢；另一方面文化和经济发展差异使他们无法理解很多课本上出现的内容。在四川省阿坝州红原县藏文中学对高二年级的藏族学生进行英语学习调查时发现，这里几乎所有学生都不清楚哈利·波特等角色。此外，很多学校没有英语教学所需的配套设备，如语音室、多媒体教室、英文磁带、字典、辅导书等。口语教学方面更是一片空白，对英语歌曲、电影等外国文化可以说更是知之甚少。

绝大多数藏族学生对英语的重视程度远远低于语文、数学等科目。很多家长及学生根本没能意识到英语学习的重要性，没有明确的学习目标。还有很多人仅仅知道学英语很重要，却并不清楚学习英语的重要之处何在。绝大多数人对英语的概念相当模糊，很多人甚至认为英语在实际生活中没有具体用处。加之当前大学生就业比较困难，更使人们对读书学习，尤其是对外语学习的认识产生偏差，

不但给当地"普初普九"①工作的开展造成一定程度的负面影响，而且还严重影响了英语教学。

受地域、经济的限制和民族文化的影响，藏族学生学习英语存在许多困难。首先，四川藏区位于我国西南部，地理环境和气候相对比较恶劣，对于藏族学生而言条件较为艰苦，对其学习有一定影响。其次，四川藏区学生的英语学习起步晚，四川藏区绝大多数学校到中学才开设英语课程，很多牧区学生甚至到中学才开始接触汉语，同时又在汉语的基础上学习英语。再次，藏族学生要学习三种语言，这就在客观上加重了学生语言学习的负担，即使有较好的语言感受能力，但由于平时几乎没有机会使用英语，所以他们对英语学习也就不太重视，英语学习质量自然也达不到理想效果。最后，四川藏区学生缺乏用英语交流的机会。在整个调查中，没有任何一所学校聘有外籍教师。再加上受应试教育影响，没有口语交流方面的训练，因此学生口语交际能力很差。当然，山区经济的相对滞后、信息流通的相对不畅也是英语教学较为困难的原因。

（二）四川藏区英语师资现状

四川藏区英语教学的基础相当薄弱。四川藏区绝大多数学校的英语教育状况与较发达城市英语教育相比，差距十分明显。阿坝州的红原县藏文中学、马尔康县民族中学、甘孜州的新都桥藏文中学、小金县藏文中学等学校，无论是办学环境还是师资力量，都无法满足英语教育所要求的条件。其中最薄弱的，非师资莫属。

首先，四川藏区的学校英语教师师资力量较为不足。2014年，通过调查统计，阿坝、甘孜两州几乎每个学校都存在英语教师缺乏的情况。炉霍县英语教师与学生的师生比为1:90，康定市为1:68，而红原县则为1:64。阿坝州小金县藏文中学有英语教师42人，其中藏族英语教师18人；红原县共有英语教师28人，其中藏族英语教师12人；马尔康县共有3所中学，而英语教师仅有11人，其中男教师4人，女教师7人。马尔康县第二中学（藏族中学）全校3个年级8个教学班只有3位英语老师，而这3位老师中竟只有一位老师专门从事英语教学。

其次，除了师资数量少，四川藏区英语教师专业水平整体不高。在学历结构方面，英语教师几乎都为四川地区各类师专毕业的大专生，部分是自修或中师毕业。据了解，四川藏区的英语教师主要来自阿坝师范高等专科院校、康定师范高等专科院校、西昌师范高等专科院校、南充师范学院及四川教育学院，其中大多数都是专科毕业，缺乏教学经验。例如，小金县英语教师当中，硕士学历的教师

---

① 普初是指普及初等义务教育，普九是指普及九年义务教育。

为 2 人，专科及以下学历的老师超出总人数的 50%；红原县英语教师中没有硕士及以上学历的教师，本科学历的老师也仅有 4 人。另外，所调查的学校均没有外籍英语教师。

再次，在英语教师的培训和发展方面的情况也不容乐观。四川藏区的英语教师很少有参与专业英语培训的机会，也少有接触教学方法探讨的机会。笔者在阿坝州小金县和红原县的调研显示：多数英语教师几乎没有参加过与英语教学相关的培训，部分学校的教师培训一年 2—3 次，培训内容却是师风师德或计算机技能，与英语教学无关，而在职教师参加进修和深造的数据为零，更不用说与英语母语者交流了。在小金县和红原县的调查还显示，没有教师有机会与母语为英语者进行交流，教师自己使用和接触英语的机会往往也局限在课本、课堂和英美电影。英语课堂上，由于学生基础太差，教师需要照顾学生的语言水平，因此 2/3 的时间都是使用汉语授课的。

最后，在教学媒介语方面，阿坝州藏族地区的英语教师都使用汉语作为教学媒介语，而不是藏语或英语本身。一方面，由于汉语水平的参差不齐，许多藏族学生根本无法将汉语作为学习英语的中介语，甚至有些藏族学生连汉语都不懂。这直接导致用汉语教授英语的教学停滞不前。另一方面，即使是说汉语的教师与学生，在英语教学过程中也无法实现最佳沟通和交流，达到最好的教学默契，教师的教学最后成了无用功。

总之，在语言迁移和学习机制两个方面，藏语对英语学习产生了一定的负迁移作用，同时学习的汉语也在一定程度上影响了英语学习。加上复杂的三语环境，藏族学生更容易受到干扰，将三种语言的语音语调、词法句法等混淆起来，进一步影响了英语学习。在心理机制方面，藏族学生固有的母语知识体系和潜移默化的思维模式对英语学习产生负迁移作用，对汉语知识体系的掌握也不深刻牢固，仅仅停留在简单的字面理解水平。因此，其所有的汉语知识体系和思维形式也会对英语学习造成阻碍作用，产生明显的负迁移作用。

那么，在英语教学过程中是否应该使用藏语作为教学语言，英语教师可否用藏语进行英语教学呢？或者即使是在汉语为教学语言的背景下，教师是否也能通过提升自身的藏语言文化修养以促进藏族学生的英语学习呢？

第五节　英语教师的藏语言文化修养

一、语言与思维

由于地理环境、生活方式及文化背景的不同，不同国家不同民族的语言也表现出异质性，这也是语言迁移的根本原因。然而我们的生产生活方式也有着相同的地方，这使人类在认知，对客观事实的定义、判断和推理的思维形式有一定的一致性。由此可见，不同的民族在思维的某些方面也是相同的，而语言和思维的共性也为外语习得的正向迁移提供了理论基础。

语言研究者普遍认为语言与思维有着不可分割的密切关系。思维是人们对客观事物间接和概括的反映，所反映的是事物的本质属性和规律性的联系；语言则是人类传达、交流和保存思想成果的主要工具，是思维的物质外壳，是思维的载体。思维先发于语言，思维创造语言，但思维对语言有依赖作用。语言可固定思维的方式并协助思维活动产生和进行。

我们学习语言的过程是通过对目标语的"刺激—反应"在头脑中建立起"知觉—联想"，继而形成"感知—认知"，再通过"感知—认知"转变成"符号—认知"的过程。这实际上是一个心智认知活动。在学习外语的初始阶段，我们多会使用母语知识结构和认知结构来帮助对目标语进行理解和分析，促进吸收和掌握。由于语言的不同，我们的思维必然会受到目标语的影响，只是由于还处于初级阶段，目标语对外语学习的影响还不太大。如果母语与目标语较为接近，那么我们在心理上更能接受以目标语为载体的思维方式，学习过程也会更加容易。反之亦然。这就是比起欧洲国家的英语学习者，亚洲国家的英语学习者学习英语更难的原因之一。

随着对目标语言学习的深入及对目标语言文化了解的加深，学习者在头脑中逐渐形成目标语言的认知知识结构体系，对部分目标语言材料可以很直接地用目标语言作为思维的载体，在目标语境中直接通过目标语言来完成对事物的认知过程。但是，对相对较难较深的目标语言材料，学习者则不得不在利用目标语的同时借助自己的母语来完成对事物的感知认识过程。具体表现为在阅读、听力当中会产生潜在翻译或潜在发音，也表现为在外语课堂环境或与以目标语为母语的人对话的环境下通常会首先将目标语翻译成母语并使用母语知识结构和认知结构。

英国语言学家 Ellis 认为，在所有的自然语言中，存在一些共同的"核心"规则。这说明人类的语言尽管千差万别，仍有其相同的地方。语言的共同可以分为两种情况：一种是绝对的共同性，这是任何语言都少不了的，如语言的抽象性、创造性、表意功能等；另一种是相对的共同性，即根据各种语言总结出来的一些共同特征，但不一定每种语言都具有这种特征（Ellis，1994：9-24）。像英语中有些句子的词序，如简单的主谓宾结构正好和汉语的句子词序一致。例如，"He bought a personal computer."与汉语中"他买了一台电脑。"正好一致。这种正迁移现象使学生在掌握此类句子时易如反掌。而藏语也有和英语共通的地方，如藏语和英语都是拼读形式，藏语也使用词根加词根的合成法或者词根加修饰部分的派生法等，因而在藏汉英三语环境教学过程中，应当充分利用藏语言对英学习的正迁移作用。

　　根据认知心理学，人类的思维对语音的共同性起到了重要作用。人类对世界的认识从感性认识、感性经验入手，在认识世界的过程中所产生的感性范畴对语言必定产生影响。简而言之，人们在生活中感觉到的东西必然会在语言上反映出来，如语言中表示色彩的词汇在各种语言中的表达基本一致。此外，在我们的外语学习过程中，有关目标语的文化理所当然地对目标语的学习起作用。英语学习者会认为对第一次见面的人询问年龄、婚姻状况及薪水等私人情况会不礼貌，这很明显是受西方文化的影响，这与中华文化恰恰相反，因为中华文化语境下这样的询问，特别是长者对后辈的询问，往往是出于关爱。由此可见，语言学习也是一种文化学习，会直接或间接地影响学习者的思维方式甚至价值观。许多日语学习者在日常生活中会本能地比其他人更讲究礼貌，更频繁地使用礼貌用语，更甚者会将日本文化中如鞠躬这样的礼节带入日常交流和生活中。这也说明对目标语的学习会影响我们的思维，使学习者不由自主地使用目标语为载体来思考和认识事物，在日常生活中完成交际。由于存在一些有普遍意义的社会范畴，因此在说话和说话的过程中能形成一些共同的规律，导致不同的语言可能存在共同的特点，如几乎所有的语言从语法上都可以区分为陈述句、疑问句和祈使句。以上这些都表明，每一种语言都在某一种程度上与另一种语言有着合乎逻辑的共同性。这些共同点在目标语的学习过程中可以加速习得者对目标语的掌握，产生正向迁移。而藏语中也有一些类似的表达接近的词汇，如 budda（藏语发音和英语相同，意为佛）等，或者说藏语和英语中对星期的表达都与宗教相关，以宗教中神的名字命名。

　　正如语言学家 Lado 所说：在两种语言对比中有着一把打开外语学习方便之门的钥匙。因母语同目标语之间的相似点可直接转化成目的语的语言体系，这使习得者更容易掌握该目标语。（Lado，1957：21）由于人们的认知和知识结构系统有着相辅相成的关系，因而语言的不同并不能影响对同一事物在绝大多数情况下达成共识。从这一点看，不同的语言都可以促进我们的思维、提高我们对事物的认知能力。因此，在外语学习中，不能一味地认为只能通过目标语做载体才能完成语言的习得。相反，在很大程度上，母语的知识会对目标语的学习起到很大的帮助作用，应当利用好自身掌握的语言资源优化外语学习。那么对于藏族英语学习者而言，如何利用汉语和藏语两种媒介语的正迁移作用来加速英语学习或许正是英语教师和研究人员应当思考和研究的课题。

二、藏汉英三语环境下藏族学生英语学习的心理机制

　　现代认知论（Piaget，1977：65-72）认为，学习就是学习者通过一定的训练

后在心理上和认知结构上产生的变化。在不同语言学习过程中，学习者所吸收的知识通过一定的训练后在心理上和认知上产生同化作用，最终转化成学习者的认知和知识系统。通过不同的语言载体，人们统一的认知系统和知识系统在生活中得以运用。因此不难看出，在第二语言学习过程中，不论是母语还是外语，都是对知识和认知系统不同的语言表达形式，它们在新的语言学习中必定会对目标语的学习起到阻碍或促进的作用。同时，学习者通过学习而积累的以目标语言为载体的知识和认知系统也会反过来与母语知识和认知系统相互作用，影响目标语的学习和习得。

三、认知学术水平[①]对英语学习的影响

藏族学生英语学习是在藏汉双语的共同影响下的外语学习。同时，由于语言迁移作用，以英汉藏三种语言为载体的知识和认知系统相互发生作用并交替影响，使英语学习在受到汉语的知识和认知系统影响的同时也必然受其母语藏语的知识和认知系统的制约。

CALP 系统是指学习者在学术上的语言和文学水平（Cummins，1979：21-29）。在藏族中学，多数学生在进入学校之后才开始接触其第二语言汉语。他们通过母语藏语来学习文化知识，CALP 系统通过母语藏语为载体得到促进和发展，汉语的习得从固有的以藏语为载体的 CALP 系统获益。同时，在二语环境中，课堂上汉语的学习也会促进学生 CALP 的发展。而英语学习是以中介语汉语为主要教学媒介语进行的。因此，在英语学习过程中，以汉语为载体的 CALP 系统成为他们英语学习的决定因素之一。但如前面所论述的那样，这些藏族学生的 CALP 系统发展以藏语形式为主，虽然也存在汉语形式的 CALP 系统，然而其发展却滞后于藏语。因此，他们能从以汉语为教学媒介语的 CALP 系统处获得的帮助相对减少，这样对英语学习的促进作用自然也就缓慢得多。另外，由于藏汉英三种语言的语法规则体系各异，三种语言的知识结构在同化过程中相互作用必然会增加藏族学生的学习难度，进而造成三种语言规则的混淆。

第六节　影响藏族学生学习英语的其他因素

除了第五节讨论的藏汉英三语环境下藏族学生英语学习的心理机制，还存在

[①] 英文表达为 cognition academic language proficiency，下文简称 CALP。

其他内部因素影响着藏族学生的英语学习，如藏族学生自身特点、四川藏区生活环境和文化背景等。

一、年龄

年龄是影响藏族学生英语学习的一个重要的生理因素。勒纳伯格（Lenneberg, 1967: 493-495）提出年龄临界期假设（critical period hypothesis），认为在出生后的某段时期里，儿童可以毫不费劲地学会母语，过了这段时期儿童就很难成功学会母语。这段时期就是母语习得的临界期。Lenneberg 认为学习语言的最佳年龄是两岁至青春发育期之前的这段时间。两岁之前不具备学习能力是因为大脑发育未到一定的程度，而青春期后大脑又失去了原有的弹性（plasticity）。有关研究证明：5 岁以前，儿童的大脑神经元处于一种相对混乱状态。随着年龄的增大，大脑所需营养（葡萄糖）越来越多，到 5 岁时，其葡萄糖需要量相当于成年人的一倍。5 岁以后，大脑的葡萄糖需求和脑"电路"数直线下降，逐渐接近成年人。这一时期正是大脑进行整理（pruning）的时期，即大脑功能区域化（lateralization）过程。

关于年龄关键期对外语习得的影响，有以下三项研究结果（Ellis, 1994: 37-42）。

（1）就习得速度而言，成人学习者在习得初始阶段具有优势，尤其在语法方面。

（2）在非正式学习环境中，只有儿童学习者有能力获得本族语者口音，成人学习者在教学帮助下也许有可能获得本族语者口音。

（3）儿童学习者比成人学习者更有可能获得本族语者的语法能力。习得语法的临界期也许比习得语音的临界期的持续时间更长。

二、学习态度

一方面，由于藏族学生认为学习英语没有实际用处，很多藏族学生在英语学习方面未能端正学习态度，认为英语可学可不学，相比而言学好汉语更能满足他们日常生活的所需。另一方面，由于四川藏区教学滞后，师资力量较差，教学效果不尽如人意，很多学生由于对考试成绩不满意而失去对英语学习的兴趣和信心，产生消极的态度。长期以来形成恶性循环，最终导致这些地区的英语教学陷入教师不想教、学生不想学，只图完成教学任务的尴尬局面。

三、性格

性格特征也是影响语言学习成效的一个重要因素。个性外向，敢于开口，勤于练习的学习者学习成效通常更好。四川藏区的学生生活在藏文化背景下，生活单纯简朴，他们的个性也简单纯朴。学生们与目的语群成员交流的机会少之又少，且在极少数有机会见到来旅游的外国人时往往羞于开口，失去良好的练习机会。

四、民族性

一个群体的人们在文化、行为准则等方面往往具有共同的特征，这可以体现为一个民族的民族性。语言结构依赖并反映概念的形成过程，而概念的形成过程又是以人的文化背景中人的经验为基础的。概念在大脑中并不是孤立的存在，理解时还要依赖于背景知识组成的语境。不同的说话人用不同的方法去概括相同的经验，所以理解也会有所差别。

本民族文化和目标语文化的距离决定对目标语的学习效果。两种文化之间的距离越远，目标语就越难学。藏语和汉语文化都属于东方传统文化，且藏文化又有着其自身深远的历史和意义，与开放直接的西方文化相去甚远。即使在全球化大背景下，藏民族在很大程度上还处于自身文化当中，未能与国际接轨或者接收更多的西方文化的内容。因此，藏族学生对西方国家的很多事物、风俗传统都知之甚少。在调查中学生们反应，对教材中出现的"shopping mall""pizzahut""spiderman""knife and fork"等都无法在头脑中形成意象图式，可以说缺乏西方文化的背景，对语言知识的理解也大打折扣。另外，也有部分藏族学生对外语文化的了解和学习持消极态度，以自己的民族文化为中心，对本民族以外的成员及语言文化持排斥态度，因此也对其汉语、英语的学习产生负面影响。

由于以上原因，四川藏区三语环境下的英语教学困难重重。要克服这些困难就要求在教学过程中，英语教师应当尽力发挥藏语和汉语对英语学习的正迁移影响，结合藏族学生藏语、汉语认知体系的优势，去改善和提高英语教学。因此，培养和提高四川藏区英语教师的藏语言文化修养成为改善和提高四川藏区三语环境下英语教学的关键。

如何培养和提高四川藏区英语教师的藏语言文化修养呢？通过调查可以得出如下几点建议。

一、培养四川藏区特有的藏汉英三语教师

如果教师本身即藏汉英三语者，那么在教学过程中，教师可能更好地掌控学生的实际认知水平，有的放矢，更好地利用藏语和汉语对英语学习的正迁移作用，从而提高英语教学质量。因此，可以在四川藏区选拔优秀的藏族教师人才与高校进行合作，集中培养藏语和英语文化知识，使之精通藏汉英三语，从而为四川藏区英语教学培训更好的师资力量。

二、提高师资队伍的整体水平

在教学过程中，教师对学生的影响非常重大，好的教师能影响学生，激励学生的学习兴趣和动机，知识丰富、满腹经纶的教师更能以个人魅力影响学生，让学生对课堂产生兴趣甚至热爱课程。因此，提高四川藏区英语教师队伍的整体水平也显得尤为重要。不但要从英语专业知识方面提升教师的素质和专业技能，也需要在文化、文学、汉语言、藏语言等多个方面培养教师。学校或相关部门应当给教师提供更多的专业技能培训机会，教师也应当提升自身文化素质和修养，特别是藏语言文化修养，更多地了解学生的需求，针对学生状况，提高教学质量。

三、编撰适合藏族学生的英语教材

在四川藏区，教材无法给藏族学生提供其理解、感知英语的环境。由于四川藏区的学校多处于信息流通较为不畅、经济较为滞后的山区，许多藏族学生对汉族的生活方式都无从理解，更不用说了解英语国家的风俗文化及英语这门语言了。目前的英语教学状况仍然是根据国家的英语教学大纲，采用现行的统一教材，这使许多学生对教材中所描述的内容无法理解，也无法对英语语言本身进行更多的模仿和操练，因此，他们对英语的运用更无从谈起。四川藏区的英语教学应当有其针对性和目的性。在四川藏区，教师首先应当引导学生明确英语学习目标，编撰的教材除了涉及英语语音、语法及与日常应用相关的知识，还可以适当涉及与藏、汉文化相关，并能与西方文化进行对比的内容，以增加藏族学生的文化背景适应度，增进藏族学生对英语的学习兴趣。

四、科研与教学齐头并进

建立完善的英语教学管理体制和教师培训体制，为英语教学教研和科研、提高英语教师语言水平和科研水平创造条件，通过教研和科研，提高英语教师自身的业务水平和专业知识，从而改进教学质量。

第八章　藏族学生基于母语的学习策略与方法

关于外语学习，学术界主要存在两种观点：行为主义教学观点和现代认知教学观点。前者认为直接应用英语进行教学，后者认为应借助母语进行英语教学。

中国的大多数地区都是将英语作为第二外语并借助母语汉语进行教学的。然而在西藏地区以及四川西北部一些藏族地区，英语却是学生们学习的第三语言。在这种以汉语为第二语言的特殊环境里，有许多学生在还没有搞清楚汉语的情况下开始学习第三语言——英语。因此，在藏—汉—英三语环境中如何教英语是藏族地区英语教学的重点和难点。

英语教学实践证明，在特殊的三语环境里各种外语教学法多无法派上用场，如硬件设施的缺乏使视听法没有用武之地。同时，藏传佛教影响下的藏族文化与汉族文化差异甚大，二者的差异基于两种文化与英语文化的不同对英语教学中视听法的实施形成巨大阻碍。再说直接法，藏族地区英语师资水平相对低下，教师基本无法全英文授课，要实现直接法教学更是难上加难。当然致使其不可行的根本原因在于经济滞后。信息流通相对不畅的藏族地区，许多学生连其第二语言都知之甚少，且汉语与藏语、英语又是截然不同的语言体系，母语藏语及汉语更对英语直接教学产生巨大影响。其他方法也大致如此，许多能用于二语教学中的方法在这个特殊的环境中很难有所作为。此外，正如第七章所提及的，由于四川藏区特殊的地理和人文环境，多数藏族学生并不能很好地理解和感知教材所提供的英语语言环境，因此并不能满足英语教学的要求，更不用说学习者对英语的运用了。

外语教学策略与方法的运用应当从现实出发，理论联系实际。不同的培养目标、不同的教材、不同的教学环境这些客观情况决定了整个外语教学活动不可能统一使用一种或仅仅几种教学策略与方法。在较发达城市的学校，各种外语教学策略与方法已是百花齐放，各取所长，但是在藏族地区，由于硬件条件、师资力量的局限，英语教学方法单一，英语教学较为滞后。

但从另一角度出发，这又为新的教学策略与方法的产生创造了条件和可能：怎样的教学策略与方法才能适应这个特殊的三语环境的教学呢？怎样的教学策略与方法才能在这个经济较为滞后、信息流通较为不畅且受藏传佛教影响较大的地区开辟出新的英语教学道路呢？是从教材出发，找出适合藏族地区的、以藏语为母语的英语教学方法，还是从教学活动出发，改善该地区的英语教学环境，找出更加适应该地区英语教学活动的教学策略与方法呢？又或者从教师出发，培养适合藏族地区藏族学生学习特点的藏授英语教师力量，让英语从第三语学习转变为基于藏语的二语学习呢？这需要从教学策略和教学方法这两个方面来进行更深入透彻的调查研究和探讨。

第一节　藏语言和文化对藏族学生认知系统的影响

在藏汉英三语环境下，藏族学生是在藏、汉双语的共同影响下学习第三门语言英语的。由于语言迁移作用，以英、汉、藏三种语言为载体的知识、认知系统相互发生作用并交替影响，使英语学习在受到其教学语言汉语的知识、认知系统影响的同时，也必然更多地受其根深蒂固的母语（藏语）的知识、认知系统的制约。

在藏族中学中，多数学生是在进入学校之后才开始接触其第二语言汉语的。他们通过母语藏语来学习文化知识。藏族学生的 CALP 系统以母语藏语为载体得到促进和发展，汉语的习得通过从固有的以藏语为载体的 CALP 系统获益。同时，二语环境中，课堂上汉语的学习也会促进学生 CALP 系统的发展。而英语学习是以中介语汉语来进行的。因此，在英语学习过程中，以汉语为载体的 CALP 系统成为他们英语学习的决定因素之一。但如前面所论述的那样，这些藏族学生的 CALP 系统发展以藏语为主，藏语语言和文化对他们的认知系统起主导作用，是他们认知世界的主要载体。虽然也存在汉语形式的 CALP 系统，然而其发展却滞后于藏语。因此，他们能从以教学语言汉语为载体的 CALP 系统中获得的帮助就相对减少，对英语学习的促进作用自然也就缓慢得多。另外，由于藏汉英三种语言的语法规则体系各异，三种语言的知识结构在同化过程中相互作用必然会增加藏族学生的学习难度，进而造成学生对三种语言规则的混淆。加之藏族地区经济较为滞后、信息流通较为不畅及教育发展较慢，导致藏族学生本身积累的知识和认知系统处于较低水平，从而使他们的英语学习更加困难重重。对 30 名藏族中学生的实际测试发现，约有 90%的藏族学生在英语学习中易将语序混淆，同时，他们对一些常识性知识也知之甚少，如仅有 2 名同学读过著名的《安徒生童话》，而所有的学生都没有听说过《哈利·波特》。

对以二语（汉语）为英语的教学语言的藏族学生来说，汉语在这些学生的母语（藏语）和目标语（英语）之间起到桥梁作用。外界信息输入常常通过"英—汉—藏"的路径输入大脑，而在信息输出的时候则成"藏—汉—英"形式，这必将对藏族学生的英语学习造成阻碍。

通过对 30 名新都桥藏族中学初一年级藏族学生和 30 名康定民族中学初一年级

藏族学生做出的调查与统计分析,进一步了解了藏族学生知识和认知系统在英语输入输出过程中产生的影响。新都桥藏族中学的学生以藏语为母语习得知识和语言,包括汉语,并通过汉语来学习英语。而康定民族中学的藏族学生日常生活中以汉语交流为主,学习过程也是以汉语为中介语进行的。但是这些学生在家或本民族群体中,也会经常使用藏语进行交流。结果还发现:在问卷调查中新都桥藏族中学学生的问卷成绩平均值较康定民族中学的学生高出许多,说明在英语学习过程中,汉语知识水平越低的学生越依赖其母语藏语的知识和认知系统,如表8.1所示。

表8.1　藏语知识和认知系统在英语学习中作用的问卷调查总体得分情况

学校	人数/人	总成绩/分	平均值/分	标准差
新都桥藏族中学	28	2524.00	90.1429	10.824 23
康定民族中学	30	2485.00	82.8333	5.687 76

此外,在对藏族学生知识和认知系统对其英语学习中输入输出的相关程度调查方面,通过英语阅读测试及听力和口语练习过程中的问卷记录,得到了以下结果(表8.2和表8.3)。

表8.2　康定民族中学藏语知识和认知系统与英语的输入输出关系和汉语知识和认知系统与英语输入输出关系的相关程度表

康定民族中学		藏语	汉语	英语
藏语	皮尔森相关系数	1	0.064	-0.086
汉语	皮尔森相关系数	0.064	1	0.045
英语	皮尔森相关系数	-0.086	0.045	1

表8.3　新都桥藏族中学藏语知识和认知系统与英语的输入输出关系和汉语知识和认知系统与英语输入输出关系的相关程度表

新都桥中学		藏语	汉语	英语
藏语	皮尔森相关系数	1	0.045	-0.145
汉语	皮尔森相关系数	0.045	1	-0.010
英语	皮尔森相关系数	-0.145	-0.010	1

从表8.2和表8.3可以看出,康定民族中学和新都桥藏族中学藏语和英语的相关系数分别为-0.086和-0.145,说明藏语知识和认知系统与英语输入输出成负相关,而汉语和英语的相关系数在新都桥藏族中学表现为-0.010,即汉语知识和认知系统与英语输入输出为负相关,在康定民族中学表现为0.045,成正相关。由于这两所中学的英语学习都是通过藏族学生的第二语言汉语进行的,汉语在英语学习的输入输出过程中必定直接与英语相连并产生影响。然而,由于这些藏族学生的汉语水平各异,且整体水平低下,学生的母语(藏语)则主要从语言迁移等方

面对英语学习产生副作用，阻碍英语学习。

由于两所中学学生的汉语水平差异大，新都桥藏族中学的学生以藏语为教学语言学习其他课程，而康定民族中学的学生以汉语为教学语言来学习其他课程，因此，我们通过听力口语测试对两所中学的藏族学生英语学习中受汉语知识和认知系统的影响作了对比分析，如表 8.4 和表 8.5 所示。

表 8.4　英语测试中汉语知识结构和认知结构的作用的总体得分情况

学校	人数/人	总成绩/分	平均值/分	标准差
新都桥藏族中学	28	762.00	27.2143	4.532 66
康定民族中学	30	998.00	33.2667	3.039 21

表 8.5　不同汉语水平的学生在英语学习中表现的差异

		同等变量的 Levene 检测		t-检测		
		F	Sig.	t	df	Sig.（2-tailed）
成绩	假设同等变量	4.290	0.000	−6.010	56	0.043

注：α=0.05

从表 8.5 可以看出显著值为 0.043<0.05，t 值为−6.010，这说明根据学生汉语水平的高低，汉语知识和认知系统对英语学习的影响存在显著差异，即以汉语为教学语言，汉语水平越高的学生英语成绩越好，反之则越差。

由此可见，藏族学生并不直接通过母语对英语进行学习和习得，而通过其第二语言汉语来完成对目标语的学习。这本身就为其英语学习增加更多的困难，加之这些学生知识水平不高，以藏语为教学语言的学生更是将汉语作为一门课程来学习。汉语作为教学语言在英语学习的过程中，不但不能发挥出应有的促进作用，反而产生了更多的阻碍。因此，迫切需要研究基于藏族学生母语藏语的英语学习策略和学习方法以促进其英语学习。

第二节　藏汉英三语环境下藏族学生英语学习策略与信息加工模式

一、学习策略

学习策略对语言学习而言非常重要。

学习策略研究是心理学科不断发展的产物，是语言学和教育心理学领域的重要概念。美国心理学家布鲁纳（Bruner, 1956: 44-45）于 1956 年在人工概念研究过程中第一次提出了认知策略。他认为认知策略是获得、保持和利用达到一定目标的信息的决策模式。之后心理学家们还提出不同的学习策略。梅尔（Mayer，1987：327-347）认为学习策略是学习者有目的地影响自我信息加工的活动，一切促进学习的活动都属于学习策略范畴，是学习者采用方法的一般趋势和总体特点。奥克斯福德（Oxford，1990：1）认为语言学习策略是学习者为了使语言学习更成功、更自主、更愉快而采取的行为或行动。他根据学习策略与语言材料的关系，将学习策略分为直接策略和间接策略两大类。"直接"是指被使用的策略直接涉及目的语及需要"语言大脑加工"的事实，而"间接"是指被使用的策略在支持和管理语言学习的过程中没有（多数情况下）直接涉及目的语言。直接策略主要有记忆策略、认知策略、补偿策略和元认知策略，间接策略主要有元认知策略、情感策略和社会策略。欧莫利和查莫特（O'Malley & Chamot，1990：23）在认知语言学理论指导下，以信息加工理论为基础，研究信息的理解、处理、储存等过程，得出了系统的理论化的语言学习策略。他们将学习策略分为认知策略（cognitive strategies）、元认知策略（meta-cognitive strategies）和社会/情感策略（social/affective strategies）三个维度，首次把学习策略放到第二语言学习理论框架中。

（一）元认知策略

元认知是学习者个体关于自己的认知过程的知识和调节这些过程的能力。元认知策略是一种典型的学习策略，指学生对自己的认知过程及结果的有效监视及控制的策略（陈琦和刘儒德，2007：12）。元认知策略控制着信息的流程，监控和指导认知过程的进行。在元认知策略方面，藏族学生对英语学习的认识不够清晰，绝大多数学生只是将英语看作众多科目中的一科，他们之所以学习英语，是因为学校和老师要求及考试需要。因此，他们就很难为自己制订学习目标和学习计划。根据笔者对小金县和红原县藏文中学的藏族学生进行的问卷调查可知，仅有21%的学生对自己提高英语技能有明确的目标。5.8%的学生除了教师布置的任务外，还会给自己定好英语学习计划和学习日程。极个别同学会评价自己英语学习的情况，从中找出薄弱环节并自我分析英语学习的优势和劣势，提出改进措施；或者根据学习任务特点选择不同方法进行学习。可以说，相当部分的藏族学生对自己的英语学习没有任何自我规划、监控和评估，更不要说在学习过程中进行自我调整和自我管理了。

在元认知策略方面，笔者认为首先应当为教师提供系统的培训，因为教师只有了解学习策略的理论和实践内容、明确了英语教学的目标和目的、优势和劣势，才能更好地引导学生成功地实施学习策略，帮助学生认清自己学习英语的目的和目标，更好地形成对英语学习的规划，并学会在学习过程中不断进行自我监控和评估，提出学习的改进方法，从而提高学习质量。

（二）认知策略

认知策略是学习者加工信息的一些方法和技术，有助于有效地从记忆中提取信息。其基本功能有两个方面：一是对信息进行有效的加工与整理；二是对信息进行分门别类的系统储存。各种认知策略知识的习得，如阅读策略、写作策略、组织策略等，被称为策略性知识。策略性知识是一种特殊的程序性知识。根据学习的信息加工模型可分为促进选择性注意的策略、促进短时记忆的策略、促进新信息内在联系的策略、促进新知识长期保存的策略、元认知策略等。

二、信息加工模式

认知心理学的信息加工模式表明，学习者通过感受器接受外界环境的刺激，以映像的形式输入感觉登记器，形成瞬时记忆。借助注意将这些信息以语义的形式贮存在短时记忆中，然后经过复述、精细加工、组织编码等进入长时记忆。长时记忆的信息要转变为人能清晰意识到的信息，就需要将它们提取进短时记忆。短时记忆是信息加工的主要场所，因此也被称为工作记忆。它将来自感觉记录器和长时记忆中的信息进行处理加工，将加工的结果一方面送至长时记忆，另一方面送至反应发生器。反应发生器将信息转化成行动，也就是激起效应器的活动并作用于环境。在这个模式中，执行控制和预期是两个重要的结构，可以激发或改变信息流的加工。前者是已有的经验对当前学习过程，起调节作用；后者是动机系统对学习的影响，即元认知，是对认知过程的认知，包括个体拥有的有关认知过程的知识和对认知过程的控制。

加涅（Gagné，2002：723-735）把学习过程看作由操作、执行控制和预期三个系统协同作用的过程。操作系统由感受器、感觉登记器、工作记忆（包括短时记忆）系统、长时记忆系统、反应生成器和效应器组成。感受器是信息的接收部分，外界输入的信息在感觉登记器中保持极短暂的时间，经过注意信息进入工作记忆。工作记忆系统同时承担着信息短时贮存和加工操作两种任务，在学习、思维和问题解决过程中起关键作用。短时记忆中的信息经过加工和复述进入长时记忆。长时记忆中的信息通过两条途径进入反应生成器，一是长时记忆中的信息被提取回工作记忆，再由工作记忆进入反应生成器，引起反应，这时人们对信息的提取和加工过程是有意识地进行的；二是长时记忆中的信息直接进入反应生成器，引起反应。在这种情况下，反应是自动完成的，不受人的意识控制。熟练技能的操作过程往往属于这种情况。如果长时记忆中贮存的知识长期不用，就会被遗忘。从加涅的学习与记忆的信息加工模型来看，知识的学习过程经历着一个信息输入—编码—加工—贮存—提取—输出的过程。

藏族地区的藏族学生英语学习的环境为特殊的藏汉英三语环境。作为藏族学生的母语，藏语已在藏族学生头脑中形成了根深蒂固的知识和认知系统。这些已有的知识经验在很大程度上影响着信息加工过程，必定在英语语料信息的加工过程中起到影响和作用。藏族地区的学生从初中开始（有的从小学开始）以汉语为教学媒介语学习全国统编的英语教材。需要特别强调的是，英语课程是在相当部分藏族学生藏语知识和认知系统根深蒂固而汉语知识和认知水平却不高的情况下开设的，第三语言（英语）的学习情况必然面临许多不同于汉族地区的新问题和新挑战。

藏族学生在学习英语的过程中，由于以汉语为教学媒介语，英语目标语料输入后最为直接的联系就是以汉语为载体的知识和认知系统，而非以藏语为载体的知识和认知系统。由于藏族学生汉语水平总体较为低下，且其母语知识和认知背景又根深蒂固，在英语学习过程中，藏族学生会习惯性地运用自己最熟悉的认知背景来完成新旧知识的同化过程。于是，藏语的知识和认知系统和汉语的知识和认知系统会交替作用，形成错综复杂的网状结构，对目标语英语的习得产生不可避免的双重干扰，导致接受英语语言信息的通道因受到阻碍而无法与大脑的神经元建立直接联系。藏族学生在编码—解码过程中可能根据最能体现思维的语言来进行语言码的转换，因此部分英语信息会编译成藏语、部分信息会编译成汉语，而习得者则用自己最熟悉的语言藏语作为载体进行目标语的吸收、同化，再反馈、转换成目标语码继而以英语形式表达出来，过程十分复杂。

在习得过程中，学习者通过长时记忆逐渐形成以英语为载体的知识和认知系统，且该系统不断充实和发展。因此，在目标语料相对简单，或学习者英语水平较高，即学习者的英语知识和认知系统达到较高水平之时，藏族学生可以通过大脑中已经建立起来的英语言知识体系进行英语思维，并直接完成信息的编码、解码过程，最终实现目标语言的表达。当目标语料具有一定难度时，学习的新英语知识无法与此前学过的英语知识和认知系统联系起来，如果藏族学生能够使用教学语言汉语来进行思维和理解，目标语言的输入输出就会经过汉语知识体系，最终以目标语言的形式存储于学习者的英语知识和认知系统，或通过英语的形式表达出来。但随着目标语料难度增大，或汉语水平较低，藏族学生在运用汉语知识和认知系统来完成编码、解码时如果无法完成对信息的理解，就会习惯性地调用头脑中最为根深蒂固的母语知识和认知系统来帮助理解。由于教学语言是汉语，教师以汉语授课，相关教材也使用汉英对比材料，但藏族学生在学习过程中更多的是依照自己的母语思维习惯，而只有少部分学生借用汉语作为中间语言进行翻译对比，来完成英语学习的，这样，更是为英语学习带来了更多更大的困难和干扰。

第三节　藏汉英三语环境下藏族学生认知策略的培养

在藏汉英三语模式下，藏族学生对目标语英语的信息加工过程已经不再是二语习得或学习了，而是在三种语言知识和认知系统交错的环境下对一门外语的学习。加上四川藏区主客观条件的影响，藏族地区英语教学变得难上加难。因此，在英语学习的过程中，应当基于信息加工模式帮助藏族学生掌握英语学习的认知策略。

一、词汇认知策略培养

由于条件限制，四川藏区的英语词汇教学多为记忆法，死记硬背是被采用最多的学习策略。培养学生良好的学习策略，需从以下几个方面进行。第一，培养藏授英语教师是十分必要的，只有在掌握藏汉英三语的前提下，不论是汉语授课还是藏语授课，英语教师在教学过程中才能有效地利用三种语言的异同，将母语、二语和目标语联系起来，发挥语言的正迁移作用，引导和帮助学生在认知过程中更好地解读词汇和记忆词汇。第二，教学过程中帮助学生了解英语的历史和文化背景也非常重要。让学生了解英语生词的来源，学生就能够知其然并知其所以然，才能更系统地学习一门语言。第三，从词汇的结构和意义两方面来掌握生词。系统学习词汇的构词法则、词根、词缀和词义，一旦学生对构词法则有了一定的认知，课本中的词汇表自然会大大缩短，学生更能举一反三，提高记忆效果。第四，教师在授课过程中应当给学生施加压力，让学生必须强记词汇的字面意义。英语中的基本词汇字面意义通常有对应的汉语解释和藏语解释，教师应当判断学生的母语水平和汉语水平，引导学生利用语言的正迁移作用去更好地学习词汇。第五，教师在授课过程中也可以利用趣味教学或头脑风暴的形式,将单词学习变得有趣，如词语 ferment，是"发酵"的意思，教师可以直译为"发馒头"，通过直观联想的方法，让单词记忆变得生动有趣，帮助学生更好地学习词汇。第六，大量的篇章阅读和反复的词汇使用也是词汇学习必不可少的策略。只有通过反复记忆，词汇的记忆过程才可以由瞬间记忆形式变成长时记忆，也才可能让学生的英语认知系统逐渐丰富起来，构成自己的词汇库，教师可以通过 crossword、猜单词游戏等多种形式，让学生反复练习所学的词汇。第七，使学生在阅读过程中学会思考，培养学生通过上下文猜词的能力策略也尤为重要。

二、语法认知策略培养

语法知识是英语学习者构建英语认知系统的基础，只有搭建好英语语法框架，目标语言的输入和输出过程才能够环环衔接、融会贯通。第一，对于藏族学生而言，英语学习是基于藏族学生的母语藏语认知系统和二语汉语认知系统进行的，换句话说，藏语和汉语的语法系统对藏族学生搭建英语语法框架必定会产生正、负迁移。这一点也体现出了藏授英语教师的必要性。教师自己掌握藏汉英三种语言，才能更好地区分和对比三种语言，针对不同汉语水平的藏族学生，更加充分地利用语言的正迁移，避免产生负迁移现象。同时，教师也能更好地监控藏族学生在学习过程中对元认知策略的使用和整个学习过程。第二，语法的学习不是死记硬背，而应当是在理解的基础上进行学习。教师在语法授课过程中，应当加强藏汉英三种语言的语法比较，通过对比和类比帮助学生在认知上区分不同的语言系统，帮助学生理解、记忆、运用目标语言语法知识，努力避免藏语和汉语思维定式对英语语法学习的干扰。例如，在词法方面，英语名词大多有单复数之分，而汉语和藏语则通过量词来限定名词的数；在英语中动词有时态等词形变化，而汉语和藏语则通过特定助词和动词的结合来表达时态；英语的形容词和副词有比较级和最高级变化，而汉语和藏语中的形容词和副词本身没有比较级和最高级。在句法方面，汉语和英语的基本句型为主谓宾，而藏语则是主宾谓；英语在遣词造句时注重形合，从句有专门的连词引导，而汉语和藏语则注重意合，不一定用连词来表示主从关系。因此英语教师在授课过程中帮助学生理顺三种语言的语法结构是非常必要的。如果学生一开始就对不同的语言知识和认知系统混淆不清，那么则会越学越难。另外，作为一个完整的语法体系，学生有必要系统地学习英语语法框架。同时，教师在授课过程中应当针对不同语法进行专项解读，专门针对某一语法项目的知识进行强化训练，让学生牢固掌握每一个语法知识点。第三，教师在授课过程中引导学生把握语法学习中的重点和难点，实现以句法为主，以句法带动词法的学习。掌握英语中常见的特殊结构及英语句子中时态、语态、语气等特殊的动词形式。第四，学生在学习过程中应当培养自己的认知策略，反复练习英语语言知识，并且进行口头表达。只有通过大量循序渐进的练习，藏族学生才能建立起一个牢固的英语语言系统，并在英语学习中更少地受母语藏语和二语汉语的负面影响。

三、阅读、听力、写作、翻译认知策略培养

在英语阅读、听力、写作、翻译等认知策略培养方面，教师应当帮助学生建立和加强藏语认知系统和汉语认知系统与英语认知系统的联系，引导学生用学习母语或汉语的技巧进行英语语言和知识的学习。语言学习是信息的输入和输出过程，因此在认知策略方面，教师应当培养学生根据上下文进行意义猜测，培养学生分析、归纳、类比及进行信息重组的能力，帮助学生结合个人的具体语言知识背景对所学的英语信息进行相应的处理。

阅读和听力为信息输入过程，在培养阅读和听力能力时教师应当注重培养学生从整体上把握语篇意义与根据上下文猜测词义和语篇意义的能力。教师可以督促学生背诵英语文章中的句子和段落，让学生潜移默化地形成英语思维模式。在听力训练过程中，锻炼学生根据单词发音拼写词汇的能力，让学生在反复操练中掌握英语词汇的构词规律。

翻译、写作和口语表达在信息加工模式中属于信息的输出过程，往往比接受信息难度更大。在学习过程中，教师应当引导学生逐渐形成英语思维模式，避免使用过多的翻译模式，减少藏语和汉语在英语表达中的负迁移作用。在英语表达过程中注意语法使用的正确性，培养学生英语思考和表达的能力。教师应当鼓励学生多使用英语，如运用互联网尝试用英语写信、聊天、交笔友等。

第四节　藏族学生英语学习过程中社会/情感策略的使用

欧莫利和查莫特（O'Malley & Chamot，1990：124）认为，社会/情感策略是指为学习者提供更多直接接触目标语言的机会，以便学习者为促进某一语言学习任务的完成而跟别人进行交流或自我调整的策略。社会/情感策略包括合作学习、求解与澄清疑问、消除紧张不安、自我鼓励、控制学习情绪与背景文化了解等。社会/情感策略与所需目标语言没有直接关系，为学习过程中的间接策略，但是在目标语言学习中却不可忽视。在教学过程中教师运用及引导学生运用社会/情感策略非常重要。被调查的藏族地区整体英语水平低下，学生没有使用英语的机会，绝大多数藏族学生对英语学习的兴趣更多地出自对一门新语言的好奇，而不是英语能够带来怎样的实际用处，他们多对英语学习保持消极态度，不愿意、也不敢使用英语与教师同学分享和交流，这在很大程度上阻碍了他们的英语学习。

可见，培养学生有效地运用社会/情感策略是非常有必要的。一方面，教师可以引导学生合作学习，如将全班同学划分成小组，以小组为单位，组员之间互相帮助，教师可以通过设立共同目标、共同奖励、分享材料、分配任务等形式实现组员之间的相互依存关系。在教学过程中，教师应当指导学生使用目标语进行面对面的交流与讨论，并对小组的表现进行有效的评分和评估，确保学习过程的成功。在课堂上，教师应当善于提问，问题进程往往由浅入深，对不同水平的学生提问应难度适当，有利于帮助学生树立自信。可以以加分的形式鼓励学生主动提问，引导学生更积极地配合教师教学。此外，教师可以定期组织英语角、英语电影赏析、英语游戏等各种形式多样的活动，给学生提供一个用于表达和展现自我的平台。当然，引导学生学习英语文化知识也非常重要。语言是文化的载体，文化给语言学习提供实质内容和背景，因此教师应当重视英语语言文化背景的传授，让学生从宏观角度更多地认识和了解西方文化、历史、习俗、生活等各个方面，开拓学生视野，这样不但能够培养学生对英语学习的兴趣，也从另一个角度提升了学生对世界的整体认知，有助于提高学生对英语学习的兴趣。藏族学生也应当充分利用社会/情感策略，如增强自信，尽量找机会用英语和老师或同学对话，大胆地将英语说出口；或者经常主动向老师或同学请教英语学习问题，提高自己学习英语的主观能动性；积极参与各种英语交流活动，主动通过英语电影、视频、歌曲等多种形式了解有关英语国家的文化背景知识。此外，还应当在情感上鼓励自己，当学习成绩不理想时，应该鼓励自己更多地使用英语，用英语思考，努力培养自己对英语的学习兴趣，增加英语学习的成就感和自豪感。

　　总而言之，提高学生运用英语学习策略的能力是增强学生自主学习能力、提高英语学习水平的一个重要途径。教师和学生都应当增强对英语学习策略重要性的认识，培养对英语学习的策略意识。相关教育部门有必要首先对教师进行系统的学习策略培训，教师只有系统了解和掌握了一套策略方法和技巧，才能够保证在教学过程中对学生实施成功的学习策略训练，进一步提升英语教学效果。在进行英语学习策略训练的过程中，教师首先应当考虑到特殊的藏汉英三语环境，以及藏族学生的学习特点和学习需求，选择适合藏族学生英语学习的策略。教师应当注意策略训练和英语学习活动的紧密结合，在趣味教学中引导学生运用学习策略，通过教学活动来渗透学习策略的训练，让学生能够提高学习效率，增强对英语学习的信心。元认知策略、认知策略以及社会/情感策略应当相互结合，相辅相成，充分调动学生在整个学习过程中的自我管理能力，开展各种英语活动，让认知策略在学习过程中发挥作用。教师还应当注意激发学生英语学习的动机和兴趣，增强学生学习英语的信心，营造能够降低学生焦虑感的轻松和谐的学习氛围，给学生提供良好的参与学习过程、发挥自我与展现自我的环境和平台。

第五节　藏汉英三语环境下针对藏族学生的英语教学方法

　　外语教学法是涉及外语教学的指导思想、教学原理、教学目的要求、教学原则、教学方法、教学过程和教学形式等一整套外语教学科学规律的教学方法体系（章兼中，1982：34）。第二次世界大战后，外语教学法的研究突飞猛进，各种流派不断涌现。例如，以情景为中心、把语言作为整体结构进行听说活动、声音和形象相结合的视听法（audio-visual method）；通过认知语言规律创造句子、培养交际能力的认知法（cognitive code approach）；利用彩色棒和颜色音素挂表等直观手段、增强学生的言语实践、减少教师讲解活动的沉默法；以学生为中心、重视小组活动、教师当顾问的咨询法；听、说、读、写并重并在情景中进行教学的统整法等。

在我国现行的教学法主要有五种，分别为语法翻译法（grammer translation approach）、直接法（direct method）、听说法（audio-lingual method）、视听法和认知法。

一、语法翻译法

语法翻译法以机械语言学为理论依据，教学原则上以语音、语法、词汇教学相结合，教学过程中阅读领先，着重培养学生阅读与翻译能力，兼顾听说训练；同时以语法为主，在语法理论的指导下读译课文，教学过程中借助母语，把翻译既当成教学手段，又当作教学目的。教学过程大致如下：译述课文大意；讲解语言材料，对课文进行分析和逐词逐句的翻译；一边阅读课文，一边翻译课文，把对课文的理解建立在翻译之上。

许多学者认为，语法翻译法强调母语在外语教学中的交叉对比作用，主张重视对学生的语言知识和阅读能力的培养，但夸大了语法和母语在教学中的作用，过分强调了语言知识的传授，忽视了语言技能的训练和培养，进而造成"聋哑病"（陈坚林，2004：74-77）。

二、直接法

以夸美纽斯（Comenius，1890：149）为代表的教育家提出的"教育适应自然"的思想是直接法产生的基础。他提出的"直观性"教学原则——"由具体到抽象、由近及远、由已知到未知、由简单到复杂、由事实到结论、由易到难"和"实例先于规则"等思想，奠定了直接法的教学论基础。直接法的教学基本原理是"幼儿学语"论，是仿照幼儿习得母语的自然的行为和基本过程。它主张"用外语来教外语"，从而使外语教学顺应人类习得语言的自然规律。复习是记忆之母、联想是记忆的基础、用外语教外语是直接法的主要特点。直接法主张在外语教学中排除母语对教学的干扰，培养学生的外语思维能力，直接用所学得的外语，而不是通过"心译"，来进行语言交流。而教学应该以模仿为主，从说话开始，强调语言的实际应用。直接法主张语言理论在教学中的次要地位，从某种角度来说，直接法排斥母语在外语教学中的积极作用，偏重对目标语言的实际掌握，忽略了学习者对语言知识的把握。

三、听说法

听说法基于结构主义语言学和行为主义心理学，行为主义心理学创始人华生（Watson，1978：42）通过对人和动物的心理的观察和分析，认为人和动物的行为有一个共同因素：刺激和反应。他把一切心理学问题及其解决都纳入刺激和反应的范畴之内。结构主义语言学家认为语言教学实际上就是教师对学生的声音刺激和学生对声音刺激进行反应的过程。教学过程中，以听说领先，反复操练，形成习惯，以句型为中心，无论是语言材料的安排，还是语言技能的培养，都围绕句型这个中心进行。听说法排斥或限制母语在教学过程中的使用，主张用直观手段、情景、借助上下文和所学的外语来直接解释语义，反对借助翻译的手段来讲解语言。整个教学过程分为认知和运用两个部分，学生首先认识语言，即听音会意，之后进行模仿，纠正错误，然后再通过模仿重现记住的语言材料，之后进行句型结构的变换练习，在句子中完成替换、转换、扩展，培养学生对语言的实际应用能力。听说法在外语教学法发展史上具有划时代的意义，它强调外语教学的实践性，重视听说训练和句型操练，在对比分析母语和外语的基础上找难点，并针对性地解决问题。但是，听说法过分强调了机械性操练语言，忽视了语言规则在语言教学中的作用。

四、视听法

视听法，顾名思义，就是在教学中充分刺激学习者的视觉中枢和听觉中枢，从而使其产生良好的学习效果的教学方法。视听法有两层含义：一是这种教学法需采用电化教具作为视听教学手段来进行教学；二是听懂和理解语言材料总是在听完材料的整体结构的基础上实现的，即把一个情景、上下文或图像与一组词及其意义经常联系在一起。这些词及其意义组成一个整体，并按其语言表达的结构方式进行语言意义表述。视听法源于直接法和听说法，又有别于这两种方法。视听法吸收了直接法和听说法的长处，并在它们的基础上进一步发展了情景的视觉感受成分，从而确立了它独特的教学方法体系，即情景视觉与语音听觉相结合的教学法体系。从心理学角度出发，如果视觉感受刺激和听觉感受刺激同时作用于大脑，就会诱发人脑迅速做出反应和加速记忆，从而实现记忆痕迹的长期储存，使学习产生良好效果。视听法注重口语的第一性和书面语的第二性。它认为学习外语首先要掌握语言的声音物质外壳，只有在充分掌握言语活动技能的基础上才可着手进行书面语（即语言知识）的学习。视听法特别强调图像和语音刺激的相互联系、相互作用及语言和情景的相结合，创造的类似学习母语的过程。由此可见，视听法强调口语是教学的基础，外语教学应当从通过口语的操练掌握言语的语音、语调、节奏和旋律,再过渡到读写能力的培养。视听法也排斥母语和文字对学习的干扰,强调视觉直观的作用,从而忽视了借助母语翻译作为教学的辅助手段。视听法主张精选日常生活中的常用基本词汇和语言结构进行教学,要求学生在确立了课堂教学目标后,结合规定的情景进行对话,进而培养和提高学生对事物的口头表达能力,但忽视了书面语言的重要性(陈坚林,2004:85)。

五、认知法

认知法以认知心理学为依据,强调学生对语言规则的理解。学习是在理解的基础上进行操练,着眼于培养学生实际、全面的语言运用能力。教学过程中培养学生掌握语言的基本概念、原理和基本规则,并充分发挥学生积极性和主动性。语言的规则和原理不应该由教师给学生灌输,而应该由教师引导,使学生通过逻辑思维活动对所学目标材料进行观察、分析和归纳等自我发现,从而激发学生的学习能动性,培养学生独立分析问题和解决问题的能力。认知心理学家奥斯贝尔(Ausubel,1968:337-340)指出,学习外语主要靠有意义的学习,要让学生进行有意义的交际活动,减少无意义的模仿记忆、过多的死记硬背,而是要让学生理解规则、运用规则并通过大脑进行逻辑推理,创造性地运用语言,并利用母语与外语的交叉对比分析进行教学。此外,认知法还强调培养学生课外自学的态度和能力及对直观教学和电化教学的广泛应用。

认知法强调:首先语言学习环境是在教室中进行的,其次学生是在掌握母语的基础上学习外语的,最后学习过程是自觉地、有意识地、有组织地进行的。教学过程分为语言理解、语言能力和语言运用三个阶段。语言理解是指让学生理解教师讲授的或提供的语言材料和语言规则意义、构成和用法。学生对新的语言规则的理解不是靠教师的讲解实现的,而是靠学生在教师的指导下自己发现语法规则而实现的。例如,讲解动词过去式时要首先操练现在时,这样通过对旧知识的操练引出新的内容,有利于对新知识的理解和学习。培养语言能力需要通过有意识、有组织的操练获得,教学过程中教师应当首先注重检查学生对语言知识的理解情况,在掌握了已讲授的语言知识的基础上培养学生运用语言知识的能力。语言运用阶段的教学任务主要是以学生为主,培养学生听说读写能力,特别注意培养学生的自主性语言交际能力,即注意培养学生在脱离课文后的创造性语言交际能力。这类练习方式有多种形式的交谈、专题讨论、连贯对话,多种形式的自我叙述、口头作文或专题发言,多种形式的笔头记述、作文、在外语游戏中扮演角色、口头或笔头翻译等。

第六节 藏汉英三语环境下英语教学法的运用

语言学习是受多种因素影响和制约的过程。除了学习的外在环境和教师对学习过程所起的作用外，学习者本身也是学习的一个关键因素。学习者的个性特点、智力、语言学习能力、动机和态度、偏爱、信念及年龄等都会影响目标语的学习。因此，在教学过程中，教师必须要结合学生个体因素和外在环境，采用适合学生学习的教学方法，才能更好地促进学习与提高教学质量。这在四川藏区的英语教学中显得尤为突出和重要。

语言学习者的学习过程并不是对规范的言语行为的简单模仿与操练。我们不能忽视语言学习者会根据自己的语法体系生成与目的语言有一定差别的语言体系，这就是学习者的语言，也可以称之为中介语（Selinker，1972：60）。藏族学生处于藏汉英三语环境，因而藏语和汉语制约着目标语英语的习得。藏族学生可能会形成一种独立的有别于汉语和藏语的中介语体系，在英语学习过程中，不可避免地受到汉语和藏语的影响，发生各种语言错误，随着中介语体系逐渐从汉语或藏语朝英语过渡，这些语言错误会逐渐减少。此外，藏族学生自身的认知水平，也是影响英语学习的重要因素。这些藏族学生多数来自牧区，在学龄阶段开始学习二语汉语，很多学生本身连汉语都没有学好，对很多现代社会事物缺乏认知。这些学生从中学（少部分从小学）一年级开始接触第三语言英语，英语本身、英语文化背景、英语国家社会生活风俗等对他们而言是全新的事物，学习难度之大可想而知。从学生对英语学习的主观能动性方面来讲，很多学生在笔者的问卷调查中显示出对英语的学习兴趣，不过局限于对英语的好奇而已。这也就解释了为什么多数学生觉得学习英语并无用处，学习一段时间便因失去兴趣而主动放弃。

因此，在藏族地区的英语教学中英语教师必须针对藏族学生英语学习的特点探索和运用有四川藏区特色的教学方法。

一、听说法与视听法结合

由于很多藏族学生对英语文化的认识不足，传统的语法翻译法、直接法在英语教学开始阶段并不一定适合。调查发现，听说法和视听法相结合，选取适当的视听说教学材料，让学生直接对目标语言进行模仿、操练，更容易让学生掌握所学内容。在此过程中，藏族学生可以很好地运用其母语藏语在语音、词汇等方面的正向迁移作用，从而掌握英语的发音和词汇。通过生动真实的情景模拟教学，藏族学生在模仿目标语言的同时，也能通过视觉感知在认知上更深刻地了解西方生活和文化，并在学习过程中潜移默化地对目标语料进行分析和对比。教师要做的是给学生进一步地阐释语言内容的含义并引导学生进行自主学习，完成对文化知识的对比分析。从某种角度讲，这也巧妙地避免了四川藏区英语教师自身英语水平不足的问题，如能够避免教师发音差导致的学生发音不准的问题。教师应当做好学习检测工作，随时检查学生对语言知识的理解情况。在学生掌握了已讲授的语言知识的基础上，给学生提供操练的机会，在培养学生运用语言知识的能力教学过程中，教师应当为学生提供交际交流的环境，可以根据具体的教学内容进行课堂活动的设计，如通过现场模拟、游戏活动等多种形式让学生参与到语言运用过程中。教师应起好监督作用，及时纠正和修改学生在交际过程中发生的语音、语法等各种错误，并帮助学生按照正确形式反复操练，避免学生形成固定的形式，语言学习停滞不前，产生语言石化现象。

二、语法翻译法及其综合应用

不少学者认为机械的语法翻译法不适合当今的外语教学，所以应该被淘汰，但笔者认为，语法翻译法在今天仍然不失为一个不可或缺的外语教学方法，这在四川藏区的英语教学中尤其如此。当藏族学生已经逐渐构建起第三语言的认知结构和知识结构时，语法翻译法应当和听说法、视听法及认知法结合起来综合运用。这是因为，语言学习和习得的过程是目标语言输入和输出的过程，学习者在语言输入过程中获得信息，而翻译过程正是学习者借助母语或二语知识对信息进行解码的一个手段。当目标语英语通过视觉或听觉通道进入藏族学生的大脑中时，学生会自动将一定难度的目标语料用藏语或汉语翻译成学习者能理解的语言形式，帮助自己更好地理解所学语言内容。这实际上是对语言正迁移现象的有效利用，可以提高英语学习效率。翻译实际上是一种输出过程。教师在教学中培养学生的翻译能力，实则巩固了学生对语法的进一步掌握。输出表达正确，证明了学生对目标语言信息进行了正确的解码和吸收。因此，适当地运用语法翻译法进行教学，既可以利用母语和二语的语言正迁移影响帮助学生对知识进行理解，又可以锻炼学生对语言的掌握能力，有效地促进英语学习。

三、直接法与比较法

语言并非孤立存在的，它与文化密不可分。语言是文化的载体，承载了文化信息。因此，学习一门语言，既要学习这门语言的知识，运用这门语言进行交际，还要学习这门语言所承载的文化。英语教学不能仅仅停留在对语音、词汇和语法的表面意义的理解，还要充分考虑国际文化知识的传授，注重培养学生的实际言语能力，使英语学习者能够在同外国人士交流时根据不同的文化背景选择恰当的语言和表达方式，使他们逐渐具备另外一种语言所承载的文化系统，从而达到有效地进行跨文化交际的目的。教学过程中，英语教师首先应尽可能地选取英美原文材料，因为原汁原味的语料才能更好地体现英美文化，反映西方文化的特点。其次，教师在教学过程中可以将西方文化与汉语言文化及藏语言文化进行有针对性和对比性的教学，这可以帮助学生更好地记忆、掌握西方文化知识，促进英语教学。最后，随着多媒体教学的普及、英语原版电影的大量引进和相关资料的发行，英文原版视频资料，如电影、纪录片、动画片等，可以适当地进入教学过程中。它们不但能引起学生的学习兴趣，激发学生的学习动机，还可以使电影和课本相结合，从而使教学立体化、实质化，使语言生命化，语言环境真实化，学习气氛融洽化，进而达到培养实际应用语言能力的目标。此外，电影、纪录片等影像资料也是提升学生人文素养的良好资源，可以为其构建更为丰富的社会科学知识框架，让学生更便捷更直观地了解西方国家的自然、地理、历史、经济、政治等基本情况，了解其文化取向、思维方式、价值观念、社会规范、风俗习惯等文化知识，让语言知识与文化知识同步传授。

四、基于活动的任务型教学法

Ellis 提出，任务型语言教学基于这样的观点：无论成人还是孩子都可以附带习得和学习语言，因为通过沟通和交流习得语言的能力永远不会消失（Ellis，2016：19）。在学习任务中，学习者可以无意识地捕获新的语言知识。例如，在课程的准备和热身阶段，可以有一些直接教学，如词汇教学，而不是语法教学。学习词汇要比学习语法容易得多，因为语法是一系列的规则，而词汇是一个个具体的条目，因此词汇学起来更为容易。在藏汉英三语环境下，如果通过教学语言汉语或学生的本族语藏语来学习词汇，反而可能产生语言负迁移现象。倒不如有意义地设计一定的任务，让学生在英语环境中完成任务，掌握词汇。此外，在课堂中设计和开展丰富多彩的课堂活动，是巩固语言知识和提高语言能力的有效途径。藏族学生多表示对英语感兴趣，英语教师应当紧紧抓住这一点，从藏族学生的实际出发，设计出多姿多彩的课堂活动，让英语课堂丰富多彩，从而激发学生持久的学习兴趣和热情，让学生始终保持高度的好奇，真心喜欢上英语这门课程，这样就可以大大提高英语教学的吸引力。在教学过程中，教师应当把握好学生的水平、性格特点和心理特征，设计适合学生的各种英语学习任务，如英语游戏、英语歌曲比赛、英语电影赏析、小组任务、小组视频等。这些英语任务紧密围绕教学任务和目的，旨在达到在教学任务中习得语言，并提高学生的学习兴趣和主动参与性，引发学生的求知热情，活跃学生的思维和想象力的目的，让学生在参与中获得满足感，从而养成自觉学习的习惯，从爱学、会学最终到乐学。例如，教师可以以小组竞赛的形式组织你画我猜、故事接龙等游戏，以赛促学，更能激励学生探索真知，培养学生的团队协作精神。课堂活动的设计必须要符合藏族地区学生的实际情况，因材施教，活动设计难度不能过大，应该以中等水平为标准，让绝大多数学生都能积极参与，并且能够让基础好的学生带动基础相对较差的学生共同学习，培养学生的满足感和自信心，消除他们的"英语难学"的这一心理障碍。课堂活动设计还必须结合课堂教学内容，拓展知识。只有将语言知识点和受学生喜欢的接收方式结合起来才能事半功倍，在操练语言知识的基础上拓宽学生的知识面。

五、英语学习动机激励法

学习动机是学习者的内部动因，是学习者个体发动和维持学习的一种心理状态。藏族学生对待英语学习的态度、愿望和付出的努力决定了英语学习的效果。

多数藏族学生学习英语的主要目的是通过考试，没有实际用处，因此大多数学生对英语学习持消极态度，至少是不积极态度。因此，英语教师的一项非常重要的职责就是让学生认识到英语学习对个人、家庭、民族和整个国家的极端重要性，从而让他们端正学习态度，树立"非学好英语不可"的坚定信心。

为了能保持学生的学习动机，英语教师应创造良好的课堂氛围，充分调动学生的积极性，让学生自愿主动地参与到课堂活动中，体验成功。成功的体验反过来会激发学生更高的积极性，从而在学习上取得更大的成功。

六、藏授英语教学法

对于将汉语作为第二语言来学习的藏族学生而言，应当选择其水平最好的语言作为英语教学语言，最大限度地利用其固有的知识结构和认知系统来促进英语学习。虽然对于生活在城区的学生而言，其教学语言和日常使用的语言都是汉语，可以采用汉语编排的英语教材和汉语媒介语进行英语教学，但是对于来自牧区的藏族学生而言，由于其生活语言及学习其他科目的教学语言均是藏语，那么使用藏语作为媒介语进行英语教学就显得颇有必要。

总之，教学有法但无定法。藏汉英三语环境下的英语教学应在充分考虑藏族学生英语学习特殊性的基础上结合其认知能力和语言水平，因材施教，不断尝试、探索和创新教学方法。

第九章　藏授英语教师培养实践

教育是各民族孩子实现"中国梦"的可靠保证，事关国家统一、民族团结、经济发展和社会进步，因此需要格外关心和重视民族教育，尤其是民族地区的外语教育。通过借鉴国内外培养外语教师的宝贵经验，四川师范大学外国语学院经学校批准，结合国家级特色专业建设、省卓越教师培养计划和学校优势特色专业巩固计划，从2011级开始，每年从大一新生中选拔最优秀的学生，单独组建面向四川藏区并兼顾全国其他藏区和较发达城市藏族班的陶班。陶班一方面彰显了我们英语教师教育的民族性、区域性和师范性特色，另一方面也为全国的民族基础外语教育发展和相应的教师培养培训进行了探索与实验，构建起了面向所有民族地区基础教育和外语教师教育体系，让包括藏族孩子在内的所有少数民族孩子接受优质英语教育。

自2012年7月起，四川师范大学外国语学院陶班学生连续三年在孔令翠院长和专业指导老师的带领下，走访了四川省阿坝州的红原中学，马尔康县中学和一类模式下的马尔康民族中学，调研当地藏汉英三语教学模式、英语教学现状及存在的问题。在指导老师的带领下，陶班学生对这三所中学的英语教学进行了形式多样的问卷调查与访谈，与数位一线英语教师和学生进行了积极的交流，取得了大量的一手资料，有助于进一步修改与完善培养方案。

第一节　藏授英语教师培养的现实紧迫性

母语在教育中的地位至关重要是毋庸置疑的。除非是极为特殊的情况，否则，孩子们都在母语环境下学习第二语言，然后再依靠或借助母语学习第三语言。但是，在藏族集聚区，由于英语教师多数为外来的不懂藏语的汉族人，因此只能用汉语而不是学生的母语藏语教英语。一方面，由于汉语水平的参差不齐，许多藏族学生根本无法将汉语作为学习英语的媒介语,有些藏族学生甚至连汉语都不懂。这直接导致这些地区的英语教学停滞不前。另一方面，由于教师用自己的母语教藏族学生学习英语，而藏族学生的汉语水平太低，无法接受这种英语教学方式，因此教师与学生在英语教学过程中也无法实现最佳化的沟通和交流，达到最好的教学默契，教与学的脱节，使教师的教学最后成了无用功，而藏族学生的母语藏语的正迁移优势根本不能在英语学习过程中发挥出来，反倒成了制约英语学习的一个重要原因，直接影响了学生的外语学习效果。因此，解决英语教学中媒介语矛盾、提高藏族地区英语教学质量的一个重要途径就是，从解决英语教学的授课语言入手，培养合格的、具有藏语言能力和文化背景知识的藏授英语教师，这些教师将藏语作为中介语，教授藏族学生完成英语的学习。

四川藏区的中小学英语教学教学质量相对低于全国平均水平的原因是多方面的。藏族地区的英语教师师资力量不足，整体专业水平不高，综合素质相对较低，四川藏区英语教师接受培训的机会不够充足，特别是外地来的汉族英语教师基本不熟悉藏语言文化，对藏族学生的英语学习策略、方法、态度等很不了解。这些都制约了四川藏区中小学英语教学的发展进步，是导致藏族地区生源流失的重要原因。

四川甚至全国藏族地区的英语教师通过藏语作为媒介语进行教学，不但能够在很大程度上实现藏族学生母语和第三语言英语的有效迁移，还可以帮助学生克服学习焦虑，提高自身母语文化水平。解决藏汉英三语环境下教学媒介语的问题及由此造成的特殊学习困难的关键，是建立起一个能有效地培养使用藏语作为英语媒介语的英语教师，即藏授英语教师的体系。这样一个不断输出藏授英语教师的人才教学体系，能够将三语教学转化为藏族学生基于母语的第二语言学习，这样能更加直接、真实地解决藏族地区英语教学过程中所面临的诸多困难，促进该地区英语教学的提高和发展。

目前，在少数民族地区外语教师的类似的培养上，延边大学开展了面向朝鲜族的汉英日朝四语人才的培养，招生对象是英语零起点的朝鲜族学生。为了满足蒙古族学生对懂民族语言的外语教师的强烈需求，2003年内蒙古开始举办蒙语授课英语教师培训，而承担培养任务的内蒙古师范大学也开设了蒙授英语专业，招收英语零起点的少数民族学生。

第二节　基于藏族学生母语的藏授英语教师培养

四川师范大学外国语学院通过借鉴国内外培养外语教师的宝贵经验，经学校批准，结合国家级特色专业建设、省卓越教师培养计划和学校优势特色专业巩固计划，从2011级英语专业学生中选拔最优秀的学生，单独组建面向四川藏区并兼顾全国藏区和较发达地区藏族班的陶班。

该班以培养能满足21世纪四川藏区政治、经济、教育、文化、科技发展所需要的，适应四川藏区和较发达地区藏族班的自然与人文环境的，生理与心理素质俱佳、思想与专业皆优、教学与科研皆能、三语兼通、擅长多元文化交流的，能借助民族语言文化辅助英语教学的复合型创新型英语教师和英语教学科研、管理人才及四川藏区社会管理人才为目标，致力于打造一支师德高尚、学术造诣高、教学技能精湛、精通藏语言文化的教师队伍和管理队伍，能够引领面向全国藏区藏族中小学英语教师培养培训。具体表现在以下几个方面。

（1）较发达地区藏族班与全国藏区英语教学教育师资。具有扎实的英语、藏语、汉语基础知识，较强的英语语言应用能力和教学能力，能借助民族语言文化进行英语教学的三语兼通、满足较发达地区藏族班、藏族地区英语教学需要的复合型英语教学人才。

（2）藏族三语教学科研管理人才。具有强烈的科研动机、扎实的专业基础及严谨的科研学术基本方法，了解英语教学及教育的趋势，对藏族地区英语教学、教师教育相关研究有强烈的兴趣并能进行针对藏族地区英语教育的科研活动，能推动藏族地区民族英语教育理念和理论结构建构的人才。

（3）四川藏区宣传藏文化传播人才。掌握民族政策，精通藏文化及四川藏区建设情况，通晓藏语、英语、汉语翻译，熟悉现代传播手段和方法，能熟练地进行四川藏区对外宣传和藏文化传播。能进行其他文化的藏语翻译。

（4）四川藏区社会事务管理型、研究型人才。通过双学位教育、职业能力等多方面的培养，根据自身兴趣、爱好和特长，结合未来职业发展规划，跨学科门类修读和获得另一个学科门类的学士学位。为社会尤其是四川藏区培养熟悉藏族传统文化、通晓四川藏区事务的藏族社会事务管理型、研究性人才。

陶班藏授英语教师培养综合改革的意义主要体现在：在彰显英语教师教育的民族性、区域性和师范性特色的同时，也为全国的民族基础外语教育发展和相应的教师教育培养培训进行探索与实验，构建起面向所有民族地区的基础教育外语教师教育体系，让包括藏族孩子在内的所有少数民族孩子接受优质的英语教育。

为了实现培养目标，陶班坚持优中选优、宁缺毋滥的原则来严格执行陶班的学生选拔。实施小班教学，选派优秀辅导员，专门选配经验丰富的优秀辅导员单独进行陶班的日常管理工作，并做好学生的成长记录。

根据陶班学生培养目标和专业特点，将课程资源建设与经济社会发展、学科发展和教师科研成果紧密结合，在陶班增开研究方法、思维训练、学科竞赛、创新创业等类别的具有针对性的高水平选修课程，学生至少选修8个学分的该类课程，同时不再修读通识教育选修课程（含美育学校课程）。

为建设具有鲜明特色的课程，陶班在课程设置上参考和借鉴 TEFL、TESOL 和 TESL 课程设置经验，同时结合四川藏区英语教学实际构建课程体系。整个课程体系包括显性课程和隐性课程。显性课程主要包括藏语言文化课程、针对藏族孩子的语言习得与英语学科教学论课程、实践性课程、职业精神教育课程、民族政策性课程。隐性课程则主要有专题讲座、校园文化建设、社会实践。陶班的另一大特色是学术性，学校开设了多门提高学生专业素养、有助于学生考取国内外著名大学的理论性课程。其中包括以下几种。

（1）英语专业课程。既有英语演讲、辩论等竞赛型课程，也有英语文化、英语社会、跨文化交际等文化理论课程。

（2）科研方法课程及创新实践课程。开设科研理论、科学研究方法论、思维训练等课程。培养学生强烈的科研兴趣、扎实的科研方法及严谨的科研思维。开设研究性讨论课、学术写作课、科研信息资源课等课程，培养学生科研实际操作能力。建立科研实践环节和科研能力训练制度。通过要求陶班学生参与学校学生科研项目、学院学生科研项目、科技节、学院学术活动及教师科研项目等方式来培养学生的科研能力和实践创新能力，侧重四川藏区英语教研课题方法与选题训练。

（3）教师素质课程。开设教育理论课程，培养学生现代教育教师理念和职业价值观，开设英语教师技能课程，培养学生掌握现代英语教师的基本技能和技巧。

（4）藏语、藏文化课程。增加藏语课程、藏文化课程、四川藏区三语教育教学的理论、基本技能技巧课程。侧重学生掌握四川藏区三语教育的新理念、新模式和新方法。增加学生在四川藏区教育教学的实习和见习机会。

（5）素质课程。主要是职业价值观和职业素质课程。除了加强学生通用职业能力培养，还要加强学生对四川藏区教育事业的认同及对四川藏区文化和情感的认同，四川藏区工作的职业路径发展等。

（6）实践教学环节。将实践教学环节纳入学分管理。陶班的学生有机会参加美国带薪实习，四川藏区教学实习或较发达地区藏族班教育实习，参加四川藏区或较发达地区藏族班教学调研等，这些活动均纳入学分计算。

陶班在实践教学过程中要坚持"学思结合、知行统一"的培养理念，充分利用实验（实训）教学、科研实践、课外活动、社会实践、专业实践等不同环节，严格执行"实践教学周""实践教学小学期"等制度，优化四年不间断的实践教学体系，强化实践教学。

在专业见习与实习方面，鼓励学生在实习内容、形式、方法、手段等方面进行改革，增加实习时间和机会、提高实习效益，鼓励学生深入四川藏区学校开展"顶岗实习"与见习。参加四川藏区教学实习或较发达地区藏族班教育实习始于第7学期，共12周，学分为6分。学生们在实习期间参加实习学校的各项英语教学与研究活动，通过活动锻炼和提高学生的教学科研水平与文化和生活适应能力。陶班课程设置情况见表9.1。

表 9.1 陶班部分课程设置情况

课程类别	总学分/分	课程名称	开设学期	周学时	总课时/节	学分/分	备注
学科专业课程	10	演讲与辩论	3	2	32	2	
		二语习得	5	2	32	2	
		跨文化交际导论	5	2	32	2	
		高级翻译	6	2	32	2	
藏语和藏文化课程	8	基础藏语1	3	2	32	2	
		基础藏语2	4	2	32	2	
		藏族社会与文化	5	2	32	2	
		藏族学生英语习得研究	6	2	32	2	
教师教育课程	增加6学分1)	现代外语教育技术	4	1+2	32	2	冲抵《现代教育技术》
		中学英语教学研究	5	2	32	2	
		中学英语课堂教学设计	6	2	32	2	
		中学英语教学实践反思	7	1	16	1	
科研方法课程	增加4个学分	中学英语教学研究	5	2	32	2	
		专题讲座2)	3-6			0.5	
		科研创新、比赛实践3)				0.5	
职业素质课程	1	大学生职业发展与就业指导	3	2	10	0.5	1
			5	2	10	0.5	
实践教学环节	调整8.5学分	美国暑期带薪实习	6			2	
		四川藏区教学实习或较发达地区藏族班教育实习	7		12	6	
		四川藏区或较发达地区藏族班调研				0.5	

1) 教师教育课程：总体上增加必修课，减少选修课
2) 专题讲座：要求学生从第3学期到第6学期，每个学期必须听讲座3次，共计12次，计0.5学分
3) 参加学生成功申报学校和学院科研创新项目并通过结题，以及获得省级三等以上比赛奖励，计0.5学分

第三节 藏授英语教师培养的其他保障措施

一、师资队伍

为了提高藏族地区英语教学水平，促进藏族地区英语教学的发展，培养合格的精通藏语言文化的藏授英语教师队伍是必须且非常重要的一个环节。为保证陶班藏授英语教师培养项目的有效进行，我们还要加强自身师资队伍建设，聘请藏族教师和外籍教师参与本专业课程建设工作，充分发挥中籍教师同外籍教师之间的优势互补。其中英语专业课程由学院具有副高及以上职称或具有博士学位，且教学效果较

好的老师承担。科研课程由学院科研成绩显著、科研经验丰富且具有高职称或高学历的教师担任。此外，邀请国内知名教授或专家针对陶班进行有特色的科研讲座。教师素质课程由学院以学科教学或教学论为研究方向，教育经验丰富且具有高学历或高职称的教师担任，或聘请中学科研成绩显著和教学能力强的教师担任。藏语藏文化课程由学院或学校安排藏族教师担任。聘请四川藏区有教学实践经验的教师担任学科教学论教师。执行双导师制，即由本院具有副高以上（或博士学位）的教师担任学科学习导师，负责指导学生制定发展规划、解决专业发展问题、进行选课、学习、参与科研训练等；由藏族或藏族地区的英语教师担任教学见习与实习导师，负责培养学生对四川藏区工作的认同感及基本的三语教学技能。

为了满足教学需要，学院充分整合校内外资源，从四川师范大学、四川大学、西南民族大学、成都开办藏族班的部分中学及甘孜、阿坝州的示范性中学中聘请专家、教授作为陶班的任课教师，还聘请在四川藏区三语教育研究上取得了丰硕成果的有关高等学校的专家学者担任顾问。

二、跨文化体验

鼓励学生到多元文化国家，如美国、澳大利亚、加拿大、新加坡，进行跨文化与背景下多元文化教学的观摩与实践，从而拓宽学生的视野，提高学生的跨文化交际能力和多元文化背景下外语教学的适应能力。重点组织学生参加"赴美带薪实习"和依托学校和成都市举办的多项国际性合作与交流等项目。

三、学术活动

参加四川藏区调研或较发达地区藏族班的调研及三语教育方面的讲座，参加学校组织的各类学生科技节、文化节活动，增强学生的创新创业知识和体验。邀请校内外高水平专家与来自四川藏区的英语教育专家开设人文科技讲座，激发学生的研究兴趣和创造欲望，拓展学生视野，增强人文与科学素养，并逐渐培养其科研兴趣。根据学院对陶班的要求，学生每学期听有关讲座的次数不得少于5次，每位陶班学生在校期间要在本班范围内就自己的创新活动或创新成果开展至少1次以上的报告活动。

四、毕业论文

学生的毕业论文必须体现"真题真做"的原则，选题均应来自指导教师承担的解决四川藏区英语教学的实际问题，并体现出较强的创新性，具有一定的学术性或应用性。

第四节 教学实施

一、学生基本情况

陶班学生绝大部分是汉族。在进入陶班以前从来没有接触过藏语和藏文化，有的学生甚至有可能连藏族人都没有见过，更不用说去过藏族地区了。因此，对该班学生的藏语言文化教学必须从学生的实际出发，从最基本的知识和文化开始。教学目标的设定也不宜太高，能掌握基本的语言文化知识、具备基本的交流沟通能力特别是具有多元文化意识就算达到实验初期的培养目标了。

二、课程设置与主要教学

陶班学生从第三学期开始陆续开设两学年的与藏语及藏族文化相关的特色课程，其中包括一学年的"基础藏语"（72节），"藏族社会与文化"（36节），"藏族学生英语习得研究"（36节），"藏英学科教学论"（36节）。安排本校藏族老师担任特色课程的藏族社会与文化教师，聘请四川藏区有教学实践经验的老师担任学科教学论的老师。通过两学年的特色课程学习，学生能运用藏语进行简单的日常交际与听说读写，对藏族社会文化有了基本了解，掌握藏族学生英语习得的主要特点、学习策略及存在的问题，熟悉四川藏区或较发达地区藏语班英语教学的模式与方法。

（一）"藏族社会与文化"课程

"藏族社会与文化"课程主要教授藏族宗教信仰、文化及社会构成。其中宗教信仰由于在藏族社会中的特殊地位，既是本门课程的教学重点也是难点。通过教学，陶班学生了解到宗教信仰既是藏民族在历史发展过程中所形成的一个显著特征，同时也是藏民族的一个首要历史传统与普遍的文化现象，因此藏族人民的生活、饮食、庆典节日与宗教信仰紧密相连，四川藏区各处寺院的宗教活动成为藏族人民生活中不可或缺的一部分。学生学习藏族原始宗教本教及藏传佛教其他主要分支的形成与传播途径，以及其对四川藏区社会与文化如何产生深刻影响，从而了解四川藏区社会与文化，学会尊重与包容藏族的宗教传统与文化。

（二）"藏族学生英语习得研究"课程与"藏英学科教学论"课程

"藏族学生英语习得研究"与"藏英学科教学论"在陶班高年级阶段开设，

旨在从英语教学理论与方法上指导陶班学生了解藏族学生语言使用情况，学习四川藏区学生英语学习的特点及学习策略、熟悉教学方法并设计出适合藏族学生学习的英语教学课堂。通过这部分课程的学习，学生清楚地认识到：对于四川藏区在校学生来说，藏语是他们的本族语，汉语是他们的第二语言，而英语学习就变成了第三门语言的学习。目前四川藏区和较发达地区藏语班多数英语教师不会藏语，常用汉英两种语言教学。对于藏族学生来说，藏语在语音、语法、句法上与英语和汉语都有着很大差异，因为藏语是自己的母语，所以藏族学生的藏语思维和交流已成为习惯，而英语老师在讲解英语难点时多用汉语解释，这样不仅增加了藏族学生学习英语的负担，而且容易促使学生对英语学习产生焦虑与抵抗。由于受本族文化与藏传佛教的长期影响，藏族学生在学习英语时面对文化、宗教与社会的巨大差异，容易产生极强的抵触情绪与自卑心理从而不愿意主动地将学到的英语知识运用到现实生活和交际环境之中。根据 Odlin 的迁移理论，这些原有的语言和思维习惯给藏族学生带来了更大的制约，学习者在外语学习中容易产生焦虑、排斥与恐惧心理。陶班学生学习了这些课程后，了解了藏族学生学习英语的现状与问题，增强了对用藏语教授英语的紧迫性与重要性的认识，学会运用习得理论指导藏英教学实践，以运用简单藏语设计英语课堂。

三、教学技能训练

教师素质课教学主要从教学技能、教学方法、教学心理及技巧等各方面对学生各方面的素质进行培养和提高。其中包括"中学英语课堂教学设计""教育学基础""中学生心理辅导"等主要课程。这些师范生技能课程在具体实施过程中结合藏族英语教学技能、教学方法、藏族学生学习心理与学习特点及总体教育的状况，使陶班学生在掌握必要的课堂教学技能、教学方法与教学心理等基本的教育知识的同时，加深对藏族英语教学的理解与认识。

以下着重以"中学英语课堂教学设计"这门课程为例，介绍陶班如何开展目的明确、针对性强的教师素质课程的教学。这门课程开设的时间为大三上下学期，主要在四川师范大学的微格教学训练教室开展，目的是在有控制的条件下集中训练学生某一特定的教学行为与不同的单项教学技能。授课老师是本学院具有丰富教学经验和藏语背景的老师。通过微格教学，陶班学生应掌握以藏族学生英语课堂教学为目标的各项教学技能，如备课与说课技能、导入技能、教学语言技能、提问技能、变化技能、强化与演示技能、板书技能与结束技能。与本学院其他平行班级的该课程相比，本门课程从教学的第一次课开始，教师结合陶班学生原来的课程体系，明确该学年微格课程的教学目标、教学对象、教材特点、教学方法与教学评价方法。每次在训练不同的教学技能之前，授课教师会要求陶班学生对应四川民族中学藏语班初中英语一、二年级教材，选择恰当的教学内容，按照具体课程要求进行教学设计和教案书写。教师在具体受训学生试讲前，不仅要对受训学生准备的教案进行指导和修改，还要利用藏族班英语教学和普通中学英语教学的录像，结合具体的讲解对所训练的技能进行示范。在学生的微格训练中，整个课程会以角色扮演的形式进行。教师角色由师范生培训者扮演，受训者的同学扮演藏族班的学生，指导教师和受训者的同学们同时扮演教学评价人员。每一项培训技能中，每位受训者的试讲时间为10—15分钟，试讲全程以录像方式记录。试讲完成后，教学评价人员将针对具体受训技能集体评议受训者的试讲完成情况，帮助受训者有针对性地改善与提高各种教学技能。通过微格课方式教授的中学英语课堂教学设计与实践，陶班同学不断优化各项课堂教学技能，既促进了学习兴趣又提高了针对藏族班英语的实践教学能力。

四、创新能力培养

鼓励陶班学生根据《四川师范大学创新学分实施办法》申请创新学分，原则上陶班学生在毕业时应至少获得不少于4个创新学分。聘请专门的创新教育专家，全程开发学生的创新思维，指导每一个学生的创新活动，完善和推广其创新成果。安排专门的经费用于学生的创新活动。充分利用学校科研创新项目和依托教师的科研项目，支持学生开展与教学相关的科研训练，每位陶班学生在校期间就自己的创新活动或创新成果在本班范围内开展1次以上的报告活动，每位学生至少参与1项校级科研创新项目或1项教师主持的校厅级及以上科研项目。鼓励陶班学生参与学校和学院组织的各类学术活动。培养学生掌握和较为熟练地运用科研技能和操作能力。尤其侧重学生对教师教育、英语教育、四川藏区英语的科研课题的前沿趋势和科研方法掌握。

五、参加专业竞赛活动

为了进一步培养特别是检验学生的专业水平、应变能力和教师职业素养，学院鼓励陶班学生积极参加各种专业竞赛，通过以赛代练的方式，不断加强创新精神的培养和训练，学生在校期间参加对应学科专业竞赛训练的次数至少达到1次。

六、发挥四川藏区参与国培项目的英语教师的作用

民族地区的英语教育发展相对滞后、师资力量比较薄弱，要全面提高民族地区的英语教育水平就必须建设高素质的英语师资队伍。中小学教师国家级培训计划（以下简称国培计划）是落实教育规划纲要出台实施的第一个重大项目，为推

进民族教育事业的发展具有重要的价值。对民族地区中小学英语教师的国培项目主要包括民族地区英语教师的讲座，英语教师讲课，评课及一课同构等内容。国培计划的形式也具有多样化，既有援教顶岗，脱产研修，也有短期培训，合作探究，还有远程培训，资源共享等。

陶班学生积极参与学院举办的各级各类在职教师培训班活动，包括藏族地区的英语教育教学，跟随有经验的老师学习如何应对课堂突发状况。安排陶班学生到实习基地顶岗实习，将所学应用于实际，这些都对陶班学生的专业素质发展有督促作用。

七、实施初步效果

以上介绍的三类专业课程在教学实施的过程中得到了陶班学生的一致认同和好评。在笔者指导的陶班学生科创项目"从学生角度浅谈'陶行知班'应具有的特色及发展前景——以外国语学院为例"中，学生对陶班的实施计划、课程设置、教学方式、教学效果等进行了一系列的问卷调查。其中教学方式部分有54.6%的同学认为陶班课程教学方式较为多样，100%的同学赞同老师采用新的教学方式，并希望老师多与学生沟通新的教学方式的使用和效果，89%的同学认为在进入陶班学习后，不同程度地达到了自己预期的效果。通过这项调查，以上三类专业课程的设计和开展从学生角度来看取得了一定的成功和令人满意的效果。

第五节　热爱四川藏区三语教育的职业伦理教育

通过以上有计划、有目标、有科学方法指导的实践教学与培养，四川师范大学外国语学院致力于培养一批投身于藏族地区英语教育，了解藏族宗教、历史与文化，了解藏族地区英语教学特点，必要时能运用藏语在英语课堂上和学生进行必要有效的情感沟通，专业知识结构合理，业务科研能力强，擅长多元文化交流，能胜任民族地区英语教学管理的综合性人才。但是要培养真正能扎根三语教育的专业人才，只有高超的业务能力与专业素养还不够，还应注重开展三语教师的职业伦理教育，从道德观念与行为规范方面总体提高陶班学生的专业素质和职业道德，打造一批致力于民族地区英语教育、教育理念先进、身心素质俱佳、思想与专业皆优的佼佼者与领军人物。

教师职业伦理又被称为教师职业道德、教师专业道德或教师专业伦理等。教师职业伦理主要关于教师道德，是指教师在从事教育劳动过程中形成的比较稳定的道德观念、行为规范和道德品质的总和，它是调节教师与他人、教师与集体及社会相互关系的行为准则,是一定社会或阶级对教师职业行为的基本要求。在陶班开展职业伦理教育旨在从思想、道德观念与行为规范方面总体提高陶班学生的专业素质和职业道德。在陶班强调职业伦理教育的特殊意义在于:首先,职业道德即师德,是教师的"灵魂",处于教师素养结构的核心地位,是教师教育行为的导向与内在动力。因此职业伦理教育不仅能促进教师提高自己的教学行为,还能促进学生不断提高自己的学习动机,努力学习、积极进取、健康发展;其次,陶班学生毕业后即将成为致力于民族地区英语教育的教学栋梁,在艰苦的地方从事三语教育事业,需要磨炼的是教师的教育伦理与师德。只有在强大的师德观念与职业伦理道德观念的支撑下,三语教师才能从各方面做好为民族地区英语教育奉献力量的准备。

陶班的职业伦理教育主要是从以下三方面进行的:第一,介绍国外教师职业道德与职业伦理教育;第二,介绍我国教师职业伦理含义及意义;第三,结合藏汉英三语教师培养实验班的具体情况开展一系列结合实际的伦理教育,如职业道德规范教育、三语教师荣誉感教育、三语教师义务与良心教育、三语教师跨文化交际能力的培养等。职业伦理教育因为具有较强的实用与操作性,因此采取相应灵活多样的形式进行,如专题讲座、考察报告会、班会、小组报告与讨论及影片赏析与反思等。形式多样的活动旨在使陶班学生能真切深刻地理解到职业伦理教育的重要性与指导意义,并不断将其内化,用以指导以后的实践教学。

一、国外教师职业道德与职业伦理教育

尽管自古以来师德在我们的传统教育中十分重要,但它真正成为一门专门的课程的时间较晚。然而国外的教师职业道德与职业伦理教育无论是师德的内涵与定义,还是具体行为准则都发展得较为成熟,其行为准则已形成了较为科学、严谨、完整并被许多国家慢慢接受的国际标准体系。因此学习和借鉴国外先进的职业伦理理念对我国的教育者来说是很有必要的。这部分的教育主要包括两场专题讲座和组织学生参与讨论两种形式,从而帮助陶班学生学习了解国外的先进经验。

第一场专题讲座关于西方职业伦理教育的发展与演变。通过这场讲座陶班学生学习认识到国外尤其是发达国家为保证教师在职业道德习惯养成及对教师道德行为评价上能有章可依、有规可循,建立了一系列相关体系与机制,并逐渐完善与发展较为规范的职业道德规范。同学们具体掌握了西方职业伦理教育的历史与联合国公布的师德具体原则,如教师不得以任何形式与任何理由,如种族、肤色、性别、宗教、政治见解、民族或社会成分或经济等歧视学生,教师要为每一个学生提供可能的、最充分的受教育机会,应适当注意对教育安排有特殊要求的儿童。这些具体要求与标准对全世界各个国家的教育界,尤其是职业伦理教育方面产生了深远影

响，从制度与法规上约束教师本人的道德行为并保证教师职业崇高的道德定位。

第二场讲座专门针对一些职业伦理教育建设发展较好的国家，如美国、英国、日本、韩国等，从这些国家的师德理念、具体原则与规范方面对职业伦理教育进行具体介绍。通过这部分的具体介绍，同学们学习到西方先进的师德理念和具体规范，加深了对教师职业伦理道德重要性的理解。讲座的另一个重要内容关于国外职业伦理教育中的"师生关系"。师生关系是学校人际关系中最基本的关系，它的好坏也决定了教书育人最终能否顺利实现。因此，世界各国普遍重视教师与学生关系的处理，强调教师对待学生首先要以民主平等的方式，不得以种族、肤色、性别等各种情况为理由，以任何形式歧视学生；不得有意为难或贬低学生；对学生以诚相待，以礼相待，力争公道；要记住学生姓名；不得当众发火，不得在大庭广众之下让学生丢脸；不要与学生过分亲热或过分随便；避免过问或了解学生们的每个细节；在处理学生问题时，如有偏差应敢于承认错误；不得采用强制和暴力等（参见美国《优秀教师行为守则》）。

对这些职业伦理教育建设发展较完善的国家的介绍，让陶班学生清楚地认识与了解了国外职业道德规范的重要性与规范性，学习了这些国家实施职业道德规范的具体措施，同时也使学生开始思考这些先进理念如何指导我国教师的职业道德建设。

二、我国教师职业伦理的发展与含义

这部分教育的实施主要以我国教师职业伦理发展与含义为主，教师指导为辅的方式开展专题报告和小组讨论，旨在促使学生结合学习过的知识主动积极地思考我国教师职业伦理道德的内涵，发现问题、分析问题并解决问题。首先组织专门的教师指导陶班同学准备关于我国教师职业道德伦理发展的专题报告，让陶班学生在自主学习中对我国中小学教师职业伦理的历史与演变产生总的认识和了解。然后组织学生准备有关在我国国情下教师职业伦理即师德规范的具体要求的报告，进一步明确教师职业伦理对教师的具体行为准则与要求。

两次专题报告让学生们总体把握了我国中小学教师职业伦理的历史与发展，然后通过分组教学，以小组报告陈述与讨论的形式集中学习《中小学教师职业道德规范（2008年修订）》（以下简称《规范》）的基本内容和师德规范的具体要求。小组报告着重介绍《规范》的基本内容和重要意义。同学们明确了《规范》对中小学教师的职业伦理的指导作用，以及对调节教师与学生、教师与学校、教师与国家、教师与社会的相互关系的作用。《规范》充分反映了新形势下经济、社会和教育发展对中小学教师应有的道德品质和行为规范等方面的基本要求。

鉴于《规范》从爱国守法、爱岗敬业、关爱学生、教书育人、课堂教学、为人师表、终身学习这七方面对中小学教师的具体行为准则与规范提出了详细要求，对应这七方面陶班的七个小组分别介绍和讨论了所分配到的方面，结合实际以"我眼中的教师职业道德规范"为主题讨论了自己的看法与认识。

三、三语教师职业伦理教育

陶班学生在全面系统地学习了国内外教师职业伦理教育的发展与含义后，结合陶班特点，进一步明确了作为未来的三语教师，在职业伦理道德方面与国际接轨，按照国家统一的要求还需要一些特别的意识与规范更好地致力于民族地区的英语教育。针对这部分的教育，首先外国语学院有规律地组织陶班学生欣赏与藏族地区人文风情、自然风光相关的影片，让学生热爱民族地区，强化为民族地区服务的奉献精神。其次学院安排组织三语教育圈内专家学者和民族地区的英语教师通过研讨、座谈或圆桌会议等灵活多样的形式和陶班的学生进行学习、沟通与教育。通过这些教育形式，陶班学生认识到，作为少数民族地区的英语教师的荣誉感与责任感，从而使自己积极主动地投入藏族语言文化学习与三语教育实践中。

三语教师伦理教育首先应培养学生作为三语教师教书育人的荣誉感和责任感。教育是中华民族振兴和社会进步的根本。作为一名教育工作者就要热爱教育事业，献身教育事业，要有较高的理论修养、高尚的道德品质与责任感。为了达到这个教育目的，学院邀请了四川藏区英语教育专家给同学们做讲座，具体介绍四川藏区地理、人文、经济、教育状况，使学生明确三语教师在民族地区教育和较发达地区藏语班民族英语教育中的意义与重要性。由于历史和现实等诸多因素，四川藏区经济社会发展程度低，教育基础薄弱，教育发展面临许多困难、问题与矛盾。1949年以来，尤其改革开放以来，四川藏区的民族教育有了较大发展，教学质量和办学水平明显提高，但与较发达地区和全国总体发展水平相比，仍存在很大差距。这些讲座也总结与肯定了许多四川藏区教育研究学者们的发现，他们认为民族教育的较为滞后成为制约四川藏区经济发展的瓶颈，也成为制约四川社会经济总体发展的重要因素，早已无法满足四川藏区广大人民群众日益增长的教育需求。因此改变四川藏区文化教育的滞后状况相当急切，进一步提高民族素质，已成为当前一项刻不容缓的任务。而三语教师在促进四川藏区英语教育发展乃至整体教育的提高方面举足轻重，责任重大。

如何成为一名受学生爱戴，让学校、家长与社会满意的三语教师呢？为此，学院专门邀请了民族地区的英语教师和陶班同学进行交流，以班会和圆桌会议两种形式让民族地区的英语教师以自己的经历对同学们进行三语教师义务与良心教育，使同学们不断加强三语教师的师德修养，在走上工作岗位后能成为教育改革发展的推动者、良好社会风尚的引领者、学生健康成长的指导者。交流过程中民族地区尤其是阿坝州的英语教师们为大家解读了教育局的相关师德文件，也就是民族地区对教师的行为规范有具体的行为准则与要求。《阿坝州中长期教育改革和发展规划纲要（2011—2020年）》将师德考核与业务考核并重，把师德考核结果作为教师聘用、评优争先的首要依据。其中第十二章"建设高素质教师队伍"的第五十一条"加强教师职业道德建设"中明确要求"加强教师政治教育、法律教育和民族团结教育，让广大教师牢固树立正确的祖国观、民族观和教育观。加强教师职业理想、职业道德和职业修养建设，不断增强教师的责任感、使命感、人格魅力和学识魅力"。通过民族地区一线英语教师的现身说法，陶班同学明确了作为民族地区和较发达地区藏族班的三语教师务必遵循以下师德规范：遵守马克思主义民族观、党和国家的民族政策，做好民族团结教育工作，培养各族学生的民族团结意识，提高各族学生维护祖国统一、民族团结、反对分裂的自觉性，增强各民族的向心力和凝聚力，巩固和发展"平等、团结、互助、和谐"的社会主义民族关系，促进我国团结统一、繁荣富强，构建和谐社会。

除了高尚的职业情操与专业的职业修养，陶班的学生还应具备良好的跨文化交际能力以便在实际工作中实现教书育人。陶班的学生大部分是汉族学生，毕业时首先应牢固掌握中小学英语教学所需的技能与知识，其次还能较好地使用藏语作为课堂语言。对于能驾驭三种不同语言与三种文化载体的教师而言，跨文化交际能力尤为重要。跨文化交际能力的培养主要是通过专业教师与四川藏区英语教师从理论与实践两方面开展系列讲座进行的。首先，外国语言学院专业教师所教授的专业课程参考国外向母语为非英语者培养英语教师的TEFL、TESOL和TESL课程设置办法，开设了一系列显性和隐性课程。显性课程分为若干课程模块，主要包括藏语言、社会与文化课程模块，语言习得与英语学科教学设计课程模块，实践性课程模块，职业精神教育课程模块，民族政策性模块课程。隐性课程包括专题讲座、校园文化建设与社会实践。通过这些显性与隐性课程的实践，提升学生多元文化意识，使学生学会尊重与包容异质文化，认识了解藏族学生的语言习得规律、特殊的认知心理和学习策略，了解民族地区英语教学特点与方法。通过这些课程学生可以进一步了解英、藏、汉三种"具代表性语言"的文化比较、语言比较及有关的语言学问题和现象，增强跨文化交际能力和真正提升教学水平与教学效果。

陶班的职业伦理教育主要从以上三个方面，通过专题学习课程学习、讲座和讨论进行教育与实践，既使学生对国内外教师职业道德与职业伦理教育的发展与含义有了宏观的认识与把握，又结合了藏汉英三语教师培养实验班的具体情况，有针对性地从藏汉英三语教师所需的荣誉感教育、义务与良心教育与跨文化交际能力的培养等方面对学生进行培养与教育。这样目的明确、全面综合的职业伦理教育不仅有助于学生树立强大的师德观念与职业伦理道德观念，确保民族地区或较发达地区藏语班三语教师忠诚热爱教育事业，积极宣传和贯彻执行国家的教育方针及民族宗教政策，坚定自己献身民族英语教育的意志，不怕吃苦、甘于奉献；还能有效促进教师在以后的教学实践中有意识地改善自己的教学行为与方法，热爱关心学生并帮助其积极有效地学习、健康发展与成长；成为民族地区英语教育的教学栋梁，提前从身心各方面为民族地区英语教育奉献力量做好准备。

第六节 就业指导与就业保障

"陶行知创新实验班·藏汉英三语教师培养实验班"的创新型、特色型教学与务实型职业伦理教学培养出了一批品德高尚、甘于吃苦、勇于奉献、专业过硬、业务较强、热爱民族地区英语教育的三语人才。但在目前日益严峻的就业形势和民族地区有待完善的教师保障体系下，如何确保这些人才都能去各自心仪的地区和学校是陶班学生毕业时必须面对的问题。

一、就业现状分析

随着经济的不断发展和高校扩招政策的出台，高等教育进入大众化阶段，在校大学生的数量不断增多，大学毕业生的就业形势变得日趋严峻，陶班的学生也同样面临如此严峻的就业形势及由此带来的巨大压力。为了从根本上帮助实验班的学生减轻心理压力增强其就业信心，需要让学生从根本上认清当前就业形势严峻的原因。

大学生毕业后大都想留在相对较发达的大中城市，而少数民族地区因地处偏远地区，各种资源相对缺少，对大学毕业生的吸引力较小，从而制约了当代教育的发展。民族地区教育尤其是英语教育较为匮乏，许多学校的英语教师都由其他学科"转行"而来，有些学校的英语代课教师仅为初中毕业生。相对于少数民族学生来说，最难的科目就是英语，因为缺乏语言环境，大多数学生学习的都是"哑巴英语"，而且因为地理位置较偏僻，信息流通相对不畅，教学资源相对不足，这些教学中的困难，让大多数毕业生不愿意去少数民族地区。陶班主要为四川藏区的学校培养英语老师，鼓励并协助学生选择四川藏区的学校或藏族学生较为集中的学校就业，以期从根本上改善并提高四川藏区英语教育较为滞后的问题。

影响民族地区或少数民族学校英语教学效果的主要原因之一就是没有较好的语言环境，对少数民族或少数民族地区而言，这个语言环境就是三语共存的语言环境。对少数民族学生而言，英语学习的瓶颈在于三语难以共容，难于克服一语、二语的影响，与汉语学生相比，少数民族学生在英语学习过程中要多受一种语言的干扰。不同语言承载着不同的文化背景，为了更好地让少数民族地区学生学习英语，英语教师要对少数民族文化有深入的了解，了解三语背后的文化差异，帮助学生更好地理解英语，感受英语的深层文化内涵，从这点出发，少数民族地区其实对英语老师有着更高的要求。陶班的学生毕业后主要面向藏族地区的学校就业，身上背负着改善藏族地区学生英语学习状况的重担，对其专业素质，文化素质等要求更高，为使自身有更好的发展，更应该掌握扎实的文化、专业知识。

二、就业指导

（一）职业倾向调查

陶班在建班初期就拟定了培养目标，首先是培养卓越教师，即国家级示范中学教师；其次是培养学术人才，国家学术精英，乃至国际学术精英；最后是为藏族地区输送优秀教师及干部。为了帮助学生适应藏族地区英语教学，陶班开设了藏族文化课及藏语学习课等，这些课程的设置都是为了培养卓越的藏族地区英语教师。除此之外，学校将鼓励陶班的学生在完成主修专业的情况下，根据自身兴趣、爱好和特长，结合未来发展规划，跨学科修读第二学士学位。在最近的一次职业倾向调查中，98%的学生都想成为一名优秀的教育工作者，这也与建班的初衷相契合。

（二）职业生涯规划

为了加强陶班学生的职业伦理教育与就业指导，帮助其在藏语学校就业，学院开设了一系列的职业讲座，引导学生树立正确的择业观。学院老师带领学生们了解学习了职业生涯规划的相关知识，从职业生涯规划的定义，职业生涯规划的意义及大学生如何进行职业生涯规划三方面帮助学生了解了职业生涯规划的相关知识。通过学习，学生们了解到所谓职业生涯规划就是指根据个人对自身的主观因素和客观环境的分析，确定自己的职业生涯发展目标，选择适合这一目标的职业，制订相应的学习、提高计划，并按照一定的时间安排，采取必要的行动实现职业生涯目标的过程。它也指个人对自己一生职业发展道路的设想和规划，包括选择什么职业，在什么地区和单位从事这种职业，在这个职业队伍中担负什么职务等内容。职业生涯可以划分为两类，一类为外职业生涯，另一类为内职业生涯。外职业生涯是指从事一种职业时的工作时间、工作地点、工作单位、工作内容、工作职务、工资待遇等因素的组合及其变化过程，内职业生涯是指从事一项职业时所具备的知识、观念、心理素质、能力、内心感受等因素的组合及其变化过程。职业生涯规划与就业、职业和事业有所不同，它是实现职业满足、事业成功的有效手段和保证。

职业生涯规划对每个人的职业发展都有重要的作用，但是目前大学生的职业生涯规划却不容乐观。因为缺少对职业生涯的规划，学生在整个择业阶段盲目盲从；由于高中缺少职业规划教育，所以学生填报志愿时比较盲目；大学职业指导体系还在不断完善中，学生对自我、对职业了解比较少，目标缺失或模糊，对国家将造成教育资源的浪费，对个人将造成时间资源的浪费。这些问题也同样普遍存在于陶班学生的身上，学生们可以对比发现自己身上的问题，对自己职业发展有更清晰的认识。

具体职业生涯规划可以划分为以下四步。

（1）确定志向。对自己有清晰的认识，明确自己能力的大小，分析自己的优势和劣势。要明白自己想干什么，更要明白自己不能干什么，找到自己的专长所在和兴趣，对自己准确定位。

（2）自我评估。认识自己、了解自己才能选定适合自己发展的职业生涯路线，对自己的职业生涯目标做出最佳抉择。认真评估自身兴趣、特长、性格、学识、技能、智商、情商、思维方式、道德水准及社会中的自我等。

（3）设定职业生涯目标。分析社会环境，职业生涯中的各种机会，根据自己的最佳才能、最优性格、最大兴趣确定最优目标。

（4）制订行动计划，落实具体目标。在确定了职业生涯目标后，行动便成了关键的环节。在行动的具体过程中进行评估与反馈，并且不断修正目标中存在的缺陷。

通过对陶班学生职业生涯规划的指导，帮助他们树立正确的职业理想、学习观、职业观、择业观、创业观和成才观，并以此规范和调整自己的行为，增强其职业素质和职业能力的自觉性，同时，促使其做好适应社会、融入社会和就业、创业的准备。

三、社会文化心理适应

不同民族不同地区都在文化、教育、生活等方面各不相同，陶班学生毕业时可能要面向藏族地区或藏族学生相对集中的地区，因此应该帮助学生做好文化及心理上的适应，帮助学生更好地融入少数民族生活，更好地适应当地的生活环境、教育环境及文化环境。

（一）文化冲突体现在价值观方面

学校教育中的主流价值观是马克思主义，这与佛教盛行的藏族地区有很大差异。主要沉浸在汉族日常生活行为中的儒家思想与思维方式和藏族的藏文化和藏族思维方式也有很大区别。

（二）语言习惯导致英语学习受干扰

藏语与汉语在语法构成、文字组合、拼读法则及词汇等方面有很大的差别。

以藏语为母语的藏族学生由于使用藏语,所以对问题的认知和理解与以汉语为母语的同学有差异。例如,在藏语方言中几乎没有辅音,清浊对立消失,语音有高低升降之分,而且音节的意义也可由声调高低来分辨。这种音调差异对当地学生学习英语产生了干扰作用。

(三)历史文化、社会环境和自然条件差异

藏族学生在饮食习惯、社会礼仪、服饰打扮等方面形成的风俗习惯与汉族不相同。陶班学生如到藏族地区或藏族聚居区工作和生活,这些冲突不可避免。面对这些差异,学生会出现不同程度的人际适应问题、自我意识问题、生活环境适应问题等。为了更好地帮助学生解决这些问题,在学生在校期间,学校从各个方面对学生进行教育,使其对藏族地区生活有初步了解,帮助认识藏族地区和其他地区之间生活、文化及教育方面的差异并根据这些差异做出相应调整,以便学生更好地适应藏族地区的文化教育,更快地融入当地生活。学校还应加强学生的心理健康教育,学习自我调适的方法,帮助学生提高情绪管理能力和抗打击能力,提高环境容忍度。

四、择业技巧指导

为保证陶班学生毕业后就业顺利,学校为其拟定了一套大学生职业发展与就业指导的课程体系,其课程从大一一直持续到大四,从不同方面对学生的职业发展和就业技巧进行培训,这些科目既有理论课,也有实践课,内容形式丰富多彩。该职业生涯教育体系总结了以往的高校学生职业生涯教育、职业能力培养、创业教育等经验,参考其他高校的职业生涯教育成果,力争在学生态度层面(树立起现代社会职业生涯规划、选择、培养、修正及发展的自主意识,树立积极正确的人生观、价值观和就业观,确立起现代社会的人力资源概念,抛弃传统农耕社会的职业思维)、知识层面(基本了解社会就业环境和形势,典型职业的内涵、能力要求及职业发展路径和趋势,较为清晰地认识自己的特性,做出合理及最适合的职业选择和职业能力培养方案,了解就业形势与政策法规;掌握基本的劳动力市场信息)、技能层面(掌握自我探索技能、信息搜索与管理技能、生涯决策技能、求职技能等,各种通用技能,如沟通技能、问题解决技能、自我管理技能和人际交往技能等)三个层面获得本质性的飞跃。帮助学生将专业知识和职业能力有机结合起来,将个人人力资源内涵和资本最大化,从内在角度提高自身的职业素质和职业竞争能力,从而提高学生的就业能力、就业效率及工作能力。

大一期间培养学生的自我认知并帮助学生完成学业规划,要求学生完成职业规划书,参加规划书比赛。

大二期间培养学生职业能力与职业品质，通过举办学生素质技能大赛和以诚信或责任为主题的演讲比赛等督促学生内化职业品质。

大三期间培养学生求职能力和应试技巧，包括求职笔试、面试技巧及大学生应聘礼仪等。举行职业模拟面试帮助学生了解面试现场的真实情况。

大四期间帮助学生适应职场，组织学生参观成都市高新企业或四川师范大学的自主创业企业，为学生入职做好准备。

五、就业前景

（一）政策扶持力度大

为了提高民族地区的教育质量，充实教师队伍，国家及四川省都对四川藏区的教育工作者给予了巨大的政策支持，使其享受更多的优惠政策，把教师队伍建设作为民族教育发展的重点。

（二）制定优惠政策吸引大学毕业生到四川藏区工作

不断加大对大学毕业生到民族地区工作的吸引力，启动实施"农村义务教育阶段学校教师特设岗位计划"等优惠政策。

六、就业后发展空间大

藏族地区教师有更多机会参加高水平、专业性的国家级、省级、区级、县级和校本培训。由于藏族地区高素质教师稀缺，陶班学生在那里起步应该更早、发展速度应该更快、发展前景应该更好。

第七节 教 学 管 理

一、管理机构、人员与职责

领导机构由学院领导组成，院长书记担任组长。工作人员由四川师范大学外国语学院教务办、学院办和学生科的人员组成。

在教学管理方面，院长和分管副院长负责陶班的教学管理工作，具体包括的培养方案、课程建设、教学实施、制度建设等工作。

在日常管理方面，书记和副书记负责陶班的组建、日常学生管理、就业指导实习、基地建设及全程化就业指导。

在日常行政方面，由教务科和学生科负责教学管理与学生管理，负责落实陶班的实习见习等，侧重落实与各地民族事务委员会、教育主管部门，特别是藏族地区中小学的联系与合作。

科研秘书负责开展动态追踪，以便全面和及时地掌握国家的民族教育政策和藏族地区英语教育形势的变化，收集整理藏族地区教育相关信息和资料，促进陶班科研活动的开展。

二、制度建设

（1）实行班级教学机制。小班教学，人数要控制在30人以内。

（2）人才选拔制度。严格遵守学校关于实验班的文件（校教字〔2011〕31号）中所要求的基本条件，建立自愿申请和公开考试选拔相结合的制度。

（3）学生考核和奖励制度。将过程性评价与终结性评价相结合，根据学生在考试成绩、竞赛成绩、科研成果、实习表现、社会工作等方面的表现制定考核制度，更加注意过程管理和考核，根据学校奖学金制度和助学金制度的文件精神，调整陶班的奖励名额。建立单项奖励制度，包括科研创新奖励制度、竞赛获奖奖励制度、考研保送和就业人才推荐制度，鼓励实验班学生到四川藏区工作的奖励制度。

（4）教师教学及管理奖励制度。完善陶班的任课教师、外聘教师、学术讲座专家及管理人员的考核制度，并通过考核结果实行教师动态上岗监管。建立教师奖励制度。根据学校相关文件对优秀教师和管理人员实行特殊奖励。

（5）教师科研奖励制度。鼓励教师开展实验班的学术科研，制定鼓励教师针对陶班开展科学科研的办法，侧重倾向于鼓励教师开展四川藏区三语师资培养的相关学术科研。

三、突出年度工作重点

以2012年为例，年度工作重点为：①深入四川藏区与较发达地区藏族班进行中小学英语教师与英语教学的调查并写出总结报告。②研究内蒙古、吉林、甘肃、青海、西藏、云南等多民族省、区面向民族地区培养英语教师的经验与教训；研究国外双语和三语教学与教师培养培训的成果。③根据调研报告与研究成果制定并完善四年一贯的"陶行知实验班·内地藏族班与全国藏区卓越英语教师班制培养方案"。④启动师资队伍、教材、实验室与实习基地建设。⑤组建2011级"陶行知实验班·内地藏族班与全国藏区卓越英语教师班"，制定相应的管理制度。⑥开展面向四川藏区的藏族中小学英语教师教育的实验与研究。

第十章 藏授英语教师培养课堂观察与实践

自 2012 年开始，从本科二年级中选拔优秀学生单独组建的面向四川藏区并兼顾全国藏区和较发达地区藏族学校到 2017 年已历时五年。经过多年的培养实践，藏授英语教师的培养已经取得了一定效果。本章着重介绍陶班教学的基本情况、考核条例、实地调查研究情况及第二课堂开展情况。

第一节 藏授英语教师课堂教学与考核

一、课堂教学基本情况

陶班从本科第三学期开始就在英语专业师范生培养的基础课程以外陆续开设了两学年的与藏语及藏族文化相关的特色课程，其中包括一学年基础藏语（72 节），一学期藏英学科教学论（36 节）。特色课程通过两种模式开展具体教学实施。第一，安排和聘请校内外知名藏语教育学者担任语言与文化教师，组建藏授英语教育核心团队。授课老师包括四川大学的博士后张延清、四川师范大学的班云翔和白莉老师（均为藏族，其中白莉老师为外国语学院英语专业精通藏汉英的三语教师）；第二，聘请有藏族地区教学实践经验的中学老师担任学科教学论老师，指导陶班学生的教学实践。

陶班的学生为非少数民族聚居地的汉族人，在第三学期学习藏语之前几乎都没有接触过藏语，更谈不上用藏语交谈，因此藏语成为英语专业汉族学生学习的另一门语言。任课教师在确定合适的教材后制订切实可行的教学计划与确定教学内容进行藏族教学。

不同于藏语环境中的自然学习，基础藏语教学主要指课堂环境中的语言学习。鉴于这门课程授课课时少，课堂教学只能基于对藏语的拼读能力、语法能力和词汇知识进行基础教学。由于藏文是拼音文字，在教学内容上应从学生的实际出发，从字母和简单口语开始，按照教材内容，分为语音、语法、会话和短文四个部分。学习每个单元后学生基本能够熟读甚至背诵并翻译生词及课文，并且能用所学的藏文进行简单口语对话。

通过这些理论与教学法课程学习，学生既能了解藏族学生学习英语的现状与问题，增强对用藏语教授英语的紧迫性与重要性的认识，又能运用习得的理论指导藏英教学实践以及如何运用简单藏语设计英语课堂。

以上课程教学不仅能使学生增强对藏族学生本族语言文化及四川藏区英语教学特点和方法的认识与了解，还使学生对四川藏区英语教学中藏汉英三种语言运用的重要性有更深刻的认识和看法，基本掌握藏汉英三种语言的理论与方法。

二、藏授英语教师培养课堂教学考核与评价

鉴于藏授英语教师培养课堂教学由英语专业师范生基础课程模块与特色课程模块两个部分构成，课堂教学考核也相应地分为两个部分：英语专业师范生基础课程模块教学考核和特色课程模块教学考核。其中英语专业课程教学考核与学院统一的课程考核在原则、内容、方式等各方面保持一致。由于教师组成部分灵活多样，教学目标和内容具有特殊性，所以特色课程模块教学在具体教学考核时方式有所不同。

（1）教学考核原则。坚持方向性、适应性、多元性与发展性相结合的考核原则。方向性原则主要依据师范生英语本科课程标准对不同课程、不同年级的教学要求及教育部对英语专业师范生在知识与技能、过程与方法、情感态度与价值观等方面的基本要求。适应性原则主要指教学方案的设计和实施过程应能依据具体课程标准的基本要求，确定教学目标，使之适合陶班学生的实际情况。多元性原则强调多种教学评价方式的结合，使教师从多种渠道获得信息，不断提高教学水平。发展性原则侧重教师的发展，促进教师教育教学能力和教师自我价值的实现。

（2）教学考核的内容。对藏授英语教师培养课堂教学应达到的知识与技能、过程与方法、情感与价值，教学效果与教师素养等方面进行全面细致的考核。侧重考核教师对藏族语言和社会文化的介绍，如何培养学生多元文化意识及对藏族学生英语习得的认知心理特点、学习策略和四川藏区或较发达地区藏族班英语教学的模式与方法的介绍。

（3）考核方式。实施多种评价方式，坚持自评与他评相结合。除领导、校院级教学督导的教学考评外，更强调同行听课与学生考评等多种方法的结合，以全面了解各种信息。评价方法多样，量化评价和质性评价相结合，研讨、访谈、观察、问卷、测验等多种方法相结合。评价重心下移。既要评教师的教学还要评学生的学习，既要对现状做出评价，还要关注教学的改进和发展。对学生的评价采用形成性评价，关注学生学习过程认知能力、情感及行为能力的评价。通过多种教学管理渠道了解学生的知识、能力、兴趣和需求，注重学生潜力的全面发展。

三、考核的制度保障

学校和学院领导高度关注和重视藏授英语教师培养教学的考核，首先，把评价制度纳入常规教学教研管理，把提高教学质量和教师专业发展结合起来。其次，制定相关考核条例。最后，规定领导和授课教师的听课和评课制度，落实教研活动。

第二节 藏族语言与文化课堂观察

2016 年 9 月至 2017 年 1 月，在外国语学院孔令翠院长的带领下，学院专门组建由研究小组，对两个年级的陶班开设的特色课程进行了为期一学期的跟踪调查，对特色课程从教学内容、教学方法和教学效果及学生的学习反馈等各方面进行实证调查。主要探讨以下三个问题：①当前学院藏授英语教师培养现状；②现开设的藏语语言文化课程教学情况；③通过特色课程的学习，陶班学生的藏授英语教学能力和多元文化意识现状。

截至 2016 年 12 月，2014 级陶班已经完成为期一年的藏语语言与文化课程的学习，2016—2017 年度第一学期主要学习内容是藏语艺术与文化欣赏。2015 级陶班已经完成了一学期的藏语语言与文化课程的学习，本学期的主要学习内容是藏语语言及藏语文化。为了很好地了解陶班特色课程的开设情况和学生的学习情况，也为了学院采取更有效的措施促进藏授英语教师的培养，调查小组决定采取课堂观察、问卷调查及访谈的形式来进行调查分析。这一节主要通过课堂观察来总结和探讨藏语语言文化课程的教学情况。

2016 年 9 月至 11 月，研究小组对 2015 级陶班藏语语言与文化课程教学进行了五次课堂观察，并做以下记录及分析。该课程授课教师是四川师范大学藏族老师班运翔。该教师教学经验丰富，对藏语语言文化熟悉，一直专注于藏族文化的对外传播。他讲授的藏语语言与文化课程周课时 3 节，学期课时 54 节。共使用两本必修教材和一本选修教材。其中必修教材包括藏语语音学习和文化。选修教材是藏族历史文化风情介绍。班老师每次 3 个课时的教学安排紧凑，内容丰富，教学风格生动有趣，注重和学生的互动。其中第一节课介绍藏语文化，第二节课学习藏语发音和句型，第三节观看视频并展开讨论。

课堂观察期间对班老师的每次藏族语言文化课程的授课过程进行了拍照和视频详细记录。现主要介绍 2016 年 11 月 8 日晚班老师在四川师范大学成龙校区 B215 教室给 2015 级陶班学生讲授的藏族语言文化课程。本次课程主要讲解藏禁忌、基础藏语词汇教学、藏族歌曲教学以及播放藏语文化视频。任课教师采用寓教于乐的教学方式，在无形中给学生传播了藏语文化知识，让学生在愉快轻松的氛围里学习，掌握藏语基础语言知识并且习得藏语语言文化知识。

此次授课的第一部分是教师介绍藏族文化，主要是藏族禁忌的4个方面，包括饮食禁忌、出行禁忌、语言禁忌及社交禁忌。教师在文化课上介绍与汉族相异的藏族禁忌，引入藏族语言学习的文化背景，充分调动了学生听课的兴趣与积极性。

基础藏语词汇教学主要包括各个国家名的书写、发音和记忆。其中主要包括中国、法国、英国、日本等国家的国名书写，课堂中老师在讲解以上词汇时通过反复教读、抽学生单独读等方式。对学生们不正确的发音反复纠正，使学生能够正确地发音。同时引入相关国家背景介绍，课堂的各个步骤都设计文化输入。从课堂反响看，学生们对文化输入的部分也非常有兴趣，这从根本上保证了藏语语言文化课程的有效推进。教师还运用歌曲等多种教学手段提高学生的学习积极性。藏语老师选取朗朗上口、节奏感强的藏族歌曲，在轻松愉悦的歌唱过程中，学生掌握了歌词中的相关词汇的含义及发音，同时从歌曲中了解了藏族人们的生活习俗。通过班长领唱、男生女生分组对唱等方式，学生们更加有热情学习藏语以及藏语文化。

藏语文化讲解视频主要介绍与萨噶达瓦节这个节日相关的文化知识及背景。萨噶达瓦节在藏历四月十五日举行，在这个节日期间，藏族人一般要转经，按约定即成的环形线路行走、祈祷。[①]在这个节日，最大的禁忌是杀生，虽吃牛羊肉，但他们不亲手宰杀；喝酥油茶时，主人倒茶，客人要待主人双手将茶捧到面前时才能接过来喝；忌在别人背后吐唾沫、拍手掌；进寺庙时，忌讳吸烟、摸佛像、翻经书、敲钟鼓。关于这个节日有两种说法：一种是这一天是纪念释迦牟尼成道的日子；另一种是这一天是纪念文成公主到达拉萨的日子。这天西藏各地都要举行宗教纪念活动。在云南的藏族人民有的还要到维西县的达摩山朝拜，有"转葛拉"（转山）的仪式。

通过课堂观察，发现该课程任课教师的教学模式及学生课堂表现都主要着力于在基础藏语语言知识的教学中融入藏语语言文化的灌输。通过一段时间的学习，陶班学生对藏族语言文化的兴趣愈发浓厚，极大程度地调动了学生们学习藏族语言知识的积极性。

---

① 资料来源：《人民日报海外版》（2013年05月11日第4版）http://paper.people.com.cn/rmrbhwb/html/2013-05/11/content_1238242.htm [2017-10-15]、中国民族网 http://www.minzu56.net/zz/jr/10800.html[2017-10-15]。

第三节　藏授英语教师培养问卷调查与分析

一、调查内容

2016年12月四川师范大学外国语学院藏授英语教师培养调研小组对本院两个年级陶班藏授英语教师培养现状和特色课程教学效果进行了问卷调查。本次调查对象为2014级陶班学生和2015级陶班学生。他们均是汉族学生，英语已达到专业四级水平，能较流利地使用英语交流。2014级陶班有28名同学，已连续三学期学习了藏族语言与文化，对藏族语言与文化有了一定的了解，对藏汉英藏授英语教师培养也有了更清晰和深刻的感触和体会。2015级陶班有26名同学，已完成一学期的藏语文化与语言课程学习，本学期主要学习藏语基本语言及藏语文化。调查问卷形式均为选择题，分别就当前藏授英语教师培养现状和藏语语言文化课程的开展情况两方面进行调查。

2014级、2015级陶班问卷调查与分析

第一部分　当前藏授英语教师培养现状

1. 你所在班级是否把藏语作为一门课程教授？（　　）

　　A. 是　　　　　　B. 否

　如果是，从哪一个年级，哪一学期开始教授？（　　）请列出藏语语言教学的具体课程（　　　）

　　数据：（2014级）28名同学选择A。均填写从2014级下学期开始教授，具体课程为藏族艺术与文学欣赏，藏语语言与文化。

　　（2015级）26名同学都选择A，均填写从2015级上学期开始教授，具体课程为藏族语言与文化学习。

　　分析：我院很注重从多方面培养学生对藏族语言文化文学的兴趣。

2. 你认为你的学院是否在陶班藏汉英语言和文化方面给予了＿＿重视？（　　）

　　A. 足够　　　　　B. 中等　　　　　C. 不足

　　数据：（2014级）14名同学选择A，13名同学选择B，1名同学选择C。

　　（2015级）16名同学选择A，10名同学选择B。

　　分析：56%的陶班学生认为我院在陶班藏汉英语言与文化方面给予了足够的重视，43%的陶班学生认为我院在陶班藏汉英语言与文化方面给予了中等重视。

3. 你认为学院是否正通过有效的策略促进藏汉英教师的培养，使其能在汉语、藏语、英语表达方面都有所见长？（　　）

　　A. 是　　　　　B. 一般　　　　　C. 否

　　数据：（2014级）12名同学选择A，11名同学选择B，5名同学选择C。

　　（2015级）11名同学选择A，15名同学选择B。

　　分析：大部分同学认为我院正努力采取有效的策略促进藏汉英教师的培养，仅9%的同学认为藏汉英教师培养并没有使他们在汉藏英表达方面都有所进步。

4. 你对藏族文化的了解主要来源于_____（可多选）。

　　A. 课堂　　　B. 书刊杂志　　　C. 互联网（电视媒体）　　　D. 旅游

　　数据：（2014级）23名同学的选择中包含了A，13名同学的选择中包含了B，24名同学的选择中包含了C，7名同学的选择中包含了D。

　　（2015级）24名同学的选择中包含了A，9名同学的选择中包含了B，20名同学的选择中包含了C，7名同学的选择中包含了D。

　　分析：两个年级的同学对藏族文化的了解都主要来源于课堂和互联网。课堂上老师对藏族语言文化的教学让学生了解和掌握了很多藏族文化文学等方面的知识。而生活在信息时代的同学们充分利用了互联网的有效资源，更深层地了解了不同文化，培养自身的跨文化意识。

5. 你认为"语言"与"文化"这两者：（　　）

　　A. 关系非常密切　　B. 关系比较密切　　C. 基本没有关系　　D. 完全没有关系

　　数据：（2014级）26名同学选择A，2名同学选择B。

　　（2015级）25名同学选择A，1名同学选择B。

　　分析：通过藏授英语教师的培养，两个班同学都意识到语言与文化有着密切的关系。文化分为广义和狭义两类，广义的文化指的是人类在社会历史发展过程中所创造的物质和精神财富的总和。狭义的文化指的是人们的社会风俗习惯、生活方式、相互关系等。而语言是文化的一个重要组成部分，是因为语言具有文化的特点。语言也反映着一个民族的文化，揭示该民族文化的内容。语言与文化相互影响、相互制约。

6. 对于陶班学生来说，学习藏语、汉语与英语有助于提高学生的跨文化交际能力、多元文化意识和毕业生的就业竞争能力。（　　）

　　A. 完全赞同　　B. 同意　　C. 不确定　　D. 不同意

　　数据：（2014级）13名同学选择A，8名同学选择B，7名同学选择C。

　　（2015级）13名同学选择A，13名同学选择B。

　　分析：大部分同学认识到了解和学习藏汉英藏授英语的语言和文化有利于提升英语专业学生的竞争力。

第二部分 藏语语言文化课程的教学情况和效果

7. 你对课堂上的文化教学感兴趣吗？（   ）

   A. 非常感兴趣   B. 比较感兴趣   C. 比较不感兴趣   D. 完全不感兴趣

   数据：（2014 级）7 名同学选择 A，19 名同学选择 B，2 名同学选择 C。

   （2015 级）16 名同学选择 A，10 名同学选择 B。

   分析：数据结果反映出大部分同学对课堂上的文化教学非常感兴趣和比较感兴趣，仅有 2014 级的 2 名同学对文化教学不感兴趣。

8. 在课堂教学中，你的老师教学是（   ）

   A. 语言教学与文化教学完全融合

   B. 语言教学占 20%，文化教学占 80%

   C. 语言教学占 40%，文化教学占 60%

   D. 语言教学占 60%，文化教学占 40%

   E. 语言教学占 80%，文化教学占 20%

   F. 语言教学占 100%，无文化教学

   数据：（2014 级）2 名同学选择 A，15 名同学选择 B，9 名同学选择 C，1 名同学选择 D，1 名同学选择 E。

   （2015 级）11 名同学选择 A，2 名同学选择 B，11 名同学选择 C，2 名同学选择 D。

   分析：藏语语言文化课堂上老师教学是语言教学和文化教学相结合的，而且文化教学是主要部分。陶班的开设主要是培养学生的文化意识，让学生能充分了解藏民族的特色文化，进一步加强不同民族之间的交流。

9. 教师在语言教学的方面（   ）

   A. 清楚讲授藏语的语音与词汇。

   B. 基本讲授藏语的语音与词汇。

   C. 未注重藏语的语音和词汇教学。

   数据：（2014 级）12 名同学选择 A，13 名同学选择 B，3 名同学选择 C。

   （2015 级）17 名同学选择 A，9 名同学选择 B。

   分析：54% 的同学认为教师在语言教学上清楚讲授藏语语音与词汇。39% 的同学认为授课教师基本讲授藏语的语音和词汇。仅有 5% 的同学认为授课教师未注重藏语语音和词汇教学。

10. 教师在文化教学方面（   ）

    A. 讲授文化知识丰富，密切结合所学知识与实际生活。

    B. 以教材为主，基本结合所学知识与实际生活。

C. 讲授内容和举例陈旧，脱离实际生活。

数据：（2014级）22名同学选择A，6名同学选择B。

（2015级）26名同学选择A。

分析：大部分同学认为教师讲授的文化知识内容很丰富，并且能够结合实际生活，让学生对藏族文化更感兴趣。

11. 藏语语言文化课程的教学效果（　　）

A. 能跟上教学进度，提高了跨文化交际能力，还开拓了思维，学习很有成效。

B. 能跟上讲课思路和教学进度，学习成效一般。

C. 听不懂，跟不上讲课思路和教学进度，学习没有成效。

数据：（2014级）9名同学选择A，17名同学选择B，2名同学选择C。

（2015级）9名同学选择A，17名同学选择B。

分析：大部分学生在课堂上能跟上教师的讲课思路和教学进度，在课堂上教师通过多种方式激发学生对藏族语言文化的兴趣，活跃课堂气氛，取得一定的教学效果。

12. 您对课堂教学满意吗（　　）

A. 满意：能根据教学内容预习和复习，跟上老师的教学进度，轻松应对课堂中的问题；师生互动、交流充分，课堂气氛好；很享受课堂过程。

B. 较满意：能跟上老师的教学进度，应对课堂中的问题；师生互动、交流充分，课堂气氛较好；享受课堂过程。

C. 基本满意：喜欢与老师相处的课堂，但也有很多遗憾和压力。

D. 不满意：课堂准备不充分，学习效果差。

数据：（2014级）7名同学选择A，17名同学选择B，4名同学选择C。

（2015级）14名同学选择A，11名同学选择B，1名同学选择C。

分析：两个年级的大部分学生对课堂教学表示满意，教师通过结合生活实际、反复教读、教唱藏族民歌、赏析藏族文学作品等多种方式来进行藏族语言文化的教学，创建了和谐有效的学习氛围，让学生能有所收获。

二、调查结论

问卷调查结果显示：

（1）藏授英语教师培养现状。我院对陶班藏授英语教师培养给予了足够的重视，并采取较有效的策略来促进藏授英语教师的培养。随着陶班课程的推进，学生们逐步学习了解了藏授英语教育的特点和方法，加深了对藏授英语教育重要性的理解。

（2）课程教学情况及效果。教学上开设藏族语言文化和藏族艺术与文学作品欣赏让学生能从多方面来了解、学习藏族文化。教师在课堂教学上结合生活实际来进行教学，活跃了课堂气氛，创建了和谐的教学环境，师生互动交流充分。课堂教学中大部分学生学习动机明确，学习兴趣较浓厚，能主动积极学习，学习效果明显。但是很多同学主要是通过课堂上老师的教学和互联网上的信息资源了解藏族文化的，缺乏直接接触藏族语言文化的机会。

第四节　藏授英语教师培养访谈与分析

一、调查背景

2017年1月初，四川师范大学外国语学院藏授英语教师培养调研小组针对外国语学院2014和2015级陶班学生就藏授英语教师教学能力及多元文化意识的看法进行了进一步访谈。调研组从两个年级的陶班中随机取样27名学生作为访谈对象，就以下具体四个问题进行分别访谈。

（1）对陶班学生来说，英语语言文化学习繁重，你认为有必要学习藏语语言文化课程吗？为什么？

（2）在本学期的藏语语言文化课程中，你学到了哪些知识？你最大的收获是什么？

（3）你认为英语教师应具备哪些知识与能力才能教好藏族学生的英语？

（4）你如何看待藏汉英语言与文化差异？

本次访谈着重了解了两个年级的陶班学生在藏授英语教师培养课程中的收获及他们对藏授英语教学与文化的进一步看法。

二、调查内容

本次访谈对象共27名，根据学号随机选取2015级学生（学习藏语语言及文化课程一学期）13名，2014级学生（学习藏语语言及文化课程三学期）14名学生进行访谈。访谈选题和提纲的设计均结合本研究主题和理论框架而成，访谈时间为该教学学期最后一节复习课后，地点为藏语语言文化课程授课教室。访谈者与访谈对象就上述访谈问题进行访谈。因为访谈前期访谈双方就有了足够的了解和沟通，所以访谈才得以顺利进行并且获得充足的数据。

首先，将访谈资料（录音）逐字逐句地整理成电子文档，得到原始访谈资料。

其次，通过逐字逐句分析原始资料，总结提炼出一些能够充分说明受访者态度和能揭示藏语语言文化课程给陶班学生带来影响的具有"意义特质"的关键词。例如，"藏语语言文化课程是很有必要的，对语言专业的学生来说是增加一项语言技能，不论是对去藏区旅行或者将来选择工作，都很有必要，尤其是在了解藏族的宗教、信仰、禁忌等文化方面都有重要作用。"这句话有几个"意义特质"，一是"有必要"，非常确切地说明陶班学生对藏语语言文化课程设置意义的肯定。二是"尤其是"，特别强调了藏语语言文化课程在文化方面给学生的影响，并且对各方面的影响都十分深刻。最后，从访谈材料中选定如上述"意义特质"或者说"关键词句"，在逐一分析后对访谈原始材料加以整理归类，将提炼出来的"意义特质"组合形成了较大的意义范围，就访谈对象群体对访谈问题的回答进行分析，可以得到如下总结。

1. 对陶班学生来说，英语语言文化学习繁重，你认为有必要学习藏语语言文化课程吗？为什么？

本次访谈围绕上述问题为核心进行，在访谈结果和访谈资料整理分析中，可以得出如下结论：27 名被访谈者中，其中（22 名）81%的学生认为很有必要开设藏语语言文化课程，被访问者大多具备一定程度的多元文化意识，认为藏族文化是中华民族的优秀文化，而英语是通向世界的大门，是促使国际化的重要媒介，他们认为每一种语言文化都有自己的特点和优势，学习者都应该平等对待。（3 名）11%的学生认为应根据是否有藏语教学就职需求决定是否开设藏语语言文化课程，但仍认同藏语语言文化课程，他们着重强调现在所学课程对将来求职就业的促进力，更多地把藏语语言文化课程作为一种增添求职能力的工具。（2 名）7%的学生认为没必要开设藏语语言文化课程，他们认为将来的工作安排里并未涉及藏语相关知识，掌握英语和汉语则足以立足，而藏语使用者少，涉猎范围也并不广泛，所以认为没必要开设藏语语言文化课程。

2. 从本学期的藏语语言文化课程中，你学到了哪些知识？你最大的收获是什么？

被访谈者谈到，藏语语言文化课程主要的教学目的在于对学生藏族文化意识的培养；教学重点立足于基础藏语教学和兴趣培养，在课堂中融入藏族文化教学；通过讲练结合、多媒体引入灌输等方式，让学生更广泛地了解藏族语言和藏族文化；在主要的教学内容上，2015 级（学习藏语语言文化课程一学期）的藏语语言文化课程主要涉及对藏族生活习惯、藏族文化、习俗、宗教信仰、节日、禁忌、字体书写及藏语语音等方面的知识。2014 级（学习藏语语言文化课程三学期），藏语语言文化课程主要涉及藏族作者及其文学作品、文学作品赏析等方面的知识。

2015 级学生对藏语语言文化课程的认识大多处于兴趣引入阶段；因为课堂

上有生动直观的视频讲解和趣味藏语歌曲教学等活动,所以学生课堂参与度很高,对藏语语言文化课程的总体评价都很不错;学生们几乎都赞同藏语语言文化课程有助于未来求职,但并未与对口工作之间做相关联想和安排。相比之下,2014级学生在累积了一定基础后对藏语语言文化课程的认识转向了专业课程学习演练的阶段,因而对藏语语言文化课程的评价是不将其局限于是一种文化丰富课程,而是敞开一扇新的大门的课程,参与和学习的积极性也就更为自觉,更愿意把藏语当作专业课程来学习,不仅赞同藏语语言文化课程有利于将来的求职就职,而且随着藏族文化意识的加强和对藏族文化了解学习的深入,部分学生有做相关研究的想法和计划。

3. 你认为英语教师应具备哪些知识与能力才能教好藏族学生的英语?

对访谈资料的分析显示,被访谈者们认为英语教师应具备较强的英语专业知识、教学能力和深厚的藏族文化知识背景才能教好藏族学生学英语,因为只有真正了解被教育者,教育者才能采取最适宜的教学方法和策略去完成教育目标,从而达到教学效果。他们还认为,语言具有共性,藏语、汉语和英语三种语言之间有很多共通之处,藏族地区的英语教师在一些藏族同学不能完全听懂用汉语或英语授课时能够适时恰当地用藏语授课,有利于学生把握三种语言的异同从而更好地促进英语学习。此外,有一定程度的藏族文化背景的英语教师更容易跟学生和谐相处与沟通,增强对学生的亲近感和吸引力。

4. 你如何看待藏汉英语言与文化差异?

几乎所有被访谈者都认为不同语言之间具有共通性,藏语、汉语和英语有很多相似之处,学习者应该致力于把握藏授英语的异同,更好地促进语言学习。当然,大多数被访谈者也认为,不同语言之间存在一定的差异,因而不论是语言学习者还是语言教授者都应该尊重差异,把握不同语言之间的异同,共同为促进多语文化教育而努力。

被访谈者们大体上认为最大的收获主要包括了解了一门新的语言,打开了一扇新的大门,在文化方面的收获尤为丰硕。绝大多数陶班学生都认为即便英语语言文化学习任务相对繁重,也有必要学习藏语语言文化课程,主要原因包括有益于将来事业发展、丰富多元语言文化知识和开阔视野。他们认为,学习藏语后对藏族及其语言文化增加了了解和尊重,以后有机会要为藏族地区和藏族同胞做出力所能及的贡献。

第五节　藏授英语教师培养教学第二课堂活动情况

藏授英语教师培养教学第二课堂活动是对藏授英语教师培养的必要补充。由于不受教学大纲和教学计划的限制，第二课堂活动形式更为灵活，内容更加丰富。陶班的第二课堂包括组织学生参加对四川藏区或较发达地区藏族班的调研及举办藏授英语教育方面的讲座。此外，为了提高学生的综合素养，还组织学生参加各类科技节与文化节活动，邀请校内外高水平专家开设讲座，鼓励参加"四川师范大学外语节"等各类学科竞赛或比赛活动、"CCTV 杯英语演讲赛""CCTV 杯英语辩论赛"等各级各类学科竞赛。

一、2014 级陶班第二课堂活动

外国语学院 2014 级陶班自组建以来，同学们坚持知行合一、至善笃行的班训，不仅学习成绩优异，班级学风浓厚，还开展了多种多样的第二课堂活动。

1. 英语话剧比赛

为提升英语学习的氛围和提高同学们的积极性，班委们组织了一场别开生面的英语话剧比赛。前期准备工作中，同学们自愿分组，充分发挥自己的创造力和想象力，将经典之作，如《白雪公主》《灰姑娘》《唐伯虎》等进行改编。虽然英文台词背起来烦琐冗杂，但是同学们积极参与，认真排练。话剧比赛取得了成功，同学们的表演不仅幽默风趣，也让大家在轻松愉悦的氛围里感受到了英语话剧的魅力。

2. 圣诞晚会

圣诞节前夕，该班全体同学分工合作，布置教室，组织节目，认认真真做好前期准备工作。此次圣诞晚会活动形式十分丰富，经典英语话剧《白雪公主》掀起了晚会的小高潮。晚会还播放了同学们精心剪辑的与圣诞节相关的英语视频。特别引人注目的是温馨的英文、藏文和中文歌曲独唱与合唱。班委还为每位同学精心准备了"年终奖"。活动结束后，同学们意犹未尽，此次活动既增强了班级凝聚力，又使同学们学习了藏历新年、圣诞节的来历和西方各地的庆祝方式，增强了对藏族文化和西方历史文化的认识和了解。

3. 班级演讲比赛

同学们对演讲辩论之类的活动十分感兴趣，因此在认真学习了学院开设的演讲课程以后，围绕"藏汉英三种文化下女性地位与角色"这一主题，举办了一次演讲比赛。比赛分为两轮，分别为定题演讲和模仿演讲。同学们会先背诵一些著名的演讲稿，然后用三分钟的时间准备发下来的题目。全班同学积极参与，大家不仅是参赛选手，而且也是裁判，演讲时激情昂扬，评点时又风趣幽默。最后大家举手，投票，优秀的演讲者获得了相应的奖品。通过这次演讲比赛，同学们不仅加深了对藏汉英三种文化传统下女性地位与角色的理解，更体会到了演讲的魅力和成为一名优秀演讲者的不容易，我们要学的东西还很多，还需要继续努力。

4. 六一儿童节英语晚会

此次儿童节晚会活动形式非常简单，包括藏语、汉语、英语童谣大合唱，童年照片欣赏，童年梦想分享等。那些朗朗上口的童谣一直都深藏于我们每个人的心底，现在再唱别有一番滋味在心头。童年照片的环节令人捧腹。这个晚会使同学们更全面地学习了近十年我国藏、汉民族孩子和英国孩子儿童时期学习、生活和娱乐的状况和不同，同时也鼓励同学们要保持一颗童真的心，一直坚持自己的教育和学习梦想。

如今，2014级陶班同学已经携手走过了两年。通过第二课堂丰富的活动，班级凝聚力越来越强，大家的感情越来越深厚，藏汉英专业技能和管理组织能力也不断得到锻炼和提高。

二、2015级陶班第二课堂活动

2015级陶班组建于2016年，至今已经有一年的时间。在这一年时间里，班内成员从最开始的陌生到现在的熟悉，从最开始的迷惘到现在心中有了明确的方向，都离不开科学恰当的第二课堂活动。

1. "纳美杯"英语导游与教学大赛

四川师范大学外国语学院的第二届"纳美杯"英语导游与教学大赛是目前为止该班举办的最盛大最成功的一次第二课堂活动。初赛于2016年10月28日在教学楼A区206和207教室举行，来自各年级的百余名参赛选手同台竞技，赛事十分激烈。经过评委打分核查后，前十名的选手进入决赛的角逐。决赛于2016年12月21日晚上6：30在C区教学楼206教室举行。决赛现场各位选手如八仙过海各显神通，导游讲解环节选手们娓娓道来；才艺展示环节选手们更是彰显了新一代大学生多才多艺的特点。与观众的互动也掀起了一个又一个高潮。最后2015级陶班选手表现出色，拿到了六个奖项中的四个奖项。这次比赛增进了陶班学生对四川藏族地区旅游资源和藏族历史文化的了解和兴趣。

2. 班会

除了举办"纳美杯"英语导游与教学大赛外，该班还积极组织了各种形式的班会，其中最成功的一次要数在 2016 年 5 月 23 日举办的户外班会。此次班会在东苑操场举行。班级全体成员围坐成一圈，做游戏，展才艺，氛围十分浓厚。班会上，除了举行各种有利于班级成员和谐相处的活动外，还举行了反思意见大会和藏语言文化学习总结大会。班级各成员，尤其是各班干部对建班以来的学习、生活进行反思总结，并向班级成员征求改进意见。会议上，班级成员踊跃发言，为班级建设和藏语言文化学习提供了许多宝贵的意见，为共同建设和谐陶班做了良好的铺垫。

3. 创建优秀班级

组班一年以来，2015级陶班一直致力于建设一个文明和谐、积极向上的优秀班级。在提升班级成员学习成绩的基础上，更强调各成员综合素质的全面发展。该班举行的各项课外活动及比赛得到了全体成员乃至学院的大力支持，在学院"藏授英语教师培养实验班"中产生了良好的示范效应。班级原本互不相识的成员，逐渐相识、相知、相爱。性格内向的成员逐渐被班级氛围带动，融入这个新的大家庭中。多才多艺的成员有了更多展示自己的机会，得到了全体成员的认可。全班同学对自己的专业更加热爱，提高了自己的专业综合素质。创建优秀班级活动不仅促使本班同学向高年级的藏授英语教师培养实验班优秀的班委和同学取经学习，同时也在低年级新生中产生了良好的辐射效应，吸引着更多低年级新生踊跃加入藏授英语教师培养实验班。

　　综上所述，两个在校年级陶班自行组织的课外活动丰富了藏授英语教师培养的第二课堂，激发了学生对多元文化教学的兴趣和热爱，拓展了学生视野，增强了人文与科学素养，有利于促进他们成为藏汉英三语教师、藏族社会事务的管理者和藏文化的研究者。

参考文献

阿呷热哈莫. 2006. 凉山彝族地区实施"三语"教学的可行性研究. 现代教育科学（普教研究），（6）：102-103.

阿呷热哈莫. 2007. 凉山彝族实施三语教学的可行性研究. 四川师范大学硕士学位论文.

敖木巴斯尔. 2004. 三语教育改革实验研究课题的理论构思与实践框架. 语言教育研究，（1）：55-62.

巴旦. 2012. 熟练日语（L3）学习者汉语（L1），英语（L2）与日语词汇错误跨语言影响的关系的研究. 大连外国语学院硕士学位论文.

巴登尼玛. 1998. 藏族教育之路探索. 教育研究，（10）：50-60.

白浩波. 2005. 少数民族散杂居地区"三语"教学改革的创新研究. 辽宁教育研究，（10）：65-67.

白浩波. 2008. 少数民族杂居地区"三语"教学改革的创新研究. 中国少数民族教育学会第一次学术研讨会会议论文集，甘肃兰州：43-45.

才果，完果. 2011. 青海藏区藏汉双语教育发展与思考. 青海师范大学民族师范学院学报，（1）：55-58.

蔡凤珍. 2012. （汉语）对新疆少数民族学生 L3（英语）习得的影响研究. 东北师范大学博士学位论文.

车雪莲. 2006. 延边地区朝鲜族中小学三语教育对我国少数民族三语教育发展的启示. 东北师范大学硕士学位论文.

陈保亚. 1993. 语言文化论. 昆明：云南大学出版社.

陈坚林. 2004. 现代外语教学研究：理论与方法. 上海：上海外语教育出版社.

陈静. 2009. 从语言学的角度看跨文化交际——《超越误解——跨文化交际的语言学分析》评介. 上海外国语大学学报，（2）：81-83.

陈丽华. 2008. 三语者英语学习中的正迁移研究. 延边大学硕士学位论文.

陈其光. 1994. 汉藏语声调探源. 民族语文，（6）：37-46.

陈琦，刘儒德. 2007. 当代教育心理学. 北京：北京师范大学出版社.

代春. 2014. 甘孜藏区中小学英语师资现状分析. 湖北广播电视大学学报，（10）：144-145.

戴庆厦. 2009. 宏伟壮丽，为民造福. 语言文字应用，（3）：28-32.

戴庆厦,关辛秋.1998.谈谈第二语言课堂教学中的灵活性原则.第六届国际汉语教学讨论会文选:79-86.

戴炜栋.2009.立足国情,科学规划,推动我国外语教育的可持续发展.上海外国语大学学报,(5):2-9,17.

戴炜栋.2010.第四届高等学校外语专业教学指导委员会中期工作报告.外语界,(3):2-6.

戴炜栋,吴菲.2010.我国外语学科发展的约束与对策.外语教学与研究,(3):170-175,240.

旦增桑布,何竹.2011.浅谈传统文化对我校藏族学生学习英语的影响.读与写(教育教学刊),(5):25-26.

道布.1998.中国的语言政策和语言规划.民族研究,(6):42-52.

德吉草.2006.多元文化主义与藏族母语文学.西南民族大学学报(人文社会科学版),(8):58-61.

邓浩,郑婕.1990.汉语与汉民族的思维——汉语文化研究之二.新疆教育学院学报,(1):42-47.

邓小平.1994.邓小平文选(第一卷).北京:人民出版社.

窦青.2006.西南民族学校多样化发展模式及其比较研究.西南课题组调查报告.

杜洪波.2006a.藏-汉-英三语结构下藏族学生英语学习特点浅析.西昌学院学报(社会科学版),(3):114-116.

杜洪波.2006b.藏族学生认知系统的三语形式对英语学习和运用的影响.西南民族大学学报,(10合辑):235-237.

杜洪波.2008."藏-汉-英"三语环境下藏族中学生英语学习的认知基础和学习机制分析.西华大学硕士学位论文.

杜楠楠.2010.西藏地区初中英语课堂教学环境研究.四川外语学院硕士学位论文.

顿超.2002.简论文化因素对语言教学的渗透.秦皇岛:燕山大学出版社.

樊荣,彭爽.2008.新加坡基础华文教学模式特点分析.外国教育研究,(12):64-66.

范琳,李绍山.2013.汉-英-日三语者语言产出过程中语码转换的抑制加工——基于刺激反应设置影响的研究.外语教学与研究,(1):58-68.

范允龙.2012.民族大学理应承担起少数民族地区英语教育师资培养的重任.贵州民族研究,(6):199-202.

方颖.2008.马来西亚华文独立中学的三语教学初探.暨南大学华文学院学报,(4):1-8.

房建军.2012.马来西亚语言教育政策规划及对少数民族语言的影响.内蒙古师范大学学报,(4):32-34.

冯坤.2011.内地西藏班(校)藏汉英三语教育的课堂志研究.西南大学硕士学位论文.

冯蒸. 1994. 从汉藏语系的角度论辅音三级分类法的一种新模式. 首都师范大学学报（社会科学版），（5）：28-38.

盖兴之，高慧宜. 2003. 浅论三语教育. 民族教育研究，（5）：65-69.

高等学校外语专业教学指导委员会英语组. 2000. 高等学校英语专业英语教学大纲. 外语教学与研究出版社.

高航. 2002. 语言相对论对认知语言学隐喻理论的影响. 解放军外国语学院学报，（5）：15-18.

葛娟丽. 2011. 克服英语学习困难，提高英语学习效率——以昌都第一高级中学为例. 西藏教育，（3）：25-26.

顾嘉祖，陆昇. 2002. 语言与文化（第二版）. 上海：上海外语教育出版社.

桂诗春. 2000. 新编心理语言学. 上海：上海外语教育出版社.

郭彩霞，张治国. 2015. 马来西亚中小学语言教育政策研究. 长春教育学院学报，（11）：63-66.

郭健. 2011. 马来西亚与新加坡华文教育发展历程比较研究. 福建师范大学硕士学位论文.

郭天翔，孟根其其格，唐苏格. 2003. 对内蒙古自治区"双语""三语"教学改革的思考. 内蒙古师范大学学报（教育科学版），（1）：48-50.

郭娅. 2002. 四川藏区教育发展现状与对策建议. 西南民族大学学报（人文社会科学版），（11）：34-40.

郭振羽. 1985. 新加坡的语言与社会. 台北：正中书局.

海巴根，金志远. 2003. 民族地区高等师范院校的特点及其发展. 内蒙古师范大学学报（教育科学版），（6）：13-14.

韩玉萍，郭佳. 2012. 新加坡英语教师职前教育略论. 长治学院学报，（2）：85-87.

何兆熊. 2003. 办好英语专业之我见. 上海外国语大学学报，（2）：46-50.

胡德映. 2007. 云南少数民族三语教育. 昆明：云南大学出版社.

胡锦涛. 2005-05-27. 在中央民族工作会议暨国务院第四次全国民族团结进步表彰大会上的讲话. 北京日报, 1.

胡素华. 2006. 多语型民族语言习得的特点分析——四川盐源县白家村藏族多语习得的个案研究. 中央民族大学学报（哲学社会科学版），（4）：137-141.

胡坦. 1996. 藏语时间词探源. 中央民族大学学报，（5）：88-99.

胡文仲. 2011. 关于我国外语教育规划的思考. 外语教学与研究，（1）：130-136，160.

胡玉萍. 2006. 文化力量与非主流人群的教育策略：奥格布文化参照框架差异理论述评. 社会，（4）：57-70，207.

胡壮麟. 2001. 语言学高级教程. 北京：北京大学出版社.

黄光学. 1993. 当代中国的民族工作. 北京：当代中国出版社.

黄健，王慧. 2012. 国内外民族地区三语教育之比较. 贵州民族研究，（5）：191-195.

贾丽. 2002. 对藏族学生英语学习之我见. 河南教育学院学报，（2）：149-150.

江巴吉才，潘建生. 1992. 藏族传统宗教思维方式初探. 西藏研究，（1）：67-73.

姜秋霞，刘全国，李志强. 2006. 西北民族地区外语基础教育现状调查——以甘肃省为例. 外语教学与研究，（3）：129-136.

姜永德. 1998. 朝鲜族学校双语教育改革实验研究. 延吉：东北朝鲜民族教育出版社.

金英. 2011. 国外"第三语言习得的跨语言影响"研究. 东北农业大学学报（社会科学版），（8）：87-90.

孔颂华. 2007. 当代马来西亚语言教育政策发展研究. 华南师范大学硕士学位论文.

李海俊. 2006. 藏族学生英语教学的认知依据和认知准备. 郑州大学学报（哲学社会科学版），（2）：47-50.

李利，莫雷，王瑞明. 2008. 熟练中–英双语者三语词汇的语义通达. 心理科学，（5）：523-530.

李晓，童安剑. 2009. 关于少数民族聚居区三语教育研究意义的思考. 文山师范高等专科学校学报，（4）：73-76.

李晓红. 2012. 甘肃省藏区三语教学的调查研究. 西北师范大学硕士学位论文.

李延福，黄湘宁，才智杰. 2006. 藏文音素拼读法与语言迁移. 青海师范大学学报（哲学社会科学版），（1）：121-124.

李元光. 2005. 论四川藏区宗教观念的新变化. 社会科学研究，（5）：158-161.

李志明. 2009a. 三语教育中影响藏族学生英语学习的因素探析. 阿坝师范高等专科学校学报，（4）：126-128.

李志明. 2009b. 藏族中学生英语学习动机激发策略初探. 教育与教学研究，（12）：129-131.

梁云. 2006. 少数民族成人汉语语音学习中的错误归因. 语言与翻译（汉文），（3）：75-77.

林俊华. 2002. 康巴历史与文化. 成都：天地出版社.

林俊华，唐明钊. 1996. 四川藏区藏汉双语教育教学的"瓶颈"问题及其对策. 民族教育研究，（3）：82-86.

刘承宇，谢翠平. 2006. 《第三语言习得中跨语言影响的心理语言学研究》述评. 当代语言学，（4）：372-377.

刘芳. 2012. 一语（汉语）二语（英语）对三语（日语）初学者词汇习得的跨语际影响研究. 大连外国语学院硕士学位论文.

刘炬红，李海俊，次旺俊美，等. 1998. 藏族学生的社会、语言、文化背景及学习英语的困难和干扰. 西南师范大学学报（哲学社会科学版），（5）：37-40.

刘丽丽. 2007. 多元文化背景下的我国民族教育. 理论前沿，（9）：28-29.

刘全国. 2005. 西北藏族学生英语学习风格的调查研究. 民族教育研究，（5）：93-96.

刘全国. 2007. 三语环境下外语教师课堂语码转换研究. 西北师范大学博士学位论文.

刘全国. 2012. 三语环境下外语教师课堂语码转换研究. 北京：中国社会科学出版社.

刘全国，姜秋霞. 2010. 我国民族地区外语三语教学理论的本土化阐释. 西北师范大学学报（社会科学版），（3）：97-99.

刘全国，何旭明. 2012. 藏汉英三语环境下外语课堂文化建构. 西藏大学学报（社会科学版），（3）：156-160.

刘全国，李倩. 2011. 我国民族地区英语课堂三语教学模式探索. 青海民族研究，（1）：75-78.

刘汝山，鲁艳芳. 2004. 新加坡语言状况及语言政策研究. 中国海洋大学学报，（4）：56-60.

刘文宇，王小珏. 2009. 三语者同形异义词的通达机制研究. 四川外语学院学报，（2）：68-71.

龙藜. 2009. 对四川省甘孜藏族自治州A县双语教育的考察. 西南教育论丛，（4）：62-66.

吕国光，殷雪，刘伟民. 2011. 西部民族地区中小学生欢迎什么样的教师——来自评教的数据. 内蒙古师范大学学报（教育科学版），（6）：22-24.

吕万英，罗虹. 2012. 少数民族外语教育面临的困境及对策研究. 中南民族大学学报（人文社会科学版），（9）：171-176.

马戎. 2011. 西藏社会发展与双语教育. 中国藏学，（2）：108-139.

马效义. 2008. 现代化进程中的语言文字多样性与双语教育——冲突视角下的新创文字的生存与发展. 广西民族研究，（3）：19-25.

欧泽高，冉光荣. 2000. 四川藏区的开发之路. 成都：四川人民出版社.

潘文国. 1997. 汉英语对比纲要. 北京：北京语言大学出版社.

祁乐瑛. 2005. 母语在藏族大学生识记中的作用. 青海民族研究，（3）：132-135.

钱玲. 2005. 美国教师教育新进展——"不让一个孩子落伍"法案对高素质教师提出的要求. 北京：北京师范大学比较教育研究中心.

瞿霭堂. 1995. 论汉藏语言的虚词. 民族语文，（6）：1-10.

热比古丽·白克力. 2010. 维吾尔族的三语者的第二及第三语言的知识表征的实验研究. 新疆师范大学硕士学位论文.

萨茹拉，曹仁祥. 2006. 少数民族女性大学生就业问题探索. 民族教育研究，（1）：63-66.

桑吉扎西. 2009. 第十一世班禅额尔德尼·确吉杰布受比丘戒仪式在扎什伦布寺隆重举行. 佛教文化，（4）：128-130.

邵陵. 2003. 全球化与藏区教育发展. 西北工业大学学报（社会科学版），（6）：28-32.

史民英，肖铖. 2009. 西藏"三语教学"的价值取向及模式探析. 民族教育研究，（6）：75-79.

四川省统计局. 2011. 四川省第六次全国人口普查主要数据公报. http://www.doc88.com/
　　　p-275403952211.html[2014-9-14].

太扎姆. 2008. 四川民族高校藏汉英三语教育简析. 成都大学学报（教育科学版），（7）：61-63.

汤云航，吴丽君. 2006. 新加坡的语言政策与官方语言的地位和功能. 承德民族师专学报，（8）：
　　　20-26.

滕星. 2006-11-17. 民族教育：愿望与现实之间的差距. 中国民族报，6.

滕星，苏红. 1997. 多元文化社会与多元一体化教育. 民族教育研究，（1）：18，20，22，24，
　　　26，28，30.

田家乐. 2001. 西藏三语教学的昨天、今天和明天. 西藏大学学报（汉文版），（4）：75-79.

田有兰，刘明，原一川. 2007. 英语学习中汉族与少数民族学生语用迁移的对比分析. 大理学院
　　　学报，（5）：39-42.

王春焕. 2013-06-01. 民族团结是实现中国梦的前提条件之一. 西藏日报，3.

王改霞. 2007. 实施"三语"教学提高民族教育教学质量. 中国民族教育，（4）：27-29.

王慧，孔令翠. 2013. 藏区英语教学媒介语问题与基于藏族学生母语的藏授英语教师培养. 外语
　　　学刊，（5）：109-113.

王慧，金黛莱，孔令翠. 2013. 我国民族地区语言教育的国际合作研究与国内实践探索——"第
　　　四届中国少数民族地区三语现象与三语教育模式国际学术研讨会"述略. 四川师范大学学
　　　报（社会科学版），（9）：172-174.

王均. 1995. 当代中国的文字改革. 北京：当代中国出版社.

王瑞明，张洁婷，李利，等. 2010. 二语词汇在双语者三语词汇语义通达中的作用. 心理科学，
　　　（4）：853-856.

韦婧. 2013. 侗—汉—英三语背景下的英语教学. 广西大学硕士学位论文.

韦丽秋. 2002. 民族偏远地区基础英语教学的几点建议. 广西高教研究，（4）：111-114.

魏宏君. 2005. 中国少数民族"三语教学"形式简析. 石河子大学学报（哲学社会科学版），（12）：
　　　83-84.

乌力吉. 2005. 少数民族三语教育的纵横解读. 贵州民族研究，（4）：181-183.

吴布仁. 1996. 试论蒙古族教育中的"三语"教学. 中国民族教育，（4）：29-30.

吴海园，冯国桢，王士勇. 2003. 从香港经验谈藏族教育发展的三大因素. 青海师范大学学报（哲
　　　学社会科学版），（5）：117-120.

吴音白那. 2009. 第三语言习得过程中蒙古族学生学习语法时态时的语际影响研究. 中国英语
　　　教学，（3）：53-65.

武光山, 王文圣. 2011. 跨文化三语教学初探——以汉语为媒介的藏族学生习得英语视角. 牡丹江师范学院学报（哲学社会科学版），（5）：86-89.

谢倩. 2011. 外语教育政策的国际比较研究. 华东师范大学博士学位论文.

谢伟华. 2002. 对培养和激发三语大学生英语学习动机的几点思考. 内蒙古师范大学学报（教育科学版），（6）：104-105.

亚玛曲珍. 2008. 浅谈甘孜州双语教学现状、存在问题及对策思考. 康定民族师范高等专科学校学报，（4）：89-92.

严庆. 2004. 关于内地西藏班英语小教大专课程设置的几点思考. 课程.教材.教法，（2）：85-87.

杨彩梅, 宁春岩. 2002. 本族语、目标语和中介语三语相交的二语习得理论模型. 湖南大学学报（社会科学版），（4）：71-75.

杨嘉铭. 1996. 四川藏区藏汉双语教育教学概论. 康定学刊，（3）：8-20.

杨小鹃. 2006. 少数民族英语教育的问题与对策. 贵州民族研究，（6）：133-137.

杨轩. 2009. 三语习得有关问题研究. 安徽工业大学学报（社会科学版），（5）：73-75.

杨盈, 庄恩平. 2007. 构建外语教学跨文化交际能力框架. 外语界，（4）：13-21.

叶世明. 2003. 台湾少数民族教育的困境与思考. 民族教育研究，（1）：44-49.

叶小军. 2013. 语言立场及其在藏汉英三语教学中的应用——三语教育媒介语的思路突破. 学理论，（26）：256-258.

尹世寅, 赵艳华. 2005. 新课程：中学英语课堂教学如何改革创新. 成都：四川大学出版社.

袁利, 曹容, 陆晓彬, 等. 2009. 康巴藏区"三语"教育可持续发展探究. 康定民族师范高等专科学校学报，（12）：78-81.

袁晓文. 2001. 四川藏区教育发展情况及现状.西藏和其他藏区现代化道路选择学术研讨会论文摘要集：155-157.

原一川, 钟维, 吴建西, 等. 2013. 三语背景下云南跨境民族外语教育规划. 云南师范大学学报（哲学社会科学版），（11）：18-24.

曾丽. 2010. 苗族学生在三语习得中元语言意识的发展. 西南大学博士学位论文.

曾丽. 2011. 国外"三语习得"研究述评. 贵州师范学院学报，（1）：10-13

翟云飞, 林向利. 2014. 格桑梅朵绽放工程放飞巴塘孩子的梦. http://www.newssc.org [2015-05-01].

张京花, 李英浩. 2010. 少数民族的第三语言教育. 素质教育论坛，（10）：12-13.

张武江, 张卓. 2013. 三语习得研究概述. 贵州师范学院学报，（7）：28-34.

张贞爱, 俞春喜. 2012. 北方少数民族师生三语教育认同研究——以维吾尔、蒙古、朝鲜、哈萨克族师生为例. 民族教育研究，（1）：16-22.

张正东. 2002. 为西部大开发制订外语教育政策. 基础教育外语教学研究,（11）: 24-26.

章兼中. 1982. 国外外语教学主要流派. 上海：华东师范大学出版社.

赵家红. 2011. 藏、汉、英三语语码转换心理机制对藏族大学生英文写作的影响及对策. 西藏民族学院学报（哲学社会科学版）,（1）: 126-130.

赵洪妍. 2009. 延边地区城市朝鲜族小学英语教师对新课程适应研究. 延边大学硕士学位论文.

郑定阳. 1994. 实行双语教学的初步实践与思考. 高等教育研究,（1）: 85-87.

郑富兴. 2008. 少数民族地区学校公民教育的文化认同问题. 思想理论教育,（23）: 34-37.

中国社会科学院语言研究所词典编辑室. 1983. 现代汉语词典（第二版）. 北京：商务印书馆.

周进. 2014. 新加坡双语教育政策发展研究. 河北大学博士学位论文.

周洵瑛, 范宜. 2010. 英语专业复合型人才培养目标内涵与层次定位. 上海外国语大学学报,（4）: 36-42.

Angelis, De G. 2007. *Third or Additional Language Acquisition*. Clevedon: Multilingual Matters Ltd.

Auerbach, E. 1993. Reexamining English only in the ESL classroom. *TESOL Quarterly*,（1）: 9-32.

Ausubel, D. P. 1968. *Educational Psychology: A Cognitive View*. New York: Holt, Rinehart & Winston.

Best, J. B. 2002. *Cognitive Psychology*. Translated by Xiting Huang. Beijing: China Light Industry Press.

Bloom, P. 1994. *Language Acquisition*. Cambridge: the MIT Press.

Brown, R. & Berko, J. 1960. Word association and the acquisition of grammar. *Child Development*,（31）: 1-14.

Bruner, J. S. 1956. *A Study of Thinking*. Cambridge: Cambridge University Press.

Carroll, D. W. 2000. *Psychology of Language*（3rd edn.）. Beijing: Foreign Language Teaching and Research Press.

Cenoz, J, Jessner, U. 2000. *English in Europe: The Acquisition of a Third Language*. Clevedon: Multilingual Matters Ltd.

Cenoz, J., Hufeisen, B. & Jessner, U. 2001. *Cross-linguistic Influence in Third Language Acquisition: Psychological Perspectives*. Clevedon: Multilingual Matters Ltd.

Chomsky, N. 1975. *Reflections on Language*. London: Pantheon Books.

Chomsky, N. 1979. *Syntactic Structures*. 北京：中国社会科学出版社.

Corder, S. P. 1967. The significance of learner errors. *International Review of Applied Linguistic*, 5: 61-70.

Crystal, D. 2002. *The Cambridge Encyclopedia of Language* (2nd edn.). Beijing: Foreign Language Teaching and Research Press, New York: Oxford University Press.

Comenius, J. 1890. *Essays on Educational Reformers*. Cambridge: Cambridge University Press.

Cummins, J. 1979. Cognitive/academic language proficiency, linguistic interdependence, the optimum age question and some other matters. Working Papers on Bilingualism, 19: 121-129.

Cummins, J. 1981. *Schooling and Language Minority Students: A Theoretical Framework*. Los Angeles: California State University.

Directorate-General for Education and Culture. 2006. *The History of European Cooperation in Education and Training: Europe in the Making-an Example*. Luxembourg: Official Publication of the European Communities.

Dubin, F. & Olshtain, E. 2002. *Course Design*. Shanghai: Shanghai Foreign Language Education Press.

Ellis, R. 1994. *The Study of Second Language Acquisition*. Shanghai: Shanghai Foreign Language Education Press.

Ellis, R. 1999. *Understanding Second Language Acquisition*. Shanghai: Shanghai Foreign Language Education Press.

Ellis, R. 2016. *Task-based Language Teaching Approach's Updated Ideas and TCSOL*. Beijing: Foreign Language Teaching and Research Press.

Elman, J. L. et al. 1997. *Rethinking Innateness: A Connectionist Perspective on Development*. Cambridge: the MIT Press.

Ervin-Tripp, S. M. 1974. Is second language learning like the first. *TESOL Quarterly*, 8: 30.

Flavell, J. H.1979. Metacognition and cognitive monitoring: a new area of cognitive-developmental inquiry. *American Psychologist*, 34: 906-911.

Flavell, J. H. 1987. Speculations about the nature and development of metacognition. In F. E. Weinert & R. H. Kluwe (Eds.), *Metacognition, Motivation and Understanding*. (pp.21-29). Mahwah: Lawrence Erlbaum Associates.

Fouser, R. 1995. Problems and prospects in third language acquisition research. *Language Research*, (31): 387-414.

Gagné, C. 2002. Lexical and relational influences on the process of novel compound. *Brain and Language*, 81(1-3): 723.

Goodluck, H. 2000. *Language Acquisition: A Linguistic Introduction*. Beijing: Foreign Language Teaching and Research Press, Oxford: Blackwell Publishers Ltd.

Graman, M. 2002. *Psycholinguistics*. Beijing: Peking University Press.

Jessner, U. 2006. *Linguistic Awareness in Multilinguals: English as a Third Language*. Edinburgh: Edinburgh University Press.

Jorda, M. P. S. 2005. *Third Language Learners: Pragmatic Production and Awareness*. Clevedon: Multilingual Matters Ltd.

Kemp, C. 2001. Metalinguistic awareness in multilinguals implicit and explicit grammatical awareness and its relationship with language experience and language attainment (Unpublished doctoral dissertation). University of Edinburg, Edinburg.

Kim, Y. Y. 2001. *Becoming Intercultural: An Integrative Theory of Communication and Cross-Cultural Adaptation*. Thousand Oaks: Sage Publications, Inc.: 3-4.

Krashen, S. D. 1981. *Second Language Acquisition and Second Language Learning*. Oxford: Pergamon.

Kwang, H. F., Fernandez, W. & Tan, S. 1998. *Lee Kuan Yew——The Man and His Ideas*. Singapore: Times Editions Pte Ltd.

Lado, R. 1957. *Linguistics Across Cultures: Applied Linguistics for Language Teachers*. Ann Arbor: University of Michigan Press.

Leech, G. & Svartvik, J. 1994. *A Communicative Grammar of English* (2nd edn.). London: Longman.

Lenneberg, E. 1967. *Biological Foundations of Language*. New York: Wiley & Sons.

Lucy, J. 1992a. *Language Diversity and Thought: A Reformation of the Linguistic Relativity Hypothesis*. Cambridge: Cambridge University Press.

Lucy, J. 1992b. *Grammatical Categories and Cognition: A Case-study of the Linguistic Relativity Hypothesis*. Cambridge: Cambridge University Press.

Mayer, R. E. 1987. The elusive search for teachable aspects of problem solving. In J. A. Glover & R. R. Ronning (Eds.), *Historical Foundations of Educational Phycology* (pp.327-347). New York: Plenum Press.

Gallagher-Brett, A. et al. 2002. The Training of Teachers of a Foreign Language: Developments in Europe. University of Southampton, UK.

Micheal, K. et al. 2004. European Profile for Language Teacher Education—A Frame of Reference. University of Southampton, UK.

Ministry of Education, Singapore. 2001a. Guide to the English Language Syllabus for Primary and Secondary Schools. Singapore: Ministry of Education.

Ministry of Education, Singapore. 2001b. The English Language Syllabus for Primary and Secondary Schools. Singapore: Ministry of Education.

National Institute of Education. 2009a. Diploma in Education Handbook. Singapore: Nanyang Technological University.

National Institute of Education. 2009b. Postgraduate Diploma in Education Handbook. Singapore: Nanyang Technological University.

Nunan, D. 2001. *Second Language Teaching and Learning*. Beijing: Foreign Language Teaching and Research Press.

Odlin, T. 1989. *Language Transfer*. Cambridge: Cambridge University Press.

Odlin, T. 2001. *Language Transfer Cross-linguistic Influence in Language Learning*. Shanghai: Shanghai Foreign Language Education Press.

O'Malley, J. M., Chamot, A. V. 1990. *Learning Strategies in Second Language Acquisition*. Cambridge: Cambridge University Press.

Oxford, R. L. 1990. *Language Learning Strategies: What Every Teacher Should Know*. Boston: Heinle & Heinle Publishers.

Piaget, J. 1972. *The Principles of Genetic Epistemology*. London: Routledge & Kegan Paul.

Piaget, J. 1977. The Essential Piaget. H. E. Gruber & J. J. Vonèche (Eds). New York: Basic Books.

Rahman, H. A. et al.2005. Teachers' Competency in the Teaching of Mathematics in English in Malaysian Secondary Schools（The Mathematics Education into the 21st Century Project）.

Richards, J. C., Platt, J. & Platt, H. 2000. *Longman Dictionary of Language Teaching & Applied Linguistics*. Beijing: Foreign Language Teaching and Research Press.

Samovar, L. A., Porter, R. E. & Stefani, L. A. 2000. *Communication Between Cultures*（3th edn.）. Beijing: Foreign Language Teaching and Research Press.

Selinker, L. 1972. *Interlanguage Review of Applied Linguistics in Language Teaching*. London: Longman.

Skehan, P. 1998. *A Cognitive Approach to Language Learning*. Shanghai: Shanghai Foreign Language Education Press, New York: Oxford University Press.

Skinner, B. F. 1957. *Verbal Behavior*. New York: Appleton-Century-Crofts, Inc.

Spolsky, B. 2000. *Conditions for Second Language Learning*. Shanghai: Shanghai Foreign Language Education Press.

Sternberg, R. J. & Williams, W. M. 2005. *Educational Psychology*. Translated by Hou Canzhang. Beijing: China Light Industry Press.

Taylor, P. H. & Richards, G. 1979. *An Introduction to Curriculum Studies*. Windsor: NFER Publishing Co.

Ungerer, F. & Schimid, H. J. 2006. *An Introduction to Cognitive Linguistics*. Beijing: Foreign Language Teaching and Research Press.

Watson, J. B. 1930. *Behaviorism*. Chicago: University of Chicago Press.

Watson, R. I. 1978. *The History of Psychology and the Behavioral Sciences: A Bibliographic Guide*. New York: Springer.

Williams, S. & Hammarberg, B. 1998. Language swithes in L3 production: implications for a polyglot speaking model. *Applied Linguistics*, (3): 295-333.

Whorf, L. B. 1956. Language, Thought and Reality. J. B. Carroll (Ed.). Cambridge: The Technology Press of Massachusetts.

Yalder, J. 1987. *Principles of Course Design for Language Teaching*. Cambridge: Cambridge University Press.

附　　录

附录1　四川师范大学外国语学院英语专业陶班教学综合改革建设项目实施分工

（2012年1月）

序号	建设任务	开始时间	完成时间	负责人
1	2010级培养方案完善与2012级培养方案制定	2012.03	2012.06	孔令翠、张叉
2	陶班管理制度制定	2012.07	2012.09	付文
3	陶班奖励制度制定	2012.07	2012.10	王泽兵、曾侯森
4	陶班师资建设方案	2012.07	2012.09	金黛莱、黄桂平、赵敏
5	2011级陶班组建	2012.09	2012.10	杨俊、付文、李娜
6	陶班运行与管理	2011.03	2015.06	杨俊、曾侯森、李娜、李弋鸥
7	中期自查与迎接检查	2013.03	2013.06	孔令翠、曾侯森
8	结题	2015.03	2015.06	孔令翠、曾侯森

附录2　考察报道：阿坝之行，让梦发生——记调研藏汉英三语教研模式暑期社会实践活动

2013年7月6日，外国语学院组织陶班同学到阿坝州红原中学开展调研活动。本次活动的目的是调研当地藏汉英三语教学模式、英语教师教学中存在的问题及对策和中学生英语学习情况。经过前期周密的安排与准备，外国语学院七名在校大学生与两名英语教师在我院院长孔令翠的带领下，踏上了去往阿坝州的调研实践之旅。

2013年7月6日晚上10点，科研小组顺利到达目的地——四川省阿坝州红原中学。虽然到达时时间已经很晚了，但红原中学领导及老师一直耐心等待我们，让我们切身地感受到了藏族同胞的淳朴，草原人民的热情。第二日一大早，我们就来到了红原中学进行实地调研。首先，在红原中学张副校长的带领下，我们参

观了学校，不仅看到了藏文字的神秘优美，更看到了汉藏文化的有机融合。在教学楼旁的文化长廊里，我们看到了藏语、汉语版本的《弟子规》《三字经》等古典文化，毛泽东所题诗歌等红色文化，展示了红原这片红军长征经过的土地与党的建设、民族的成长有着难以分割的渊源。紧接着，在张校长及孔院长的组织下，红原中学英语教研组全部任课老师和我们在会议室就藏族学生英语学习状况与教师授课过程中所遇到问题开展了座谈会。在交流中，我们体会到这些一线老师都已为民族教育事业默默辛苦地奉献了 20 多年，由于语言的阻碍，藏族学生英语学习能力比较弱，所以英语学科相对其他学科更难教授。在共同商讨怎样去改变现状，促进藏族学生英语水平的提高时，各位老师都提出了很多非常具有建设意义的意见。随后，我们与 10 多位同学代表一一交流，了解他们学习英语的情况和需求。从交流中我们知道，藏语是他们的母语，汉语是他们必须掌握的语言，而英语毫无疑问就成了第三语言。很多同学都反映并不知道该怎样去学习英语，并觉得学习英语对自己的未来意义不大。

下午2点左右，我们按照计划，参加了高二二班的主题班会，了解了学生的学习情况和班级整体状况。为了活跃气氛，拉近与藏族孩子们之间的距离，我们先准备了一些参与度强的英语小游戏。一开始，孩子们略显羞涩，但气氛很快在一位藏族女孩的歌声中变得自然融洽。随后在游戏中我们和孩子们打成一片，他们的质朴和纯真让我们非常感动。紧接着，同学们认真客观地填写了调查问卷。并且，随队的两位高校老师也与英语成绩较好的几名学生进行了交流，更深一步地贴近学生，了解他们英语学习中的困难。

最后，一行人在镜头前留下了最灿烂的笑容，调研活动在欢乐的气氛中顺利结束。在随后的几日中，我们也分别访问了马尔康县中学和马尔康民族中学。以调查问卷为载体，与校方领导和英语教师及部分高中学生进行访谈交流。尤其是在马尔康民族中学交流时，马尔康市教育局主任与我们共同探讨了"一类模式"英语教学中的问题和整个四川藏区三语教学的问题，在共同培养本地的英语教师人才方面初步达成了很多共识。

外国语学院分团委记者：柴小云

初审：岳苗

附录 3　阿坝州调查报告：阿坝州藏族中学（班）英语教学现状与对策

摘要：较发达地区藏族中学（班）的英语教学问题涉及多语种的翻译和对接等一系列需要克服的问题，怎样使他们除母语藏语外，在熟练掌握汉语的基础上，进一步加强对英语的学习是一个很有探索价值的新课题。通过对三所学校的实地调查，报告从藏族中学的英语教学现状入手，来探究影响学生英语学习的主要因素及英语教师授课过程中遇到的困难等，同时根据实际情况提出解决藏族地区三语教学困难的有针对性的建议与意见，以改善藏族地区英语教学质量，从而进一步促进藏族的教育事业，特别是英语教育的发展。

关键词：藏族中学生；英语教学；三语转换；校本教材

一、引言

在西部大开发、全民族上下实现伟大中国梦的大背景下，实现民族地区的快速发展在民族地区的重要性尤为凸显。在这个过程中，人才成为综合发展的关键，而本地、本民族人才更是建设的核心力量。同时，在信息化、全球化的 21 世纪，任何民族要发展就有必要学习先进的科学技术和文化，融入现代社会，加速本民族的现代化。随着全球一体化和我国加入 WTO（World Trade Organization），国际交流所必需的外语知识及其应用能力，已成为当代学生的基本素质要求，越来越受到社会、学校、家长、学生的重视，并且外语水平在社会经济发展及个体发展中的作用也越来越突出。东西部地理环境相差较大，英语普及率与英语教学水平的差距也较大。这就决定了西部地区，特别是以藏族为代表的少数民族地区的英语教学不能照搬东部发达地区的教学模式，而要根据实际情况因地制宜、因材施教，找出适合以藏族学生为代表的少数民族学习英语的一套特殊模式与方法。四川西部甘孜、阿坝、凉山三个自治州作为藏、羌、彝、回等多民族聚居区域，整体教育水平较四川其他地区相对滞后。其中，又以位置相对偏远、自然灾害相对频繁、经济条件相对滞后的阿坝州情况最为明显。

针对这一客观现状，作为英语语言专业和师范专业的大学本科学生，我们于 7 月份走访了阿坝州的红原中学，马尔康县中学和"一类模式"下的马尔康民族中学，调研当地藏汉英三语教学模式、英语教师教学中存在的问题和中学生英语学习情况。在师生中发放了 210 份调查问卷，收回了 207 份有效问卷；

并召开了 3 次座谈会，与数位一线英语教师和学生进行了积极的交流，取得了大量的一手资料。

二、英语教育发展的基本现状

藏族地区实行的是藏汉英三语教学，各种语言间既有相互影响的因素，又有相互促进的因素。其中，藏语和英语二者在语音、语法等方面有很多相似的地方，这使藏族学生在英语学习时也具有一定的优势。例如，藏语和英语的音标都有元音和辅音之分，辅音的清浊相对应。因此发音标准且连贯，在课堂上表现出非常好的语音面貌。在语法上藏语动词也有过去式、现在式和未来式的体现，学生能够吸收理解，使课堂的语法教学比较容易。

藏族学生在日常学习中会接触三种语言，这会给他们的英语学习造成很大的困难，而这根本在于三语教学制度本身存在诸多不适应因素。具体表现在：

（一）汉语水平相差较大，部分学生的汉语水平影响听课质量

对于藏族学生来说，藏语是他们的母语，汉语为第二语言，英语则是第三语言。三者之间虽有共同点，但也有着很大差异。而大部分教师在课堂授课过程中，多用汉语进行辅助教学，学生要从第一语言借助第二语言来学习第三语言，这种语言转换极为复杂。207 份有效调查问卷显示，当老师用汉语讲解英语课文时，在初中或高中阶段，能听懂 30% 以内的藏族学生占了 59%，能听懂 60% 的学生少之又少。

（二）四川藏区对英语的重视力度不够，学生英语基础普遍薄弱

通过访谈，四川藏区的学生大多数是在小学三年级开始接触英语的。但是，学校、老师及家长都不重视该学科，这就导致了学生自己对英语采取漠视的态度。小学的英语课要么被其他学科占用，要么安排学生自己上自习。实质上的英语课是从初中开始的，但语言的干扰、学习负担的沉重、基础薄弱等原因，致使学生渐渐失去了学习英语的兴趣，由此，藏族学生英语成绩普遍较差。207 份有效调查问卷显示，73% 的藏族学生英语成绩在 30—60 分（总分 150 分），22% 的学生英语成绩在 30 分以下。由此可以看出：一方面，藏族学生的英语学习现状较为严峻；另一方面，学生的英语水平也参差不齐。城镇学生的英语水平普遍高于农牧区学生的英语水平，个别学生在英语听说读写方面达到了较发达地区优等生的水平，但多数学生特别是来自农牧区的学生英语基础差、水平低。

（三）现有英语教材难度偏大，不适用于四川藏区的英语教学

据当地英语老师反映，他们所用的英语教材与汉族学生所用的教材相同，都

是人教版的初高中英语教材。这类教材主要由英语编写，对于英语基础薄弱的藏族学生来说，无疑增加了他们学习的难度。同时，由于藏族地区经济相对滞后，藏族学生对教材上的现代化东西，如 airplane 见之未见，对其难以理解。而现今的新一轮基础教育课程改革更是增加了四川藏区英语教学及学生英语学习的难度。207 份有效调查问卷显示，51%的藏族学生希望英语教材用藏语解释，因为这样更容易接受与理解。因此，新的适合藏族学生的教材或辅助教材的编写工作迫在眉睫。

（四）教学模式单一，教师资源匮乏

经调查，四川藏区的英语课堂多以老师讲解为主，学生多是被动接受学习，靠死记硬背、题海战术获得语言知识的。整个教学过程枯燥、乏味，是一个"教师辛苦，学生痛苦"的过程。学生已经适应了这种学习方式，在问及喜欢的英语学习方式时，近 50%的学生喜欢老师讲解，仅 2%的学生选择了自主学习。加之教学设备相对滞后，多媒体设备普及率较低，课堂使用多媒体的频率也较低。由此看出，藏族学生的自主学习能力很弱，还需要老师和家长的鼓励和引导，这也说明了单一的教学模式和填鸭式的教学方法还一直用于四川藏区的英语课堂教学中，并且对学生造成了很大的不利影响，使学生缺乏发挥主动性的意识。此外，英语教师数量不足且专业水平不高。经调查，我们所走访的马尔康县中学英语教师与学生比例为 1∶100，红原县中学为 1∶120；并且教师队伍中师范专科毕业的中年老师居多，缺乏年轻老师和懂藏语的英语老师。四川藏区的中学教师待遇相对偏低，教师流失现象也比较突出。四川藏区的英语教师基本都是从青海省选拔而来的，因此，四川藏区学校领导强烈建议加强省内高校和中学的对口合作，培养适合本地的优秀教师队伍。

（五）"一类模式"与"普通模式"并行的制度存在诸多弊端

以红原中学为例，它采用"一类模式"和"普通模式"并行的制度。所谓一类模式是指学校教学以藏语为主，汉语为辅，各科教材除英语外均以藏语编写。但该模式的贯彻实施使学生无法适应社会需求，并且缺乏英语水平合格的懂藏语的英语教师。而普通模式是指以汉语为主要教学语言的教学模式。该类培养模式下的学生更容易适应当今的社会，但其英语教师教学课时数相对其他学科较少，教学任务却相当重，无法合格完成教学指标。两种模式并存下的学生思维模式完全不同，这些弊端使四川藏区的英语教学不易进行。

总的来说，培养藏族孩子的英语学习兴趣困难重重。他们多来自遥远的雪域高原，特殊的地理位置、气候环境和风俗习惯，这些都决定了他们与其他孩子的

不同。在本民族内孩子们能歌善舞、热情奔放；但对外却缺乏沟通交流，尤其是农牧区的孩子，来到较发达地区西藏班学习，藏语是他们的常用语，他们对藏语驾轻就熟；汉语是他们最想学习的语言，这对他们在较发达地区的学习和交流至关重要；而英语成了他们学习的第三种语言，语言学习负担过重，语言之间相互干扰，造成孩子们学习英语的信心不足。因而，要想取得一个比较满意的成绩也就相对困难。在这样的情况下，藏族学生仍然要和普通高校的学生一起参加高考，英语仍然是他们学科发展中不可或缺的一门学科。在与老师和学生的交流中，不难发现他们努力想提高英语成绩，但却始终无果。

三、对策与建议

（一）国家应给予民族地区，尤其是四川藏区外语教育工作关注和支持

改善民族地区的外语教学现状，国家领导是关键。中华人民共和国成立几十年来，各方面的宣传基本上是在少数民族地区普及文化教育，其中并没有提到在普及文化教育的同时也要发展外语教育，致使民族地区的中学英语教育一直没有得到足够重视。所以，要强化领导对外语教学的重视力度，首先要把西部少数民族地区英语教育融进西部大开发的宏大规划之中，使智力资源开发与学生英语语言素质的培养有机地结合在一起。其次要增加对四川藏区的教育资金投入。例如，对到四川藏区的教师和毕业后回四川藏区教学的学生给予优待，从而尽可能地促进教师资源向四川藏区流动。

（二）加强师资队伍建设，加强省内高校和中学的对口合作，培养适合当地的优秀教师队伍

扩大民族院校外语招生名额，设立少数民族语言和外语双语专业，为增强四川藏区的师资力量做准备，以补充教师队伍中的新鲜血液。针对四川民族地区外语本科以上人才极端缺乏的现状，民族及师范院校要在坚持现有多层次办学格局的基础上，增加外语本科专业和研究生的扩招比例，加大高层次人才的培养力度。英语无论从语法还是发音上，跟藏语有很多相似之处，培养大批本民族的双语人才，让他们用本民族的语言教授英语。或者高校与四川藏区中学建立定向英语教师培养机制，向四川藏区输送大批藏汉英三语教师。

（三）组织力量编写一套具有民族特色的校本教材并开设相关校本课程

对少数民族学生而言，外语属于第三语言，这和汉族学生学习属于第二语言的外语自然有很大的差异，在文化传承和迁移影响上，在学习条件和学习环境上都有很大不同，这里的资源缺陷使少数民族的外语教育不可能与汉族的外语教育均衡发展。面对这种情况，政府有必要特别关注少数民族地区的外语教育，组织一批对四川藏区情况了解、对外语也精通的专家应用教育均衡发展理论编写专门适合藏族学生使用的外语教材及相关课辅资料，重在培养藏族学生的学习兴趣和交际能力，内容应包括藏汉英三语文化和旅游景点情况的英语介绍，从而让学生在所开设的校本课程中不断练习、活学活用。

（四）大力发展远程外语教学和多媒体教学

西部边远贫困山区和少数民族聚居区受经济滞后、地理环境制约及民族特殊性等因素的综合影响，教育的发展一直与东部发达地区有着较大的差距，特别是少数民族地区的外语教学始终是弱项，成为民族教育的一个短板。民族地区外语教育的困难和矛盾，仅仅依靠传统的教育手段和教育渠道是不可能解决的。现代远程网络教育是随着现代信息技术发展而产生的一种新兴的教育方式，这种基于互联网技术和多媒体技术的教育模式在时间和空间上都是开放的，可以使任何人在凡是能连接到网络的地方学习，它能够充分调动多媒体手段实现教与学之间的多向互动，其课件和教材丰富多样、生动活泼，有利于学生理解和掌握教学内容。

（五）教师群体要转变教学思想，升华教学理念，改进教学方法

首先，教师应始终贯彻"终身学习"的思想，在教学过程中不断接受并吸收新的教学理念，做到教学相长、与时俱进；其次，教师应努力建立民主型的课堂，以"以人为本"的理念，调动学生学习英语的积极性，改变其学而不说、学而不用的现状；最后，教师在教学过程中要更注重传授学习方法，同时也要关注学生的情感发展，做到情、知、行的统一。

四、结语

现今国际社会对三语教育越发重视，希望在各方的重视下，地方政府和教育主管部门能正视四川藏区英语教育的特殊性，并且据此高效地出台并实施相关政策，以提高四川藏区孩子的英语成绩及整个藏族地区的英语教学水平。同时也希望此次调研能为我们四川藏区的英语教师将来的教育工作提供理论依据与帮助，使其更新教学理念、改进教学方法，尽可能缩小英语教育的东西部差距。

附录4　四川甘孜州三语教育调查报告

（2012，07）

一、调查背景

鉴于西方各国尤其是美国通过双语教育特别是通过双语教师培训，在客观上起到了整合民族关系、促进民族与国家认同的作用，同时又鉴于国家在四川藏区大力推行双语教育并希望以此促进民族关系改善与多元文化理解、促进国家认同，因此本课题组试图通过在四川藏区的三语教学调查，从理论和实践上探索师范大学在英语教师教育中培养藏授英语教师（即藏汉英三语教师）的方式。通过英语教学加强在四川藏区的多元文化与跨文化教育，以促进四川藏区各民族的跨文化理解与中华民族认同，进而实现国家的长治久安。

从全球范围看，西方各国普遍重视对少数族裔孩子的多元文化教育与对教师的培养。在文化多元化时代，世界各国普遍重视对少数族裔孩子的多元语言文化教育。美国的《双语教育法案》不但对双语教师的多元文化知识与能力提出了很高的要求，而且很重视双语教师教育与在职培训，明确规定公立学校必须为母语为非英语的学生提供同等受教育机会，还规定进行师资培训，要求教师要使用学生的母语和作为其第二语言的英语授课。

我国民族地区中小学英语师资培养现状。在少数民族地区的外语教师的培养培训上，延边大学开展了面向朝鲜族的汉英日朝四语人才的培养，招生对象是英语零起点的朝鲜族学生。为了满足蒙古族学生对懂民族语言的外语教师的强烈需求，2003年内蒙古开始举办蒙语授课英语教师培训，而承担培养任务的内蒙古师范大学开设了蒙授英语专业，也招收英语为零起点的少数民族学生。

我国藏区中的小学英语教学存在突出问题。我国藏区横跨西藏自治区、四川、甘肃、青海和云南五省区，在全国占有举足轻重的地位。然而，我国藏区的中小学英语教学费时低效，教学质量整体水平较低于全国平均水平，这在高考录取成绩上表现得最为突出。由于英语教学质量不佳，英语教学的学科地位与英语教师的地位一道受到沉重打击，部分学生和家长选择了用脚投票，民族地区精英（包括干部甚至教师）纷纷将子女送往较发达地区上学，导致优质生源流失。完全可以说，藏族地区中小学英语教育质量已经成为我国藏区各族干部群众关注的热点和难点问题，而且这个问题已经到了非解决不可的时候。

我国藏区中小学英语教学存在突出问题的原因分析。如果说藏族地区学生的英语成绩与较发达地区学生英语成绩的差距还可以归咎于地区之间教育发展的不平衡的话，那么同一区域内的藏族学生与汉族学生英语成绩之间的鸿沟就很难简单归咎于区域了。

世界上任何一个民族的基础教育都必须依靠或借助母语，依靠自己的母语学习第二、三语言乃至更多的语言。然而，由于我国藏区的英语教师多数是外地的汉族人，只能用藏族学生的第二语言教第三语言，而学生不得不用第二语言学第三语言，但又不得不首先将第三语言转化为第二语言再转化为母语，这不但造成了藏族学生必须同时学习包括英语在内的三门语言，其中两种语言还是非本族语言，而且还造成了全世界特有的外语教学现象：教师用自己的母语教藏族学生学习第三语言，而藏族学生则要借助第二语言学习第三语言，但又必须首先转化为母语才能真正消化、理解和接受，其母语的优势非但没有发挥出来，反而因教师不懂藏语成为拖累，直接影响了学生的外语学习效果。这就要求我国藏区的英语教师应具有用藏语作为中介语教授英语的能力。

然而由于面向藏族地区的英语教师培养和培训方面相对滞后，有60%（有的学校甚至是100%）以上的英语教师却是来自外地、基本上不熟悉当地藏语言文化的汉族人。何况这些汉族英语教师都是在应试教育背景下成长起来的，无论是职前还是职后都没有接受过专门的针对少数民族学生的民族语言文化训练和英语教学训练，对当今世界的双语、三语语言学习策略、方法与手段知之甚少甚至一无所知。这些汉族英语教师只能以汉语作为中介语授课，只能用教汉族学生学习英语的思维和方法教藏族学生学英语，因而无法发挥母语在藏族学生英语学习中的正迁移作用，当然也就无法胜任和适应藏族地区的英语教学。有学者明确指出，采用汉语作为语言教学媒介的英语教学或许是少数民族学生英语学习差的一个重要原因，对于那些汉语基础差的少数民族学生而言，尤其如此。因此，藏族地区英语教学的问题，与其说是学生学不好英语，毋宁说是老师教不好英语，没有能力教好英语！由此可见，解决英语教学的中介语问题是提高藏族地区英语教学质量的关键，提高藏族地区英语教学质量必须首先从解决英语教学中介语入手，而要解决教学中介语又必须首先解决英语教师问题，尤其是从源头上解决中小学英语教师的培养问题。

由于历史、经济、自然等因素，藏族地区面临的问题与蒙古族、朝鲜族所面临的问题有所不同，从藏族中选拔培养培训英语教师更为困难，这就决定了藏族地区的外语教师队伍在今后相当长的一段时间内还必须由来自外地的汉族英语教师填充。这就为我们面向藏族地区的英语教师培养培训提出了一个尖锐而又紧迫的问题：在藏族地区英语教师的构成以汉族教师为主的情况下，我们应培养怎样的英语教师才能充分发挥少数民族儿童母语的作用，从而提高英语教学质量？

2012年7月，本课题组一行人分别到四川藏区甘孜州的康定中学等学校进行调查。

二、调查内容

2012年7月10日四川师范大学外国语学院三语教育调研组一行9人，在外国语学院院长孔令翠和李娜等老师的带领下，开始对甘孜州的部分中学就实施汉藏英三语教育、促进跨文化理解与中华民族认同研究与面向四川藏区进行中小学英语教师教育进行了调研。此次调研活动将通过在康定中学、四川民族学院、泸定中学进行实地调查研究、座谈、记录、走访、问卷调查等，最终形成调研报告和学术论文。

本次调查对象为四川藏区甘孜州康定中学的高一学生和泸定中学高二年级的在校学生。应该说高中生心智发育比较成熟，鉴别力和判断能力较强。他们的看法有助于让调研组从另一个侧面了解四川藏区的三语教育、多元文化理解和中华民族认同问题。问卷调查本身也是一次多元文化、跨文化和爱国主义教育活动。

1. 康定中学汉藏混合班调查情况

（数据上的不吻合表明有的同学在某些问题上没有表明自己的态度或没有回答）。本次调查共收回有效问卷64份。

1）问题、回答与分析

（1）你从何时开始学藏（汉）语和英语？你怎样看待本民族的语言和文化？

大部分学生回答从小开始学汉语，小部分学生从小学开始学藏语。英语学习的起始年龄差距太大，最小的从5岁开始学英语，城镇学生基本上是从小学三年级开始学英语的，而来自农牧地区的学生基本上是从初中才开始学英语的。

汉族同学和多数藏族同学认为，汉族的语言文化是我国五千多年历史文化的传承和发展，也是中华文化的精髓，显示出了中华文化的博大精深和源远流长，是中华民族之魂。汉族文化在世界各民族文化之林中占有重要地位，是世界文化中最瑰丽的一部分。汉语最有特色，具有极强的包容性，能与时俱进。五千年来生生不息，应该大力继承和发展。

藏族学生都认为本民族语言和文化是优秀的。本民族的语言文化是值得学习和发扬光大的，是中华文化的一部分。作为本民族的学生，学习本民族语言文化是义不容辞的责任和义务。

大家具有初步的多元文化意识与跨文化包容与理解意识，认为无论是汉族文化还是藏族文化都是中华民族的优秀文化，每一种语言文化都有自己的特点和优势，无优劣之分，无高下之别。对藏语、汉语和英语都应平等对待。

（2）假如你是藏族（或其他少数民族），你对汉语学习持何态度？假如你是汉族学生，你学过或者试图去学习过藏族（或其他少数民族）语言文化吗？

为什么？

除一位藏族同学回答对汉语学习无所谓、在耳濡目染中就能学好外，其他同学都很重视汉语学习。

有 17 位汉族同学表示学习过藏语。他们一直生活在四川藏区，深爱藏文化，可以方便与藏族同胞沟通，接近他们的生活。这些同学抱着必须学好藏语的态度，目的是了解藏族的风俗习惯，并丰富自己的知识，增进与藏族同学的友谊，增强自己的语言领悟能力和学习能力。除此之外还有藏语很美，很有文化内涵等原因，可见学习过藏语的同学确实增加了对藏语言文化和藏民族的了解，也促进了其多元文化理解力。这些同学小学必须学藏语，初中也需要继续学。

有 4 位同学表示对藏语特别感兴趣，但没有正式系统的学习，只是上学时向藏族同学学藏语。

22 位汉族同学试图去学过藏语，因为藏语是最美的语言，他们认为多学一门语言就多会一种技能，尽管实际上并没有学习时间、机会和条件。

也有的同学认为藏语语言文化很奇妙、很有趣，他们很想了解藏民族文化，体会不同的文化，了解多元文化的韵味。还有同学具有初步的文化认同意识，觉得藏汉是一家，应该相互了解和学习，觉得不管是学习本民族文化还是学习兄弟民族文化都是爱国的表现。语言是沟通的桥梁，掌握藏语有利于与少数民族同胞交流，有利于民族团结、增进人与人之间的亲近感、增强民族凝聚力，为藏族汉族之间搭上一座友谊之桥。

有 24 位同学表示没有学习过藏语，是因为没有那么多时间，学校既没有要求，也没有设立相应的学习班，但表示有机会要学习藏语。极少数认为没有必要学，因为生活中很少用到藏语，父母也没有要求。此外学业负担太重，对藏语不感兴趣。把汉语学懂了就不错了，在未学好汉语和英语前不会学习藏语，因为藏语使用的范围相对较小，且周围说藏语的人太少，没有语言环境。

（3）对藏族（或其他少数民族）而言，双语学习任务已经很繁重了，你认为还有必要学英语吗？为什么？

多达 54 位同学回答很有必要，因为这是时代需要。同学们陈述的主要理由是，宏观上，现代社会是一个开放的社会，英语是世界通用语，国家大力推行改革开放政策，推动我国的对外交流，有利于国家的发展和进步。因此，要想在当代社会中立足、更快地融入国际大家庭、赶上全球化国际化的步伐，就必须学好英语。微观上，英语对我们个人未来的发展有益无害，它能开阔我们的视野、满足自己未来的工作和生活需要，使我们打造自己的美好未来，提高自己的竞争力，提高自己的品位和修养，帮助我们走出国门、走向世界。从文化交流的角度，学习英语有利于和其他国家的人进行沟通和文化交流。从学科课程与中高考的角度看，英语比其他学科有用得多，高考不仅要考，而且比重较大，多达 150 分。从就业看,学好英语适合在外企工作。

只有3位同学认为英语学习没多大必要,理由是在我们这个文化环境与生活条件下,同学们除了在学校有机会接触英语外,在生活中几乎用不到英语,因此对英语学习不感兴趣。

(4)你对自己目前英语学习的状况满意吗?原因何在?

虽然绝大多数同学都认识到了英语学习对国家和个人的作用,但由于多种原因,他们对英语学习的满意程度偏低。其原因是虽然英语老师教得好,自己对英语也很感兴趣,很想同其他国家的人交流,但存在的困难也很大。

回答不太满意与不满意者占多数。原因主要包括:在教师与教学资源方面,甘孜州教育资源有限,教师的教学水平很有限。在方法上,学生没有掌握好英语学习的方法,发音不准确,认为语法难、完形、阅读和改错也难。在教学形式上,教学方式只限于笔试,口语练习机会少,导致学生英语交际能力差,普遍存在哑巴英语现象。在学习氛围与学习环境上,缺乏英语学习的氛围,几乎没有和英语国家人士用英语交流的机会。在考试成绩上,由于学不懂,学生再怎么努力成绩都上不去,每次考试成绩都不是很理想,即使经过了很多训练,英语水平还是提不高,长期下去,学生就失去了学习英语的兴趣和积极性,上课和做作业都不认真,最终只好选择放弃,把时间和精力转而放到理科上。在语言迁移上,由于英语不是自己的母语,所以学生对有些内容很难理解,影响了学习效果。

(5)你的英语教师懂藏语言文化吗?你认为你的英语教师有必要懂藏语言文化吗?为什么?

一部分同学认为没有必要。因为现在好多人都懂汉语,班上所有学生都懂汉语,老师教好英语就行了。就社会使用率情况看,汉语使用率大于藏语。要学藏语的话,学校开设了专门的藏语课,有专门的老师教学。

但更多的同学认为有必要。语言有相通性,藏语、汉语和英语有很多相似之处。除了在四川藏区教学要入乡随俗外,更重要的是因为有的藏族同学不能完全听懂英语教师用汉语或英语授课,所以英语老师懂藏语文化有利于把握三语的异同,更好地促进学生的英语学习,有利于师生关系及学生的成绩进步,从而可以更好地帮助少数民族孩子学习英语。在学习之余,老师和同学们讲藏族语言可以唤起学生对藏语和其他语言学习的兴趣。使用藏语还牵涉到法律规定的语言教学权问题,表明政府和教师都要尊重藏民族的语言文化。在民族地区教师了解一点藏语可以更好地与当地群众交流。因此,四川藏区的英语教师应该加强多元文化学习,学藏语很有必要。从师生情感上看,英语教师懂藏语还有利于加强藏汉师生交流,促进藏汉师生友谊,让班上的藏族学生更喜欢自己,并因此而更喜欢学英语。对那些汉语差的藏族学生,如果英语教师会藏语,学生就会有亲切感,解除学习焦虑与压力,更有信心学好英语。从民族与文化认同看,藏汉本是一家人,既然是一家人，就应该学会彼此的语言文化。

（6）你的英语教师用全英语教学吗？如果不是，用汉语还是藏语辅助教学？

绝大多数同学回答英语教师用汉语而非藏语辅助教学。

（7）在汉语和英语学习初期，你是否希望英语老师适当用藏语做出解释？为什么？

令人吃惊的是，有50位同学表示不希望英语老师适当用藏语做出解释，原因在于没有这样的认知与经验，除此之外，班上还有汉族学生，而汉族学生藏语水平普遍不高。不过还是有同学认为如果是专门针对藏族学生的，那么则有必要。

有6位同学则希望英语老师适当用藏语做出解释，因为这不仅便于藏族学生理解，还可以让学生趁机多学一门语言，唤醒对藏语的热爱，多了解一个民族。甚至还可以增加对三语的了解、对英语学习的兴趣，学习三语互译的技巧。

（8）你的英语教师在教学时注重英美文化教学吗？在教学时介绍了美国、加拿大、澳大利亚等由多民族、多语言和多文化组成的"熔炉国家"或"马赛克国家"吗？

本问题实际上是想了解教师与学生对西方国家民族认同的不同方式。也许学生对此了解不够，一半学生说讲过，因为老师有时会介绍相关知识和语言文化，讲一些其他国家的事，讲美式英语和英式英语的区别和联系，讲英美英语词汇的异同，讲英美文化的发展，讲两种文化的差别。而另一半学生则回答没有，但希望老师介绍。从学生回答推测，英语教师对西方文化知识与多民族的国家构成介绍不多。

（9）你的英语教师在教学时介绍了美国、加拿大、澳大利亚的各民族学生实行的国家主流语言英语和本民族语言教学相结合的双语教学政策吗？介绍了通过双语教学促进彼此的相互了解、尊重、信任和包容及促进了对共同的祖国的热爱吗？请举例说明。

55位同学回答说没有，英语老师从不讲与上课无关的事，但经常讲一些西方的礼仪、语言习惯和与中国文化的不同之处，帮我们了解西方国家的风俗习惯，培养我们的跨文化交际能力。

同学们普遍认为有必要，这样既顺应了时代潮流，又保存了本民族的灵魂。汉族学生可以去了解少数民族的文化，积极主动地与少数民族同学沟通交流。老师讲过，学习英语是为了让祖国更快更好地发展，进而让中华文化走向全世界。英语老师特别强调了汉语与英语学习的重要性，说学汉语就是要热爱祖国，学英语是为了更好地与外国人交流，学习外国先进的科学技术，促进祖国的发展。

（10）在美国、欧洲甚至在亚洲的新加坡，三语教育方兴未艾，极大地促进了文化交流和经济发展。你的英语教师给你讲过它们吗？介绍过它们的教学方法吗？我们国家在有些民族聚居区目前也实行着母语+汉语+英语的三语教育，对此你怎样看待?

同学们一致回答说英语老师没有介绍过,也不知道世界上还有三语教育,更不用说多语教育。实际上,除了藏加班(加授一门藏语),学校不存在三语教育,只有"汉语+英语"双语教育。

尽管如此,绝大多数同学还是发表了对三语教育的看法。学生意见可归纳如下。

现实:在民族聚居区有的藏族孩子只懂藏语,而汉族孩子只懂汉语。虽鸡犬之声相闻,但语言却成了彼此交流的障碍。

三语教育的意义:第一,三语教育对民族聚居区的同学有很大的帮助,使他们走出大山,走进更为宽广的世界。我们国家应该注重三语教育。三语教育对每一位学生都很有好处。学生们对三语教育很支持,因为三语教育可以充实大家的知识。

第二,三语教育的思路正确,又学习了汉语,还学习了英语,有利于继承和传播本民族文化,促进多元文化和跨文化交流,还有利于我们学习更多的文化知识,走一条由民族语言到中华民族的共同语言再到国际通用语的道路,藏语和汉语是必须掌握的,英语也不例外,因而兼顾多方面的需要,培养多元文化理解与跨文化交际能力很有必要,有利于民族文化的传承,有利于增强中华民族的向心力和凝聚力,也有利于培养具有国际视野和交际能力的人才,应该大力推行。

第三,学好三语有利于增强我们的民族自豪感(以及开放意识与胸怀),促进民族之间建立互信互爱关系,促进和谐相处与民族团结、共同发展。

第四,有利于促进彼此的相互了解、尊重、信任和包容及对共同的祖国的认同和热爱。有利于教育事业发展,增加汉族与少数民族地区的交流。

第五,有助于文化传播和文化交流,增加各民族之间的相互理解与团结,增强中华民族的凝聚力,搭建起各民族和与世界沟通的桥梁。

第六,学习的语种更加丰富,了解不同的语言文化,提高文化素养,促进全面发展。有了更多的机遇,可以用更多的思维方式来思考问题。

同学们在答卷中还提出了很多很好的建议,如有必要,可以在小学就学好母语和汉语,然后才能学好英语;三语教学应贴近学生的生活实际,课堂上应实现三语的有机结合。

也有同学对四川藏区开展三语教育表现出担忧,认为不应该盲目地借鉴外国的教学方法,因为外国是发达国家,人口素质较高,而我国实施的仅仅是九年制义务教育,人口素质低。在这样的情况下,双语教育不但不能促进各族学生对同一个中国的认同,反而会使他们更加反感。对藏族学生而言,应该把母语当成一份责任,把汉语当成一门工具,把英语当成高考拿分的手段。还有的同学认为三语教育在理论上很有益处,但任务繁重、压力太大,要真正实施起来有一定难度。

只有一个汉族学生表示没必要。

(11)就你所知,我们目前的三语教育取得了哪些成绩,还存在哪些问题。请举例说明。

虽然对三语教育还不太了解,但经过问卷调查与所做的解释,大家对三语教育是认同的,认为三语教育是一种非常有用的政策,应普及整个少数民族地区。三语教育的好处在于形成了母语为基础,汉语为核心,英语为骨干的新格局,提高了学生的理解与交流能力,促进了学生对三门语言的掌握,也就是促进了学生的全面发展、促进了民族地区的教育发展、促进了民族关系和谐、促进了中西文化交流。

目前的问题是三语教育还没有完全普及,局限于英语、汉语双语教学。真正意义上的藏汉英三语教学只有藏加班才有,不利于三语教学尤其是藏族学生的母语教学及其对汉语特别是英语的接受。有的偏远农牧区的小学由于师资等原因,到三年级还未开设英语,许多学生初中后才开始学习英语,起步水平较低,在一定程度上还仅仅是汉语单语教育。也有的同学认为,学好两门语言就很难了,要学习三门尤其是英语就更难了,况且三种语言之间相互干扰,很难学得精通。

有的地方存在政策落实不到位的情况,偏远农牧地区未能严格地执行政策,英语教学较为滞后,而且不太重视少数民族语言教育,藏语教育明显不足,只有少数当地人才懂藏语,课堂上涉及的藏文教育很少。这也是单语教育的重要原因。

存在为考试而学的现象。对藏族学生而言,存在为了考试而学英语,为了交流学习汉语,为了传承文化学习藏语的现象,功利性太强。

(12)英语老师在课堂内外结合英语教学进行过藏汉语言文化教育吗?组织与参加过相应的节日庆祝活动吗?有何收获?请举例说明。

三分之二以上的同学回答英语教师基本没有在课堂内外结合英语教学进行过藏汉语言文化教育,原因是课程教学任务太繁重,老师忙于赶进度。此外,除了上课,老师基本上没有时间和学生在一起。但师生还是在一起庆祝藏历年与跑马节等,通过庆祝活动更多地了解了不同文化的差异,特别是汉族学生增加了对藏民族文化的了解,增长了知识,产生了兴趣,促进了彼此的友谊,有利于今后的和睦相处。此外,也通过元旦晚会开展过双语甚至三语活动,藏汉学生在学习英语的同时也能学习本土的语言文化,增强文化敏感性,提高口语交际能力。

(13)学习三语后,请分别列举藏汉英三种文化中具有标志性意义的人物、宗教、节日和习俗。

在藏文化方面:只有少数同学(包括藏族同学)知道一些藏族名人,如松赞干布、班禅、仓央嘉措、格萨尔、卓玛;藏族节日有晒佛节、藏历年(喝酥油茶、跳锅庄、放牛、朝拜、不吃鱼、藏餐)、雪顿节;藏族文化习俗,如转经筒、诵经等。虽然生活在四川藏区,但汉族学生回答情况更不理想,这表明四川藏区的多元文化教育任务还很艰巨。没有多元文化教育就很难有多元文化理解,更谈不上对中华文化的正确理解，也不利于民族之间的相互包容和民族团结。

在汉文化方面：同学们对汉族的一些名人和节日都比较清楚，如孔子、墨子、老子、屈原、汉武帝、唐太宗、毛泽东、周恩来、邓小平、江泽民、胡锦涛、鲁迅、沈从文等古今名人；端午、重阳节、春节、清明节、中秋节、国庆节等节日；挂春联、划龙舟、吃粽子、吃汤圆、扫墓、踏青等民俗。这些都表明这些年国家在民族地区的汉族文化教学（当然也是中华文化的一部分）是比较成功的。

在英语国家文化方面：只有少数人能部分说出耶稣、莎士比亚、华盛顿、林肯、丘吉尔、罗斯福、撒切尔、奥巴马、贝克汉姆、霍布斯、迈克尔·杰克逊、马丁·路德·金、伊丽莎白、查理一世、牛顿、孟德斯鸠、但丁等著名人物；知道化装舞会、西餐、吃火鸡、平安夜、圣诞节、圣诞树、圣诞老人、复活节、万圣节、感恩节、情人节、狂欢节等习俗与节日；极少数同学还知道有基督教、天主教、伊斯兰教等世界著名宗教。总体来看了解藏汉英三种文化的人太少，这说明我们的跨文化教育还相当薄弱，需要进一步改进。

（14）你认为在四川藏区工作的英语教师应具备哪些知识与能力才能教好英语？

正如前面的回答所示，在四川藏区工作的英语教师应学习藏语，了解四川藏区的传统习俗与禁忌，了解各民族的文化差异，要入乡随俗，认同藏族语言文化。有较好的语言交流能力，能与当地人交流，具有藏汉英互译能力。会与藏族学生交流、多与学生沟通、同学生建立良好的关系、不歧视少数民族。能适应恶劣的自然环境，综合能力强、艰苦奋斗、吃苦耐劳。在教学上要了解藏族学生的思维习惯和心理特征，能根据不同情况改变教学方法，有耐心、认真负责，因为四川藏区大部分学生接触非母语的时间很短，学起来很吃力。讲课要幽默风趣。脾气要好、有亲和力。要能管住学生，能驾驭课堂。教学经验丰富，知识渊博，英汉口语流利，能因材施教。有能力、有魄力、有魅力，能调动大家的学习积极性。还要热情善良大方，为人处世公平公正。总之，藏族地区教师要集所有美德与能力于一身。

也有少数学生认为，现在藏族说藏语的人虽多，但大都会说汉语，只懂藏语的人很少，所以教师不懂藏语也没关系。

（15）制约四川藏区（族）学生学好英语的因素有哪些？你认为应该怎样解决。

四川藏区的孩子对此有切身的感受与体会，他们的回答值得各级政府深思并立即采取相应的措施、制定相应的政策。

教育没有实现均衡发展，各地区、各民族之间差距很大，尤其是外语教育差距更大。国家重视与推广英语教学的力度不够，四川藏区英语教学质量太差。地理位置偏远，地区差异较大，经济文化教育发展较为滞后。与外界特别是与英语国家交流较少。学生和家长学习英语的热情不高，认为学英语没有用。本民族的地方口音重，外地人很难听懂，会影响交流。学生基础知识差。教师数量少，水平有待提高，教学方法缺乏针对性。藏语和英语之间有较大差异。教学设施差，教学环境与英语学习环境差，同学之间也缺乏竞争意识，缺乏正激励，相反，负激励倒是比比皆是。学生基础差，有的连汉语都不懂，学英语就更困难了。过于频繁的考试增加了学生的负担，加重了学生的挫折感，导致学生对英语学习产生厌倦和自暴自弃的现象发生。学生起步晚，底子薄，兴趣不浓。学生对外交流的机会很少，可以说根本没有。没有英语学习环境与条件，更不用说去上各种补习班、强化班、提高班了。

在对策上，学生们提出，学校尤其是英语教师要教育孩子有梦想，要提高学生对学习英语重要性的认识和学习英语的积极性，培养他们的学习兴趣。教师应多加强训练，多听、多说、多读、多记和多背，努力解决英语的实践问题。教师要根据四川藏区实际，将三种语言融会贯通，教育学生掌握学习三语的办法，提高学习效率，增加学习成就感。适当降低学习难度，耐心教学，培养兴趣，让学生愿学、想学、乐学、好学英语。教师还应改革评估与考核方式，更加注重形成性检验，加大平时成绩和口语考试的比重。政府应加大对英语教学的投入和管理，提高教师的知识水平和教学能力，同时努力改善现代外语教育设备。鉴于有的乡村小学根本就没有正式的英语教师，政府应加强对四川藏区英语教师资源的合理配置，安排更多的英语教师到四川藏区任教，让四川藏区从幼儿园就普及英语和汉语的学习。四川藏区的学生要勤奋努力，持之以恒地学习英语，平时多看外国电影，听英文歌曲。

（16）你认为汉族英语教师尊重藏族的文化（语言、服装、风俗习惯、宗教信仰）吗？举例说明。

绝大多数同学认为汉族英语教师尊重藏族的文化，特别是尊重藏族的风俗习惯与宗教信仰。在藏族节日放假，送上节日祝福。乐意接受藏族同学介绍藏族文化，积极参加藏族活动，如跳锅庄舞之类的。懂得民族与宗教禁忌，不轻易摸学生的头，不随便谈论宗教信仰等敏感问题，讲课时不会触及藏族避讳的问题，以免引起同学之间的争论进而影响团结。教师还主动去了解藏文化并介绍给同学们，教育大家不要相互歧视。

只有极少数同学认为教师不尊重或不够尊重藏族的风俗习惯。但也有同学反映教师从来不探讨此类问题，从未提及过藏文化，这也值得重视。

（17）你认为现行的中小学英语教材适合民族地区的学生吗？有何意见和建议？

多数同学认为适应，也有12位同学认为不适应，一是太难，二是教材中没有藏族语言的解释，藏族学生不好理解，故他们建议开发三语版的英语教材。教材内容应更加注重基础和实际应用，增加趣味性，使藏族孩子更容易喜欢学英语。增加听说训练内容。适当地增加一些具有民族特色的英语课文，可以设计衣食住行及一些地域文化。三语教育地区的学生因要多学一门语言，所以学习会很吃力，应适当降低难度系数。

2）调查结论

随着四川藏区三语教育的逐步推广，四川藏区孩子对三语教育的认识逐渐提高，对三语教育的重要性也越来越了解。同学们普遍认识到，三语教育既可以让藏族学生学好母语，也有助于汉族学生对藏族语言文化有所了解，从而促进藏汉学生之间、藏汉文化之间的多元文化接触、交流与沟通，增进藏汉学生之间的友谊，促进藏汉文化之间的互鉴，从而增强藏汉学生共同的中华文化与中华民族共同的主体意识，共同筑起维护反分裂与维护民族团结和国家统一的坚固阵地。在四川藏区的所有学科教学中，英语教学最能将英语学习与藏汉语学习紧密结合在一起，实现真正意义上的三语教学。然而，当前严重制约三语教育的问题是师资问题，即四川藏区缺乏既懂汉语又懂藏语的英语教师，因此在师范大学的英语教师教育中培养藏授英语教师已经成为当务之急，迫切需要师范大学立即行动起来，为四川藏区的外语教育事业发展、汉藏民族团结、认同中华民族与中华人民共和国贡献力量。

2. 康定中学藏加班调查情况

问题、回答与分析

（1）你从何时开始学藏（汉）语和英语？你怎样看待本民族的语言和文化？

每个民族都有自己的语言文化，而每一种语言文化都有自己的特点，各个民族应相互尊重彼此的语言文化。一个民族兴旺发达的关键在于语言文化的发展水平。

藏族的语言文化从远古时代就产生了，尤为注重道德和修养方面，发展至今博大精深。

藏民族语言文化是藏族人民共同努力创造的劳动成果，融入了藏族人民真实朴素的情感，是藏族人民心血和智慧的结晶，是本民族的灵魂，是民族内部交流的钥匙，也是打开民族大门走向全国、走向全世界的钥匙。藏族语言文化内涵极为丰富，是藏族人民及中华民族乃至全世界的瑰宝。藏语是藏族人民心中最优美最动听的语言，藏文化是藏族人民生命中不可分割的一部分。

各个民族都有自己独特的语言和文化，这些语言和文化都是祖国的瑰宝，具有多样性，应该大力传承和发扬。

藏语文是一门了不起的学问，文化底蕴很深厚。本民族（藏族）的语言文化应该由本民族的人认真学习、继承和传播，不让她在自己的手中流失。本民族的文化和语言是最优秀的。藏族的歌曲和舞蹈都能体现藏族豪放不羁的特点。藏族女孩也是温婉柔美的。

藏语是藏族的身份证，是一个民族生存和发展的基础。本民族的语言一定要继承，只有民族的才是世界的。

我是藏族学生。藏语言文化是我们民族的自尊和骄傲，是一种能让每一个藏族人都感到骄傲和自豪的文化，是藏族的灵魂和精神根基，是生存和发展的基础，对一个民族的生存和发展有着深远的影响。藏族文化内涵丰富，遍及生活的各个方面。我们尊重和热爱本民族的语言文化。从小学一年级（个别从出生、幼儿园）开始学藏文和汉语。藏汉同步学习。我热爱自己民族的语言和文化。我将会努力学习自己民族的语言和文化并将其发扬光大，坚决反对任何人来毁坏本民族的语言文化。我认为藏文化是一种拥有悠久历史、内容丰富的璀璨的文化，是一种具有考察价值的文化，神秘而又美好。藏族文化不但是藏族的瑰宝，也是整个中华文化的瑰宝。我们将努力把本民族的语言文化传承下去并发扬光大。藏族文化应该进一步传遍世界。本民族的语言文化能让我们了解更多的悠久历史和优良文化。

绝大多数从小学开始学汉语和藏语，有的初中开始学英语。但也有的从来没有学过藏语，对母语一窍不通。初中开始学藏语，高中开始学英语。少数同学从小同时学习藏汉英三门语言。三语教育的起点不统一，程度不一致，不但给以后教师的教学组织造成了极大困难，也给不同学生的成长进步形成了巨大障碍，因为不管程度高低都必须学同样的内容，有的严重营养不良，而有的则严重营养过剩，刚好合适的不多。

在学好本民族语言的基础上要学好本国的语言汉语，然后为了国家和民族的发展学好英语。

虽然藏族孩子的汉语学习时间有早有晚，水平有高有低，但他们都对汉语学习感兴趣并愿意努力去学习。越来越普及的民汉双语教育为藏族学生进一步提高普通话水平提供了保障。只是由于多种原因，少部分藏族孩子的普通话水平还不高，会影响英语学习，这也需要引起高度重视。

（2）假如你是藏族，你对汉语学习持何态度？

汉语既是汉族的语言，更是祖国的语言，是中华民族的通用语，即普通话。在我国，汉语是普通话，相当于每一个中华儿女的母语。每个中华儿女都有义务学习普通话。国家法律规定普通话是全国通用语，国家推广全国通用语普通话。

语言文化的变迁体现了一个民族的发展历史。学习一个民族的语言文化就是学习历史，然后才能尊重历史。

汉语是一门必修课程，其使用范围和影响力远远大于藏语，是我们国家的主流语言，是我国各民族间交流的主要工具，也是联合国主要工作语言之一，具有很高的国际地位。

随着中国综合实力的进一步增强，汉语的国际地位与日俱增。汉语的使用范围在整个世界越来越广泛，孔子学院像雨后春笋一样遍布全球。既然少数民族是中华民族的一部分，那么学习各民族的共同语——汉语就理所应当。因此，每一个藏族学生都应该与时俱进学好汉语，不断提高自身的素质和文化水平。当然，汉族学生也应该主动学习其他民族的语言文化。现实生活中，许多汉族学生不懂得少数民族文化，因而出现了有意或无意不尊重少数民族的情况。

　　虽然我是藏族，但我是中国人。我是藏族学生，但我对学习汉语持积极态度，认为学习汉语和学习藏语同样重要。会努力持之以恒地学习汉语，我会在学好和发展本民族文化的基础上积极汲取其他民族优秀文化。汉字有丰富的内涵，生动有趣。学习汉语可以丰富自己的学识。藏族和汉族、藏语和汉语在长期的历史发展过程中、在中华民族大家庭的怀抱里有着天然的、历史的和现实的亲密关系，学习一种语言文化可以促进对另一种语言文化的学习和理解。不学习汉语就无法跟别人交流。学好汉语是为了促进藏民族的发展。

　　丰富和发展本民族文化，先要把本民族语言文化学好，然后再去学汉语和英语，去寻找新的文化精髓丰富本民族文化。

　　学好汉语有利于和汉族同学开展交流，并传播藏族文化。

　　学习汉语可以使我们更好地面对现代社会、更好地解决当今的社会问题，特别是民族问题。

　　对学习汉语有一种好奇的心态、探究的心态，想把汉族的语言文化带入我所在的藏区。对汉语学习抱有一种似曾相识的感觉。

　　我认为汉语是我国的普通话，是全国通用语，博大精深。作为一个中国人，学会普通话是一件理所当然的事情。作为中华民族的一员，不管你是哪个民族的，都有责任把汉语学好，更好地学习汉语中蕴含的优良传统。我会努力学好汉语，因为各民族的语言文化都相互融合，何况汉语也是我们的母语。汉语是我们的第二母语，学习汉语能帮助我们与汉族学生友好相处和友好交流。

　　毕竟汉语使用面较广，出于以后交流的需要，应掌握一些汉语，以后到很多地方都用得上。学好汉语可以增强自己的沟通能力，以后与汉族同胞的沟通就不会用体态语了。

　　汉语必须学，这是与汉族交流、避免隔阂的必然要求，但如不学中文专业就不必下太多功夫。汉语与藏语同样重要，因为汉语是每一个中华儿女必不可少的语言文化，学习汉语既是中华儿女的骄傲和自豪，也是华夏儿女的义务。

　　只要是优秀文化，都应该汲取和学习。以乐观和积极的态度去学习汉语。可以丰富自己的知识、提升自己的文化水平、开阔自己的眼界、提高自己的就业竞争能力。

　　取其精华，去其糟粕。认真学习汉语，取长补短。学习汉语使我们多一个选择，多一条道路；使我们的视野更广阔、生活更精彩、精神世界更丰富。在四川藏区工作，必须掌握藏汉双语。

藏族学生能以开放、包容的心态去看待和学习汉语，努力去了解汉族的风俗习惯。他们一方面对汉族文化持十分开放的态度，另一方面又恪守本民族的核心文化。这样的态度是十分可取并值得充分肯定的。

（3）对藏族（或其他少数民族）而言，双语学习任务已经很繁重了，你认为还有必要学英语吗？为什么？

现在的世界已经成为"地球村"。在这天涯若比邻的世界里，英语相当于一把打开外部世界的钥匙。英语的用途最广泛。只有学好英语才能更好地与外界交流、拓宽自己的视野，才能成为一个素质全面的人。

在科学突飞猛进的21世纪，西方发达国家在科学技术、语言文学和经济上都占优势。学习英语发展自己是非常必要的，可以提高在国际社会的竞争力和个人在职场上的社会竞争力。学好英语可以更好地在世界上立足。

在现代越来越发达的社会中，交流能力似乎成为一种必不可少的生存武器。不仅是国内的交流，更有国际的交流。学好英语有利于国际交流，能适应时代发展的需要，使我们融入世界发展的潮流中。学好英语是国家发展的需要，我们要发展经济文化和先进的科学技术，就要学好英语。可以学习国外更加先进的科学技术，使我们的民族和国家取得更大进步。学好英语对自己的前途很有帮助，可以更好地追逐自己的梦想，为自己的人生理想而奋斗。

在信息化世界，世界各地的联系日益密切，沟通联系比以往任何时候都密切。藏族也要走向世界。对于有梦想有追求的人来说，学英语是必不可少的。因为学习英语能让我们更好地面向世界，可以和更多的人交流，了解和认识西方国家，开阔自己的眼界，丰富自己的语言空间，增加对不同语言、文化、民族和国家的了解，还可以丰富本民族语言文化的内涵。学习英语本身也有乐趣。与时俱进与增强个人竞争优势。不管今后是否能用到，知识面宽总是件好事。

各门语言之间都不是孤立的，而是相互联系的。学习英语可以增加对外国的文化知识的了解，反过来又可以改进本民族、本国的语言文化。

虽然是山里的孩子，但我们要走出大山和国际接轨。梦想是出国旅游，所以要学好英语。要走出国门开开眼界。因为要高考，所以英语很重要。藏族学生也能考上好大学，考上较发达地区大学的英语专业。现在藏族也有很多人在国内外学习和工作。学好英语可以到国外留学和打拼，将藏族文化推向世界。

到四川藏区旅游的外国人日渐增多，如果我们掌握了英语，就能更好地展示藏族的文化、民族特色和风土人情。

如果要使自己走出大山拥抱外面的精彩世界，为家乡的建设和发展做出更大的贡献，拥有更广泛的知识，结交更多的朋友，只有跟上别人的步伐才不会落后。

藏语和英语有很多相似之处，学起来更容易懂，也学得更轻松。

在发扬本民族文化的同时也要吸收和借鉴其他民族和国家先进的文化。将藏族语言文化在世界上发扬光大。

藏族文化走不出去的一个重要原因就是受语言的制约。学好英语有利于藏族文化走出去。希望国家大力支持。

英语也是一门知识，对学生来讲没有比知识更重要的东西了，因为知识改变命运，知识造就未来。学习英语有利于增强我们的口语能力，丰富我们的生活，有利于我们在社会上立足。英语好的人更能考上好大学，找到好工作。少数民族孩子不能在英语学习上落伍。

总的看来，藏族孩子在三语学习任务繁重、压力巨大的情况下，仍然相当重视英语学习，实在弥足珍贵。有的孩子还认识到了藏语和英语作为拼音文字的共性，说明我们的藏族孩子不但很聪明，而且悟性也很高，观察问题的能力很强。

（4）你对自己目前英语学习的状况满意吗？原因何在？

满意。英语作为一门主要学科，在学习中占有重要地位，学习英语既可以增加对本民族的了解，还可以了解其他国家的语言文化。藏语和英语发音特别相似，学起来感到比较方便，英语发音学得特别标准。可以充实自己的生活。在英语学习上已经很努力，并且取得了成绩。能和外国朋友进行最基本的交流。老师在想办法给我们传授知识。有较好的教学资源，老师的英语水平也很高。老师用汉语解释很容易懂。自己不断思考、总结和练习。英语是一门很容易学的语言，只要认真努力，学起来就会很简单。可以和外国人交流，提高自身素质。从小就培养起了对英语的兴趣，英语基础还可以，成绩比以前有进步。有充足的条件去学英语。

一般、不是很满意或比较满意。没有更多的机会去交流。会说几句英语。应试教育不重视交际，学习语言是为了使用而不是为了成天埋头做试卷。没有外教，无法练口语。

基本满意、还可以。学生本身基础薄弱，也缺乏对西方文化的了解，能取得这样的成绩还算可以。英语具有很大的魅力，因为对英语的兴趣很大，喜欢唱英语歌，看英语电影，想去钻研，去了解那些文化，尽我所能地去学英语。付出总有回报，为了更好的工作机遇和今后更高品质的生活。虽然起步晚、基础差，但日积月累，就会一天比一天有进步。教学条件和质量比以前好。成绩比初中下降了。开始慢慢找到感觉了。学校几乎没有举办英语的活动。有的同学主要是从高中才开始学英语，接触太少，跟不上。也有同学喜欢和外国人沟通，成绩处于上升状态，还跟得上。

不满意，因为学得太晚和缺乏对话交流机会，学生基础太差，学起来很吃力，上课听不懂。小学和初中都没有学过英语，所以到了高中感到很自卑。主要原因是英语很难，英语词汇量不够，口语能力差，仅能做一些简单的自我介绍。多数同学认为语法难学。初中时学习态度不端正，基础知识没学好，很多知识听不懂。有的同学不管怎样刻苦学习，一直学不懂，还易忘，成绩总是上不去。还没有入门，觉得英语不是我们的母语，没有学好也没有关系。本地区英语环境氛围差，英语师资力量不足，师资质量跟不上时代的步伐。当然也有许多个人因素，如不够努力。没有语境，学习环境差，周边没有说英语的。小学时没有机会接触英语，初中时只接触了一点点，所以现在学起来很困难。学习另一个民族另一个国家的语言文化需要与其直接接触和交流，才能更好地了解这个国家的人民、语言和文化。上课没有认真听老师讲，课后不认真做作业。写英语作文感觉有点难，组织语言的能力较弱。理解与诵读能力不够。应试教育对口语教育影响较大。对学好英语缺乏信心。难以投入英语学习中。基础不到位，进一步提高难。达不到自己的期望值，如看懂原版小说、电影，流利对话。学校组织的英语交流活动太少。虽然考试能取得很好的成绩，但总觉得在与他人交流方面还有很大欠缺。自己没有抓住学习机会。老师的水平和能力不行，教学条件不够好。英语老师的更换太频繁，学生刚适应又换人，让学生无所适从。口语能力不行，与老师不重视有关。理科生作业太多，没有太多的时间去学英语。很多同学的学习方法存在这样那样的问题，不会学习英语，学习成绩上不去，很想得到学习策略和学习方法的具体指导。不满意的对象有教师、自己、生活学习环境、习惯等。虽然觉得英语很重要，但个人认为很无趣，成天只是背单词而已。上课听不懂，考试考不好。

　　初中英语教师普遍抱怨的是学生不愿学英语，而这里确是另外一种景象：抱怨学校和政府没有更早地开始英语教学。

　　虽然很多藏族孩子对英语学习的认识是相当到位的，但现实却很残酷：由于多种原因，学习效果远不尽如人意。学生们分析了自己的原因，同时也相当中肯地指出了存在的问题，包括老师的问题，这些都值得我们深刻反思并采取相应的对策。

　　（5）你的英语教师懂藏语言文化吗？你认为你的英语教师有必要懂藏语言文化吗？为什么？

　　刚开始学英语时很多藏族同学的汉语还不是很流畅，需要老师用藏语解释和说明，更便于和我们沟通，学生的学习效率更高。藏语和英语的语法和语音都有很多相似之处。如果英语老师懂藏语言文化，就可以更好地给自己的学生传授知识和技能。可以把英语、藏语和汉语学习有机地结合起来。作为一位在四川藏区任教的英语老师，在同学不懂的方面可用英语解释。用藏文翻译教学内容，我们更容易理解，也能帮助我们更好地了解藏民族的语言文化。英语和藏语有很多相似之处，特别是发音，这有利于教纯正的英语音标，只有懂藏语的老师才能善于利用这些特点、把握其精髓并教到位。教师可以结合实际教学，提高我们的英语水平。可以和老师更好地相处，更好地用英语去了解藏族文化、传播藏族文化。鉴于西方文化和藏文化的差异，英语老师只有了解了这些情况才能更好地消除我们的疑惑。藏族英语老师应该懂得本民族文化的精髓。本身就是藏文班，英语老师如果懂藏文化能增进彼此间的了解和认同。搞好与藏族学生的关系有利于促进教学。凡是我们汉语听不懂的地方就会用藏语解释。英语老师要在四川藏区发展就应该懂得一些最基本的藏语，遇到藏人也可以打声招呼，也可以更好地做家长的工作。英语老师懂一点藏语有利于我们认可英语老师进而认可和接受英语，与老师建立更为亲密的师生关系。懂藏语能更好地了解藏族孩子英语认知的规律、策略与方法，从而更有利于因材施教，增强教学效果，提高教学质量。老师应了解学生母语及其文化的特点才能对症下药、因材施教。就算课堂上用不着藏语，师生之间私下与学生交流更方便，学生也更愿意把自己的真实想法和感受告诉老师，增强对老师的信任感。对母语具有特殊感情。一方面藏英结合，学起来更有兴趣。另一方面，还可以增加我们的母语语言文化水平，还可以学到藏语文化的英语表达方式，以便更好地向世界传播藏族文化，从而架起藏族和世界其他民族文化交流的桥梁。更能了解和认识一个民族的心理特征和性格特征。

要想成为一名优秀的教师，就要对教育对象的语言文化有所了解，才能更好地从事教书育人的工作，否则老师的教学有可能陷入对牛弹琴。懂藏语的英语老师发音会更准确。多懂一门语言就多一份安全感，在四川藏区更方便沟通。藏文和英语同属拼音文字，找到其共性会使我们更有兴趣也更有利于学习。四川藏区藏族学生占多数，藏语的拼写和发音对英语学习有一定影响。可以将藏文化与英语相结合，找到更适合四川藏区学生学习英语的方法，让更多的藏族孩子更容易学好，促进藏文化发展。

如果老师不懂藏语言文化，就很有可能因不清楚而无意间犯了学生的文化禁忌，轻者导致同学失去学习兴趣，重者导致学生对老师的反感和厌恶，英语教学当然就无法顺利进行下去。如果懂，就不仅会减少这些烦恼，还能促进与学生的交流，增强师生之间的感情，还能极大地促进英语教学，一举两得。英语教师在四川藏区生活也需要藏语。

也有同学认为没有必要。主要是学生自己不懂藏语。术业有专攻。英语与高中藏语言直接关联不大。师生之间可以用汉语或者英语交流，老师没有必要强迫自己去学藏语。

尊重英语教师本人意愿。如果老师学会了藏语当然是好事，如果没有学会也没多大关系，毕竟我们都用汉语交流。

也有同学认为懂不懂藏文化都行，只要把我们教懂就行了。

绝大多数学生认为，他们的英语教师懂藏语言文化是必要的，有助于他们学习英语，增进师生之间的感情，还有利于更好地在四川藏区生活。同学们的回答是对开展本课题研究的充分肯定和有力支持。

（6）你的英语教师用全英语教学吗？如果不是，用汉语还是藏语辅助教学？

不是，有的用藏语语辅助教学（有时会用。老师是藏族人）。有的用汉语辅助教学，课堂上没有说过藏语。有的用汉语和藏语重复辅助教学。有的都是用汉语辅助教学。英语学习失去了应用的趣味性。老师上课说一句英语翻译一句，简直就是翻译课。

（7）在汉语和英语学习初期，你是否希望英语老师适当地用藏语做出解释？为什么？

四川甘孜州大多数地方都在用汉语沟通，并不是你们想象的那种纯牧民聚居地。

希望。我们都是藏族学生。藏语是我们的母语，是最早接触和学习的一门语言，用藏语解释会事半功倍。因为我喜欢藏语，在藏文化环境下长大，对藏语耳熟能详，很容易听懂老师用母语藏语讲课。用藏语辅助英语教学能让我们感受到民族的尊严，感受到来自汉族的尊重，感受到国家的关怀。因为藏语跟我很贴切，不但很容易理解，而且理解得更深入。在未学习英语时，老师教的有些知识有些藏族学生可能很难理解。如果适当用藏语解释，以此做必要的铺垫和过渡，有助于我们更好地理解和学习，吸收和消化所学知识。有的学生汉语水平还不是很好，知识很有限，不能完全表达出自己的思想，需要借助母语才能完全表达。除母语外，用其他语言教学都太模糊了。关键的地方用母语一解释就一目了然。因为在汉语和英语学习初期两种语言都听不懂，希望英语老师用藏语解释。刚开始学英语的时候什么都听不懂。藏族人听藏语如鱼得水。藏语和英语共同之处很多，如一些语法和动词时态的变化。汉语还不够好，与老师沟通还存在一定程度的障碍。藏文也是一种拼音文字，与英语在语法结构上也有相似之处，如藏文也和英语一样分时态：过去式、现在时、完成时等。能更好地理解英语词语和语法的含义，可以更好地进行比较，发挥联想记忆的优势。用本民族语言解释会更深刻，通俗易懂，效果就更佳，使英语学习不但不再是拦路虎，反而成为催化剂。初中阶段和高中阶段英语教师的语音有差异，很不适应。在学习初期听不懂，有许多东西都没有接触过，学起来很吃力，如能尽量从本民族的角度教学，理解起来就会容易得多，可以进一步巩固和提高藏语水平，一箭双雕，既学习了新的语言，又温故了本民族的语言，两者相结合。可以同时学习三种语言，接受三语教育。前提是我们也要懂藏语，因为可以促进民族特色文化的发展，留住藏语言文化的根。

短期是为了适应，长期是为了发展。很多同学都提到，这在汉语还不够熟练、英语学习刚开始的时候特别有必要。如果这个环节解决好了，学生英语学习就有一个好的开端，否则其效果为：开始学习之日就是失去兴趣之时。例如，在小学，很多学生汉语不够好或不懂汉语，用藏语就有必要，学生理解和接受起来就更快。但是到了初高中特别是高中，必要性就不大了。

总的来看，会藏语的希望英语老师用藏语解释，而不会藏语或不太会的比较反对。

从小就开始接触汉语,已成习惯,老师用汉语上课能理解。虽然英语和藏语有相似之处,但区别很大,搞不好学生易混淆。老师用汉语讲解接受起来较为简便。老师用英语讲课可以提高我们的英语语言能力。我们学的是英语不是藏语。可能养成英语学习的坏习惯。虽然藏族学生懂藏语,但不懂标准藏语,每个地方的藏语存在差异,都有自己的方言,还不如用大家都懂的汉语。藏族学生必须尽快适应英语老师的教学方法和语言,才能从根本上把英语学好。虽然暂时可能听不懂,但日积月累就听懂了。老师如果用藏语讲,我们就不会那么专注地听老师上课了。

语言之间因文化因素与发展程度势必存在词汇空缺,有的英语现象很难用藏语解释清楚,用汉语更为妥当贴切。

不懂汉语或汉语水平低的学生希望教师用藏语解释,而汉语水平高的学生希望直接用英语解释。不管是用藏语还是用英语,都表明重视和加强民汉双语教学的必要性和重要意义。

(8)你的英语教师在教学时注重英美文化教学吗?在教学时介绍了美国、加拿大、澳大利亚等是由多民族、多语言和多文化组成的"熔炉国家"或"马赛克国家"吗?

注重,介绍了英美文化与习俗、有名的节日、特别的风俗习惯、各国概况与文化组成要素。会介绍相关国家,但以课本为主,偶尔提及英美的文化和生活方式,几乎没有拓展。有一篇课文里讲了英美文化的区别。经常给我们介绍外国的文化与民族特色。有时在课堂上介绍美国梦,鼓励我们努力实现中国梦。本地区根本没有文化教学,有的只是翻译教学、分数教学。老师照着课本讲,没有什么补充。

(9)你的英语教师在教学时介绍了美国、加拿大、澳大利亚各民族学生实行的国家主流语言英语和本民族语言教学相结合的双语教学政策吗?介绍了通过双语教学促进彼此的相互了解、尊重、信任和包容及促进了对共同的祖国的热爱吗?请举例说明。

部分同学表示介绍过。他们的双语教育政策丰富和发展了本民族文化,同时也加强了民族间的文化交流,促进了对主流语言文化的理解与认同。老师把中文和英文与藏文进行对比。我们大部分同学都知道:在外国办孔子学院,各国互换交换生,增进了对中国文化的了解。在四川藏区的很多地方,必须采取藏汉或者汉英双语教育,准确地讲是藏汉英三语教育才能达到教学目标。

也有同学表示没有听说过,老师只讲课文。

(10)在美国、欧洲甚至在亚洲的新加坡,三语教育方兴未艾,极大地促进了文化交流和经济发展。你的英语教师给你讲过吗?介绍过他们的教学方法吗?我们在有些民族聚居区目前也实行母语+汉语+英语的三语教育，对此你怎样看待？

基本上可以说，高中只有藏加班才有三语教育，这就是现实。初中、小学也不多见。

讲过美国的教育方式。都是一些重要的语言，我们都要以认真、积极、乐观、向上的态度去看待和学习。三语教育能在学习本民族语言的同时也学习汉语和英语。三语教育政策让我们很自豪，我们对这样的政策很满意，应该提倡和推广。让藏族孩子既不忘根传承民族文化，又能掌握祖国和世界主流语言，走向全国，拥抱世界。能增加我们的知识，开阔我们的视野，有利于四川藏区和藏族孩子未来的事业发展。在四川藏区实行三语教育能扩大我们的知识面，促进学生的沟通能力，提高我们的学习兴趣，提升学生的素质，更好地适应社会发展的需求。三语教育的基础是母语。只有在学好母语的基础上学生才能更好地接受其他语言文化的学习。藏语是藏民族的母语，学好藏语有利于留住民族文化的根，藏语非学好不可。汉语是我们出走大山通往外部世界必备的交流工具，而英语可以拓宽我们的视野，为我们的未来做好准备。学习藏语和汉语可以进一步培养民族文化精神，让我们更加热爱中华文化。

绝大多数藏族同学认为，三语教育不仅弘扬了自己的母语，也增添了新的语言，三全其美。这样三者相互促进，相互转化，可在同一时期内懂三门语言。这样不但懂得多，而且知识也不会局限于某一领域。由语言到文化，一步一步地，一个人的知识面更广了，交流的范围更大了，人活着也更精彩了。很值得提倡和推广。通过三语教育，可以促进彼此的相互了解、尊重、信任和包容，还可以促进对祖国的热爱，促进文化和经济发展。

三语教育有助于将藏族的语言和独具特色的文化传播出去，使其传统与现代相结合。

一些同学表示没有介绍过，相关资料和研究都很少。认为首先应该学好母语，其次有选择性地学习汉语和英语。

绝大多数同学认为，三语教育应该从小抓起，大力发展、层层推进。还能促进各民族间相互了解，相互尊重，和睦相处。

有的同学没有学习藏语，只有汉英双语教育。应该更注重本民族语言。四川藏区教师的素质差，学习环境也不好。

三语学习任务太过繁重，给本来起步就低、就晚的藏族学生造成更大的压力。二语就够了。

从学生的上述回答中可以看到，由于四川藏区的英语教师接受的培训不足，他们对外部世界的多元语言文化教育的理论和实践知之甚少，甚至根本不知道，因而无法借鉴世界各地的多语教学理论和实践。因此，有必要对教师们加强这方面的培训。

（11）就你所知，我们目前的三语教育取得了哪些成绩？还存在哪些问题？请举例说明。

加深了对藏语的了解，促进了藏语学习的积极性，同时还学习了汉语和英语，因而得到了各民族的认可，可谓一举多得。通过汉语学会了很多古诗，也了解了很多藏民族的文化，英语学习了很多单词和句型，但口语水平始终提不高。三语教育促进了各民族学生的共同发展。三语教育促进了少数民族地区旅游业发展，进而促进藏民族的文化传播与不同文化之间的交流，消除心理隔阂，保持心态平衡，从而减少各民族之间的矛盾。

对三种语言文化有了进一步的了解，促使自己的语言文化修养进一步提高。可以跟汉族人民交流。

与过去相比，三语教育取得了巨大的进步，使民族地区的单语、双语教育很快发展到三语。大部分地区都普及了三语教育，并且较完善。

但有些偏僻地区仍以双语为主，对英语不是很重视。原因在于：①老师没有能力吸引学生学习英语；②政府没有努力普及英语教育；③学生和家长普遍对英语学习不重视，认为学习英语无用。

学生们基本上能够理解三个民族不同风俗习惯，可以进行基本的交流。相互借鉴，共同发展。促进了藏汉文化交融与民族关系的和谐。促进了一个人的全面发展，提高了学生的文化水平和语言能力。有些地方实行了三语教育。不仅学习了本民族的文化，还使有些藏族同学出国深造。四川藏区培养出了藏汉英三门语言的翻译家，促进了民族区域的发展。让每一个四川藏区的同学都能学到三语，了解自己民族、汉族和英语国家的语言文化。相比较而言，汉语教学取得的成绩较大，而藏语和英语教学取得的成绩较小。

不同民族很难深入地讲不同的语言。各地区发展不平衡，三语教育远没有普及。还有很多藏族孩子不会读汉语，特别是牧区的孩子汉语水平更差。目前学校主要重视英语和汉语教学而忽视了博大精深的藏族文化。藏语从小就开始学，有一定基础，没有什么问题。汉语基础很差，主要在于不感兴趣。英语虽然想学好，但小学初中都没有学过。英语应同藏语和汉语一样从小抓起。三语教育只在部分地方实行，其他地方则是开藏文班就不开英文班，有英文班就没有藏文班，而有的班级有汉文就没有藏文，把三语教育变相篡改为双语教育。英语问题最大。部分地区师资不足。真正学习三语的人太少，尤其是坚持学习三语的人屈指可数。

问题还相当多：政府不重视藏语教学。有的地方只重视单语教学，有的学校对藏语重视不够，如藏文班都是普通班而非实验班、重点班。部分学校不教藏语，学生存在偏科现象，与三语教育不符。有的藏族学生放弃了自己的母语去学习汉语和英语，连自己民族的文字都写不来读不出来，这是很不好的。执行起来不够灵活，没有真正做到因材施教、因地制宜。推广力度不大，范围较小，有许多地区还未普及。藏语和英语教学都比较薄弱，汉语教学较强。三语学习可能对母语学习形成冲击。三语教育在那些汉化程度较高的地方根本没有得到贯彻落实。担心一门语言都学不好。上课效率不高，三语教学翻译过来翻译过去的，要占用不少时间，大多数藏族孩子的英语学习不够理想，学得好的学生极少。少数学生对学习英语有抵触情绪，主要是认为英语在以后的工作和生活中用不上。地区之间发展不平衡，重城市而轻农村，在城市轻而易举的事情到了偏僻地区就比登天还难。

三语学习，比之较发达地区的双语学习，压力更大、负担更重。国家应出台一系列优惠政策鼓励三语教育。

师资力量很不给力，相当部分教师只会讲汉语，少数老师能讲藏语和汉语或者汉语和英语，真正能够胜任三语教学的老师凤毛麟角。

总的来讲，汉语学得好者较多，把藏语和英语学得好者少。有人指出，如果学习藏语的人越来越少，藏民族文化就会面临危机。

藏加班可以基本上称得上是三语教育，所以比较注重藏语学习。强烈呼吁从小学开始就普及三语教育。

相当部分学生认识到了三语教育的重要意义，但是由于各方面条件的限制，四川藏区的三语教育还面临太多的问题，完全可以说任重道远。

（12）英语老师在课堂内外结合英语教学进行过藏汉语言文化教育吗？组织与参加过相应的节日庆祝活动吗？有何收获？请举例说明。

汉藏两种文化传统在过去近一千四百年的交往过程中，互相吸收、互相渗透，达到了难分彼此的程度。汉藏交融，实至名归。认同同一个文化的族体可以从语言、宗教、神话和传说及仪式等方面得到反映。

一部分同学反映有收获，老师不但和同学们一起过了藏历新年，还曾组织大家过了一个外国的节日，增加了师生间的相互了解。用藏汉英三种语言组织和解说晚会，一起跳锅庄舞等，很有趣。此外，还组织学生参加赛马节，写关于赛马节的英语作文。同学们通过各种藏族节日，认识到藏民族文化的优秀并引以为豪。但部分同学表示没有收获，很希望能增加课外知识的积累，了解更多的多元文化知识，具有更强的多元文化交往能力。有的英语老师不太了解藏族文化习俗。

学生基本上都能认识到开展民族文化活动的意义，但由于教师不懂或学习任务太重等，这类活动开展得并不好。

（13）学习三语后，请分别列举藏汉英三种文化中具有标志性意义的人物、宗教、节日和习俗。

藏文化方面：藏语创始人土姆·桑布扎、松赞干布、卓玛、容中尔甲、晒佛节、班禅、佛教、本教、仓央嘉措、格萨尔、卓玛、藏历年（喝酥油茶和青稞酒、锅庄、放牛、朝拜）、藏族歌舞、转经筒、诵经、雪顿节、晒佛日、放生节、光棍节、跳神大法会、酥油灯会、藏羚羊、哈达、火把节、盛大节日要穿节日盛装。但值得注意的是,有的藏族孩子居然连一个都说不出,不知是否是有意不回答。

汉文化方面:毛泽东、周恩来、邓小平、江泽民、胡锦涛、鲁迅、郭沫若、黄帝、炎帝、尧、舜、禹、孙子、屈原、唐太宗、汉武帝、道教、佛教、儒教、端午、重阳节、春节、挂春联、放鞭炮、清明节、中秋节、建党节、划龙舟、吃粽子、吃月饼、吃汤圆、重阳节、元旦、国庆节、宗教自由、秦始皇统一六国、统一汉字、孔子、墨子、老子、林则徐、李白、杜甫、张学友。

英语国家文化方面:莎士比亚、华盛顿、林肯、丘吉尔、罗斯福、撒切尔、奥巴马、贝克汉姆、霍布斯、迈克尔·杰克逊、马丁·路德·金、查理一世、牛顿、孟德斯鸠、拜伦、乔布斯、詹姆斯、亚瑟王、伦敦、伊斯兰教、但丁、拿破仑、希特勒、卡扎菲、拉登、斗牛节、化装舞会、西餐、吃火鸡、用刀叉吃饭、平安夜、耶稣、耶和华、基督、天主教、圣诞节、复活节、万圣节、感恩节、情人节、狂欢节。

(14)学习三语后,你对本民族、中华民族的认识有无变化?有哪些变化?

一半多的同学回答说有,而且还回答说变化太多了。不但认识到了藏族文化对中华文化的重要作用,同时也认识到了中华民族的伟大和中华文化的博大精深,还认识到中华文化是各民族文化的共同体,有多种民族语言和文化。各民族文化一律平等,无优劣之分。不同民族有不同的语言文化和风俗习惯。

学生们对本民族的认识更深刻更透彻,对本族的语言文化有了更深刻的了解,更加喜爱本民族的文化,要认真传承本民族文化。只有更加了解本民族独特的风俗习惯和节日,才能增强对本民族的认同。

学习英语后了解到世界是一个多元文化的世界,更加了解了各个国家的节日、习俗等。有同学认为每一种文化都很重要,每一种文化都承载一个民族的历史。学习英语后同学们扩大了视野,学到了更多的知识,表示要从多方面去学习和探索不同国家民族的文化。

从同学们的回答中可以看出他们对多元文化之间的关系有了更清楚准确的认识。他们回答说各民族依赖祖国得以发展,祖国因为各民族而多姿多彩。各民族的语言文化都有自己的长处与不足,汉族和藏族应该取长补短、互相学习、共同发展,汲取其他民族语言文化的精华去完善自己民族语言文化。还有同学认为,藏族应该多注重科学技术方面的发展,应该借鉴其他民族的文化。

也有极少数同学回答由于没有接受过三语教育,因而说不出究竟有什么作用。

多数同学肯定了三语教育的价值,有助于他们内知本民族和汉族语言文化,外知英语语言文化,对其形成正确的民族观、文化观和世界观都有重要作用。

(15)你认为在四川藏区工作的英语教师应具备哪些知识与能力才能教好英语?

文化程度要在本科及以上；有实际的教学经验和能力；有良好的沟通能力。具有多元文化和跨文化知识与能力。

首先要有一颗善良的心去爱护藏族孩子。三语表达能力强，经常带一些外国人进来和我们一起练口语。还要知道国外三语的教学目的、教学模式和教学方法。认识四川藏区的不足和英语学习上存在的困难，有适合藏族学生学好英语的教学方法，以便对症下药、因材施教。知道怎样去调动藏族孩子的学习兴趣，能与藏族孩子在情感上产生共鸣。热爱四川藏区，热爱四川藏区外语教育事业。不怕苦，不怕累，受得了委屈，耐得住没有亲情的寂寞。具有较强的独立生活能力和心理素质。千万不要歧视藏族学生。无私奉献。会藏族音乐舞蹈。

懂得藏族的风俗习惯，风土人情，宗教，学生的优势与不足。有较强的适应能力。性格随和开朗，入乡随俗。能适应四川藏区气候环境，抗高原反应、抗缺氧、抗高寒能力超强。性格开朗，幽默风趣，善于与人交流，热爱藏族文化。最主要的是懂藏族语言文化，能融入少数民族地区。必须有耐心，老师可以尽可能多教几遍，让学生尽可能学懂。绝对不应该有民族歧视的观念，在教学中应消除民族观念，要让每个同学感觉到老师对自己的民族很尊重，这样也才能得到藏族同学的认可。

掌握与藏族人打交道的方式方法，了解藏族人的思维方式和行为习惯特点，更重要的是要主动走进藏族。

除此以外，学生几乎毫无例外地认为老师应学习藏语。

孩子们几乎异口同声地指出他们的英语老师学习藏语言文化的必要性和重要性，这为我们开展三语教师培养实践提供了最大的动力。

（16）在遇到不同语言文化学习之间产生矛盾与冲突时，你觉得应该怎样解决？

应先了解各民族的风俗习惯和语言文字。正确认识各民族文化的优势和缺点。采取合理的措施去解决矛盾。具体问题具体分析，找问题的根源。坚持正确的，摒弃错误的。认真分析，坦然应对。找老师同学帮助，找懂的人提建议。静下心来好好交流。既认同本民族文化，又尊重而不歧视其他民族的文化。

处理问题的关键是在承认自己的语言文化的同时尊重其他民族的语言和文化，遵循各民族文化一律平等的原则。抓住主要矛盾，原则性问题以心换心，非原则问题，大事化小小事化了。既要坚持本民族的文化立场，也要尊重差异。心平气和，学会妥协和让步，从国家的角度而不是简单地从民族的角度思考和处理问题，决不意气用事。

通过三语教育，孩子们在看待与处理语言文化之间的矛盾冲突时更加充满理性，这一点特别可贵。

（17）制约四川藏区（族）学生学好英语的因素有哪些？你认为应该怎样解决。

经济发展较为滞后，交通相对不便，很多藏民还不同程度地存在温饱问题，孩子有可能为了增加家庭的经济收入而逃学甚至辍学。英语不是本民族文化，学生有抵触情绪和抵制心理。学校开展英语教育的条件有限。

教育，特别是基础教育没做好，教学质量差，农村、牧区的小学基本没有开设英语课程，导致学生学习英语的时间太少、持续时间太短。其他地区的学生从小就开始学英语，本地区学生很少学过。缺少英语教师及缺少交流和展示自己的机会。有的学生家庭条件差，不够重视英语学习。经济与生活条件较差，师资力量少，质量不高。学生基础差。藏族家庭对教育尤其是英语教育不够重视。学生没有条件跟外国人交流。认为英语不重要，只有少部分人学习英语。缺乏英语教学的环境氛围。对国外和较发达地区先进的外语教育缺乏研究，对本地区行之有效的外语教育方法缺乏提炼、总结和推广。缺乏懂藏语的英语老师，缺少认真负责英语好的老师。

环境是一个重要因素，没有良好的语言环境就根本学不好英语。例如，大家只有在课堂上才能接触英语，生活中根本不能接触，导致大家学了就忘了。还有就是把英语学习当作应对考试的工具。

信息流通较为不畅，学生对外界的事情知之甚少，不要说外来的西方文化，就是对较发达地区的文化也不够了解。农牧区藏民的思想意识比较保守，不易接受外来的新思想和新事物。需要有耐心和诚心做艰苦细致的思想启蒙和开导工作。

学生方面不喜欢学，努力不够。对英语学习存在误区，认为高不可攀，无法学习。技术方面设备差，教学资源相对匮乏，教学条件较差。有些地方小学甚至初中都没有开设英语课程。师资方面缺少优秀教师。不重视英语。没有适合藏族学生学英语的教学方法，老师以不变应万变，用教汉族孩子学英语的方法去教藏族孩子，犹如对牛弹琴。老师上课不精彩、不生动，枯燥乏味。老师的教学质量差，能力有限。老师的责任心太差，有的老师不好好教英语，导致我们的英语基础很差。老师的发音不够好。没有外教，没有借鉴别国的经验。

学生几乎没有说和用英语的机会。许多学生养成了只会写不会说的习惯。这些都制约了学生的发展。学生应和外国人多交流、多说、多读、多写。

要教育藏族学生端正英语学习态度，明确学习目的，全面提高对学习英语的认识。多搞一些活动，让学生经常读英语书，看英语电影，激发和提高学生的学习兴趣。

国家应该注重民族地区的英语教学质量，教育藏族学生认识到英语学习的重要性，多提供一些学习英语的工具，教会学生英语学习的方法。国家和学校要培养好英语教师，尤其是懂藏语的英语老师。发展经济，加大教育扶贫的力度，改善基础设施，让藏族孩子的求学之路不再难。应该加大西部大开发的力度，让山里的藏族孩子也能享受到和较发达地区汉族孩子一样好的教学条件。应该加大对四川藏区英语教学的投入，重点培育英语教师，普及英语教育，加强对学生英语学习的教育。国家还应制定民族的专门的语言教育政策。学生上课要认真，经常背诵。英语教学应从小抓起，从小学抓起。营造良好的外语学习氛围。关键是要培养学生具有坚强的毅力和战胜困难的勇气和信心、百折不回的顽强意志、不达目的决不罢休的豪迈气概。

照亮学生的心灵，点燃学生的梦想，为学生指明奋斗的方向。应该让四川藏区的孩子学好藏语，因为他们不管学什么都是用藏语进行逻辑思维的，学英语也是如此，必须首先转化为藏语才能进行思维，然后才能转化成自己的东西。如果没有良好的母语基础，藏族孩子想学好英语就难上加难。

建议学校请外教，多开展一些英语活动。

对四川藏区英语教育存在的问题，孩子们有切肤之痛，也更有发言权。我们应当认真听听他们的声音，努力创造条件改进英语教学。

（18）你认为汉族英语教师尊重藏族的文化（语言、服装、风俗习惯、宗教信仰）吗？举例说明。

多数同学认为汉族英语老师尊重藏族文化。例如，在风俗习惯、文化方面，汉族英语老师会穿藏装。老师不会说藏族人忌讳的词语和话题，上课一般都不提民族信仰问题。不去触及我们的禁忌，如从不打、摸我们的头，从未羞辱过藏族学生。很愿意学藏语。尊重佛教，尊重我们民族的语言和服装，了解一些藏族的语言文化，很喜欢听藏族同学说藏语，穿藏族服装，不阻止藏族学生间的藏语交流。老师会微笑着听我们介绍藏文化。

还有同学反映说，老师在处理禁忌和宗教信仰方面还需要改善。

在四川藏区工作的汉族英语老师还是很尊重藏族孩子的语言文化和风俗习惯的，当然个别老师还存在一些问题，需要引起重视并加以解决。

（19）你认为现行的中小学英语教材适合民族地区的学生吗？有何意见和建议？

多数学生认为基本适应，但教材里的很多内容学生们没有接触过或者不了解。希望能出版和本地区的实际情况相结合的新的教材。应该多一些注释，特别是用汉语和藏语注释。应加强口语教学。希望增加一些有关西方文化和本民族文化的介绍，出版一批适合藏族地区的英语教材，增加一些关于藏族风俗习惯、服装、节日、日常生活的词语及相应的图片，一来可以向外界更好地介绍藏族的文化，二来也让大家觉得得到了尊重。一般教材里语法方面的内容太多了，口语训练方面的内容则太少了。

学生们普遍希望教材内容更简单一些，更容易理解。学生英语基础差，教材应该多设计一些强化基础知识的内容，这样效果会更佳。在有些地区学生学习英语的能力还不强，现行的中小学英语教材对他们而言还是太难了，希望可以编写反映藏族特色的英语教材，提高小学初中教学质量。可以更生动一点，增加更多的图片、漫画、卡通人物等。增加情景对话、讨论等口语练习。加强对学生的英语基础教学，培养学生学习英语的兴趣，提高其学习能力。教材过于困难的话，一开始就打击了藏族孩子的英语学习信心。各地区的教材应根据其实际编写。进一步突出民族和地区特色。一是要有其他民族的文化，二是例句和练习要举一些更加贴近本民族生活习俗的例子。应该多增添一些英语学习方法的指导，使学生掌握英语学习的正确方法，毕竟工欲善其事，必先利其器，从而做到事半功倍，如用图画的方式表示怎样记单词。

还有同学说，四川藏区的英语教学不是教材的问题，是老师的问题，是教师不合格的问题，是老师数量相对不足的问题。希望英语教师好好教，改进教学方法，重视语音教学。建议请较发达地区的英语老师和外教，增加口语练习的机会，创造英语学习的环境。

三、对策建议

（一）增强教师的多元文化与多元文化意识

多元文化指文化具有多样性与差异性。它是一种政治诉求。多元文化兴起于少数民族或族群争取平等的政治、经济、文化权益的民权斗争，这就体现出多元文化这一理念的出现及逐渐被人们所认可是作为某一民族或种族争取政治、经济、文化等方面的平等的一种结果。多元文化不再仅仅局限于文化，而囊括了给予各民族政治、经济、社会、文化的平等权等多重内涵。

多元文化是一种思维方式。理解多元文化就是承认文化具有多样性与差异性，并且要认识到所有文化都是平等的，他们之间有着直接或是间接的作用与影响。

多元文化教师教育是现代教育研究关注的焦点，也是当代多元文化教育提出的迫切要求。藏族地区由于历史沿革等原因而形成多民族、多文化共存的形势，使实施多元文化教育成为必然。多元文化教育的目的不仅要培养少数民族成员的跨文化适应能力，提高适应现代主流社会的能力，以求得少数民族个体的最大限度的发展；还要继承和发扬少数民族地区的各民族优秀文化传统的遗产，以丰富人类文化宝库，最终为人类及文化的发展做出应有的贡献。

多元文化教育要求教师拥有多元文化素养，来实现多元文化教育的目标。但在少数民族地区，学校教育更多地关注国家主流文化、现代知识的学习，关注对学生适应主流社会能力的培养。而对民族优秀文化、地方性知识的学习仍关注较少，教育不能满足少数民族地方民族文化发展需要、少数民族地区特殊的人才培养需要、学生适应地方性的能力培养的需要。在少数民族地区这样复杂的多元文化环境中，为了更好地实施多元文化教育，就要求教师掌握实施多元文化教育的知识、能力和态度。

（二）尊重多元文化促进外语教学

外语教学其实就是两种甚至是两种以上的文化之间的对比交流。由于不同民族的文化传统有着很大的差异，教与学的过程常常会不可避免地发生文化震荡（cultural shock）和文化冲突（cultural conflict），不同民族创造的文化及各种文化之间的不断交融必然导致多元文化的产生。这就要求外语教师理解和承认不同民族具有各自创造其独特文化的基本能力，理解和承认不同民族存在文化、观念和行为的差异，这样才可以提高教学效率与质量。

培养学生跨文化的交际能力是外语教学的最终目标，所以外语教学的重心应从注重对学生进行语言知识的传授转到注重跨文化交际能力的培养上。在教学中，教师首先要加深对汉语语言文化的了解和认识，自觉地培养对文化的洞察力和适应力，要考虑教学内容的语言知识，更要深刻地认识外国民族的历史发展、社会制度、一般习俗、礼仪禁忌等，并善于进行文化对比，有所选择地向学生比较其中的异同，从而引导学生学会从具体的实际情况出发，了解中外不同语言所蕴含的文化内涵，独立思考、分析、判断，求同存异，跨越文化障碍，真正做到自由交流。

多元文化意识能够帮助教师了解异文化与母文化在语言结构、语言运用规则等方面的异同，使他们能够逐步理解并接受不同于母语的使用规则，对第二文化、第三文化能采取比较客观的态度。正是有了客观的态度，在组织外语教学和指导跨文化交际的时候，教师能既思考语言差异而又能兼及文化差异，从文化差异出发去研究语言差异，能更有效地把握语言与文化之间的内在联系，使学生真正理解掌握英语，并尽可能充分感受、体验和了解课文字里行间的真实意思和其内在的文化含义。

多元文化意识能使外语教师进一步具备亲和力和公信力，使学生"服其师"，"信其道"，增强学习自觉性。老师具备了多元文化意识，就能主动策划和掌握跨文化的交流，教育者和教育行为就容易得到学生的认同和接受，使外语教学活动更具高效能。

教师要保持客观心态，树立全球视野观念，全面看待异域文化，不能仅仅关注英美等少数大国，也要注意其他国家、民族的先进文化，一并进行尊重、理解、学习，才能很好地教导学生具有真正的世界眼光。

在民族地区尤其是在全民信教的藏族地区，英语教师具有多元文化意识与相应的交流沟通能力很重要，对培养学生正确的民族国家意识具有极其重要的意义。

外语教师应在充分认识世界文化特性的基础上，提高自身的多元文化意识，要理性地看待民族文化的长处与不足，排除自高自大的民族独大主义和自卑自弃的民族低劣主义的错误态度，以科学的标准去把握中国传统文化；以平等的心态来对待外语文化，摈弃自己对母语文化的优越感和思维定式及对异域文化的偏见或成见。当然，多元文化的平等观也要求教师正确评价异域文化的长处，既要虚心学习，又不能崇洋媚外。

外语教学是不同文化的交流，碰撞、比较是不可避免的，也是必要的，应持包容的、冷静的态度。中外文化结构的不同导致中外语言表达习惯的不同，不同的社会文化异域性的影响和制约，价值取向和行为方式也会有很大的差异。所以，教、学外语的过程，一定包含着文化冲突。但是要充分认识到，恰恰是外国语言与文化的输入，使我国本土语言和文化得到了补充、扩展，由文化冲突到文化适应，推动着汉语和藏语的发展和进步。英语的内在魅力使东西方语言在互惠交流中各自都从对方汲取了丰富的营养。所以，外语教师在大量接触西方文化，学习和运用外语语言的过程中，逐步学会用异域文化的视角了解西方社会规范、道德习俗、思维模式和言语规则。教师、学生都以开放、肯定、宽容的心态对待外来的文化，可使外语的教与学获得最佳效果。

关于教师培养培训，具体有以下几点。

（1）夯实少数民族地区英语教师的语言技能修养

首先是基本的英语听说读写能力。许多教师的语音很成问题，说和写的能力也普遍需要加强。对于少数民族地区学校的学生来说，先入为主的印象对他们以后的学习影响很大，尤其是语音语调和对一种外语的基本认知。要求学生做到的，教师自己首先要做好。现在很多英语教师自身的知识积累就很欠缺，是"没啥可教"的问题。

（2）以跨文化交际为切入点，提升少数民族地区英语教师的文化修养

多元文化教育不仅要求教师向学生传递有关多元文化的知识和价值观，而且要求教师在教育过程中对每个学生寄予相同的期望，把对学生的主观偏见和好恶搁置一旁，不因学习者的语言、家庭经济条件、外貌、性别、民族、信仰等差异而区别对待，通过不同的方式方法对不同文化背景、个性特征、性别特征的学生进行教学与指导。

（3）以多元文化为导向的教师培养与培训

跨文化教师应该具备的基本素养主要包括了解不同的文化；消除文化偏见和种族歧视；在教学活动中考虑到来自主体民族及少数民族学生的不同学习方式，并在教学过程中结合这些孩子的特点、采用他们熟悉的方式进行交流；努力在教室中创造一种多元文化的氛围等。尊重和保存孩子的差异性；了解和赏识每个孩

子所属的文化背景、宗教信仰和生活方式；帮助和引导孩子理解与尊重其他的文化；在课程设计中，让孩子感受到自己的文化和其他不同文化都具有价值，让孩子生活在一个多元文化包容的学习环境中。

（三）善于根据藏族学生多元文化实际促进英语学习

Less is more，放慢学习速度，克服急躁的情绪，培养好的学习策略必须从某一项具体的学习事件做起，放慢学习速度将有助于改变原有的不良习惯，在一件事情上做成功了，学生就养成了一种新的学习模式，以后也会照该模式做下去。小步子前进，不要总想着要一次成功，不要期望在较短的时间里就能收到明显的效果。要小步前进，逐渐地实现目标。

尊重学生，鼓励学生大胆发言。针对一部分学生在课堂上的沉默现象，教师要善于发现学生的优点，鼓励学生积极参与课堂互动，激发学习的兴趣。不当着全班同学的面批评一个学生，不轻易否定一个学生，尤其是藏族男学生的自尊心极强，教师一定要顾及学生的感受。在设计问题与进行课堂提问时，尽量照顾不主动发言的学生和性格比较内向的学生。

教师用游戏来活跃课堂气氛，学生能从游戏活动中感知英语。藏族学生天性活泼，善于自我表现，可以利用其特点，采取引导的方法，激发学生的兴趣，使他们对英语学习产生动力。让学生学讲英语小笑话、小故事，还有童谣、小诗、绕口令、猜谜语等，能结合当地本民族特色内容效果将更好，形成更轻松融洽的学习气氛。例如，教学单词时我们用宾果游戏、猜单词游戏，教学句型时用情景交际、说唱的形式来满足学生的娱乐愿望。英语小笑话和英语小故事要在老师带动下让学生学会独自讲。

利用歌曲形式进行表达。藏民族是一个能歌善舞的民族，他们大多从小就酷爱唱歌，教师可充分利用他们这一与生俱来的优势，加以引导，使其在学习英语上发挥作用，在英语教学中融音乐与英语为一体，能帮助藏族学生理解对话，表现情景内容。甚至可以把课本中某些英语对话或段落结合当地的民谣或歌曲旋律编唱出来，创设有声语言环境，使学生自然投入，形成反复记忆直至达到永久记忆。

肢体语言在英语教学中的应用。课堂教学尤其是小学英语教学中肢体语言有着至关重要的作用。在英语教学尤其是情景交际中应利用藏族学生喜好模仿、善于模仿的特点，使其作用充分发挥到学习英语上。在老师口型、面部表情、手势等肢体语言配合、标准发音展示自然到位的前提下，尽可能让学生模仿教师动作，边模仿动作边说或读出英语，做到声形并茂。

附录5　国培计划西藏小学英语教师班问卷与分析报告

（说明：本问卷仅供教学科研使用，使用时不涉及任何个人与学校隐私。）

一、基本情况

调查时间：2015年11月

调查地点：四川师范大学

调查对象：国培计划西藏小学英语教师班学员

报告完成时间：2016年3月

本次调查共发出问卷29份，收回19份。其中藏族老师的问卷14份，汉族老师的问卷5份。其中4份一模一样，有部分答案是直接从网上摘抄的，应视为无效问卷。这在一定程度上反映出部分学员参与问卷调查的积极性不够高，同时也与调查时间安排在第一轮培训结束，学员急于回家有关。

二、问题、回答、分析与对策

问题1：你所在地区、学校和班级学生的升学考试平均成绩如何？原因是什么？

学员1：我在西藏日喀则市小学，我校学生的升学考试成绩历年来都名列前茅，英语较突出。原因是我校从2003来以来，一直使用一年级起始版的教材，较其他学校的孩子早学两年。孩子们的家长也非常重视英语。近年来，我校的英语教师多是英语教育专业的。

学员2：本人在拉萨市达孜县教学。学校和班级学生的升学考试平均成绩应算是好的。学校为了检验教师的质量，考试命题绝密，考后相互阅卷，以防"水分"。于是，教师之间竞争激烈，早自修晚补课，加重学生负担，违背教学规律，影响师生身心健康。

学员3：学校和班级学生的升学考试平均成绩较地区略低，主要原因是山区小孩对英语的兴趣不及城镇学生、家长对学生的督促不利。

学员4：我所在的学校在拉萨市区里，所以整体的平均成绩比起其他地区较可观，可在拉萨市区内部对比，属于中下；个人认为其最主要原因是生源问题，我所在学校的学生大都是流动人口子女，家长的整体素养较低，对学生的教育方式不恰当或欠缺，也缺乏同教师的沟通与配合，从而导致一部分学生的学习目标不明确，学习积极性较差。总考试成绩60分以上（100分制），但实际英语水平很差、是哑巴式的英语。

学员5：拉萨市的升学考试成绩我不太了解，我们学校升学考试平均成绩也就四十多分。原因是学生基础差又参差不齐，学业任务重，对教育的重视度只停留在考试上。

学员6：平均成绩在13—20分；主要是因为英语课时较少，课程内容较多，与学生的现实生活相去甚远，加之学生要学藏、汉、英三种语言，学习任务较重，多数学生，尤其是高年级学生对英语学习不太感兴趣，多种原因导致学生英语成绩不理想。今年开始，小考综合科中英语由原来的50分，降低至15分，导致一些学校和学生更加不重视英语，觉得可有可无。

学员7：成绩一般。从我乡的家长情况来看，因为西藏以前是考上大学的学生都包分配，而2006年开始取消了大学生包分配制度。我校很多学生家长跟我们说过，就算孩子考上大学也考不上公务员，还是要回家，就让他们早点成家，还有些家长们为了挖虫草，不愿意把孩子送学校。

学员8：我校是山南地区一所九年制义务教育学校，我校的英语较其他学校要好，特别是小学，期中期末平均分基本都能达到85分以上，小考成绩也是经常获第一；初中相对小学要差，中考平均分也就在35—40分，但也是经常获第一。初中和小学的平均成绩为什么相差这么远？我想也是因为我们从小学就忽略了学生思维能力的培养，没有培养学生的学习能力，只是死读书，读死书，学生真正学到的知识不多，学生对掌握的知识并不能灵活运用，所以到了初中，成绩不到一年就有了巨大的差距。

学员9：我们学校都是牧区的孩子，家长的文化程度几乎都是零，导致家教也为零，还有学前教育为零，孩子到了一年级后才知道什么叫作学习，所以每年的升学考试不怎么样，60多名学生中能去较发达地区的只有1—3名。

学员10：我所在学校和班级学生的升学考试平均40分左右，因为我们那里的英语学习资源很少，条件有限。

学员11：在我们的学校，每年的小学升学考试整体较理想，因为我校对平时教育教学工作特别重视，发扬每一个亮点的学科，对薄弱的学科，校领导深入各个年级并负责，加强薄弱学科的力度。除了在工作中，学校还特地开设兴趣小组，提高学生的学习兴趣和减轻平常的学习任务。在老师和同学们的共同努力下，我校在全县范围内的统考等考试中名列前茅。

学员12：平均成绩是40分左右。一方面由于我们的学生都是农牧民子女，受家庭教育的影响较大，另一方面孩子的学习负担很重，慢慢失去了学习英语的兴趣。除此之外，学校各方面的条件有限。

学员13：我所在的小学是林芝市里最好的一所学校，升学考试名列前茅，成绩一直是遥遥领先。主要原因是老师很负责，大部分家长也配合得很好，学校很注重教学质量，通过家校共同努力，我校的学习成绩一直很棒。

学员 14：我参加工作将近两年时间，带过一次毕业班，参加小考的人数 15 人，及格 14 人，1 人不及格，平均分达到 75 分以上。究其原因有以下几点：学生汉语基础比较好，理解能力比较强；英语学习氛围比较浓厚；学生比较团结，互帮互助。

分析：总体上，这些年国家决定在小学开设英语课程的政策促进了包括西藏在内的小学英语教学的发展与质量的提高，但同时也应看到教育的总体水平不高，与较发达地区差距较大，发展具有不平衡性。从对本问题的回答看，我们可以看到，各地区之间、同一地区的不同学校的差异很大，主要原因在于师资与生源质量；由于普遍使用汉语作为教学媒介语，因而双语教学好的学校与汉语掌握得好的学生英语成绩普遍较好；部分学校、教师、家长和学生存在不重视教育特别是小学英语教学的情况。

对策：进一步合理分配优质教育资源；进一步重视双语教育，努力提高学生的藏汉双语水平；加大力度发展包括英语在内的藏汉英三语教学；加强小学英语师资队伍建设，大力培养三语师资；进一步认识到包括英语教育在内的教育对个人、民族和国家的重要意义。

问题 2：藏汉族孩子在英语学习的态度、动机、方法上有何异同？请举例说明。

学员 1：我感觉藏汉族孩子在英语学习的态度、动机上没有什么不同，绝大部分孩子都知道学习英语的重要性，都把英语当作语文数学一样的主科来对待，都知道小升初的考试对英语的要求。他们在方法上是有异的：汉族孩子懂两门语言，他们学英语时只在这两种语言之间来回，但在读音上没有藏族孩子标准，因为英语和藏语有相通的地方；藏族孩子，懂三门语言，当老师是汉族老师的时候，他们学英语时要在这三种语言之间交织，增加了理解难度，年级较低的孩子，个别听不懂汉语，只能请听懂的孩子教他。

学员 2：在英语学习上藏汉学生的学习态度、动机差别不大，可在学习方法上存在一定差别，藏族学生喜欢背诵，汉族学生注重听写练习。

学员 3：城区的孩子，父母的思想意识高、学习英语的环境也好，所以城区孩子对英语学习的态度更端正。农村的孩子没有英语语境，没有家庭教育、只靠学校教育。英语在 2015 年小学升初中的考试开始只占了 15% 的分值，随着英语分值的下降，学校领导对英语的重视也随之下降。

学员 4：我所教授的学生全是藏族学生，他们对学习英语不是很感兴趣，觉得学习英语没什么用。有的学生甚至认为学习英语完全是浪费时间，索性就不去学；还有的学生认为，英语这门学科在升学考试中所占的比重又不大，没必要像学习其他学科那样用心。学生学习英语几乎全靠老师灌输，机械地按照老师的要求去学习。

学员 5：多数汉族孩子及其家长都非常重视英语学习，也会利用课堂内外、学校内外的各种资源加强学习英语，提高英语水平；他们或主动，或被动地不断学习英语，家庭也会全力配合；他们不管是在课堂、学校还是在社会上，都有更多的机会接触和使用英语。英语成了生活的一部分。而藏族孩子，尤其是农牧区的孩子，他们没有那么多的机会接触、学习英语，有些学校虽开设了英语课，但形同虚设，要么改上主科课，要么都是些非英语专业的教师代课。当地信息流通较为不畅，家长都不太重视孩子的教育问题，更别说是英语了！县城或地市学校的情况要稍好些，一部分家长还是比较重视孩子的英语学习。这些孩子比较喜欢英语，也乐于跟随老师进行听说读写的训练，但都仅限于模仿和死记硬背，不会使用科学的方法提高学习效率。学习英语对他们而言，是为了在各级升学考试中提高竞争能力而已。

学员 6：一方面，学生对英语及其承载的西方文化存在一定的好奇和兴趣；另一方面，他们却缺乏学习英语的语言学习环境和动机，这使他们往往从最初的热情和感兴趣渐渐转变为失去兴趣，被动学习。可以说，学习动机是推动学生学习的内部动力。具有正确的学习动机，往往会对语言学习过程本身产生积极的促进作用。学生入学时的英语基础普遍较弱，客观上造成了学生英语学习成绩不理想、英语语言运用能力较差这样一个事实，但是最根本的原因，还在于学生在英语学习动机方面存在一定的问题。

学员 7：我校的学生藏文成绩很好。我在上课时一般用藏语来教其他语言，这样学生理解得快一点。因为我们那边学生家长大部分都会一点藏语，就传教给自己的小孩。

学员 8：就我所带过的学生来说，在发音方面藏族孩子有一定的优势，有些较易混淆的发音在藏族学生身上几乎不会发错音。而汉族学生，尤其四川、湖南的学生，其发音受当地方言的影响，发音不太标准。在学习态度和动机上，从整体看藏族学生较被动，他们只关注教师所布置的作业，是机械性地完成任务，而汉族学生表现较主动，也许是比藏族学生见识更广，也许是受家长的教育影响，他们更明确他们的目标，而不仅仅局限于作业和考试；英语学习主要取决于学生自身的兴趣和自主性。在学习方法方面，小学生很容易受到自己老师的影响，所以我认为我们作为一线的小学教师不仅要教授知识，更应该教好学习知识的方法。

学员 9：藏族孩子和汉族孩子在学习方面大同小异，没有什么突出的特点或缺点。我个人认为孩子的英语学习取决于学校的重视度、老师的专业度、家长的关注度，一个孩子有了这三者，我相信他的学习态度、动机和方法都是积极向上、行之有效的。而在西藏，这些也许没有较发达地区做得那么好，但也在慢慢提升中。只是，在这方面，可能家长朋友做得稍稍不到位，毕竟他们那一代接触英语更少，学习英语的意识还没有形成，随着时代的进步，他们也在慢慢改观当中。

学员10：对汉族学生学英语情况不了解，至今没有教过汉族学生，但藏族小学生大部分对英语不感兴趣，学了也没有地方用，平时生活中也用不了，还有农牧区的孩子更不喜欢学英语，因为对他们而言基本的普通话都听不懂。

学员11：在我们藏区，也就是在农牧区，学生学习英语是一件非常困难的事情，因为他们的学习任务重，加上学习第三种语言有一定的难度，在平常的英语教学中又有很多抽象的事物，甚至有些他们从来没见过，像这样的问题我再怎么带着教学用具，也没有多大的帮助，因为在他们的平常生活中不能接触到这种事物。再加上，学生的家庭成员大多是农民或牧民，对英语教学根本没有帮助，只能靠学校的英语课来学习英语，但是他们对学习英语有很大的兴趣。相反在较发达地区，学生学习任务也不重，家庭教育协助得那么好，教师在课堂上利用的教具也非常丰富，资源也很多，学生自主学习的能力也非常强烈，学生的见识也广阔，对西方的很多事情都非常了解，当老师去讲的时候，学生只需要知道用英语怎么说。同时学校还设计了外教课，对学生学习英语奠定了基础，而对我们农牧区小学的学生来说，他们对西方文化的了解很少，在课堂上很难接受，有时候只能对比我们藏区的一些文化来解释。总之有很多的不同，学生的每一个学习习惯都是不同的。

学员12：有不同点，汉族学生胆量大，爱发言，藏族学生比较害羞，自己会了也不敢回答。

学员13：孩子们对英语很感兴趣，但是没有创造更好的语言环境，学了忘，忘了学。没有学得很扎实。

学员14：我没带过汉族学生，就拿我表妹（生活在较发达地区）和他们比较。藏族学生对学习的概念不清楚，也不知道学习的重要性，总觉得挖虫草都比上学好。家长也不重视教育，没有给孩子一个良好的学习环境，家长看电视，孩子跟着看，晚上作业让家长签字，有些家长都是让孩子自己签。对考试成绩也不过问，考得好有学校的奖励，考得差他们也不在乎，寒暑假就让他们玩，不知道督促学生学习，所以学生学习的连贯性就很差，导致学生重返课堂时跟不上进度，产生厌学心理，久而久之学不好。而汉族学生本身就知道学习的重要性，也没有类似虫草的东西吸引他不去学习，而且学习习惯很好，家长有一定的知识储备，可以给孩子的学习提供一定的帮助，家长在寒暑假给学生报各种兴趣班、补习班，让学生在这段时间接触新知识，对他们第二年重返课堂很有帮助，氛围更浓，信心爆棚。

学员15：学生的态度还是很端正的，对学习英语还是很有兴趣，我会用一些模仿的形式来教学，学生很有兴趣。

分析：藏族孩子与汉族孩子在各方面情况相当的情况下，英语学习态度与动机并无本质区别。然而，考虑到以下因素，区别就大了：孩子的出生环境、家庭出身及就读学校。出生在城市、干部（知识分子）家庭的孩子，不管是藏族还是汉族，更能认识到英语学习的重要性，英语也就能学得更好。在同样条件下，由于汉族与外界接触相对更多，因而对多元文化、对英语学习的认识就更到位一些，因而学习效果也就更好一些。

对策：需要采取切实有效的措施促进教育公平，重点扶持藏族家庭孩子、农牧区家庭的孩子，提高他们对英语学习重要性的认识，并使他们真正感受到英语学习对自身发展和家庭、社会改变命运的促进作用。

问题 3：藏族教师在英语教学时注意发挥自身民族语言、文化了吗？是怎样发挥的？如果班上有汉族孩子，怎样考虑他们的情况呢？（藏族教师回答）

学员 1：在英语发音方面，藏族学生发音清晰准确，占优势，主要表现在藏语和英文音节有相似之处，部分日常单词为英文音译，故在课上充分发挥这些特点，能提高藏族小孩对英文的认知能力。在我们班上暂无汉族学生，今后若有汉族学生，我们任课老师会以三种语言（英、藏、汉）表述形式，顾及藏汉双方学生的沟通，以便达到更好的学习效果。

学员 2：英语、藏语有好多相似的地方，可以使用藏语为英语注音，藏族人学英语比较容易。一般安排会三语的老师教英语。

学员 3：基本上都是用汉语来解释词汇的意思。例如，需要介绍自身民族文化知识时也会用汉语来解译。课间就会向学生问课堂上所讲的内容是否清晰。有没有不明的问题。

学员 4：我校都是藏族学生。如果有这样的情况，我会用课余的时间去补藏语课。

学员 5：在单词的发音上，藏语跟英语是相近的，就指出来跟学生强调一下；在文化方面，我觉得藏英汉很多方面都是相通的，如文明礼仪等。在我们那儿，不会有这种插班的现象，都是藏族班、汉族班分开的。

学员 6：我所教的学校里没有一个是汉族的孩子，当我们的孩子平时遇到与藏文发音差不多的英语单词时我会鼓励学生用藏文的发音来记英文单词，但学校的相关教学管理的老师不主张这个方法。

学员 7：在英语教学中我们发挥了自身的民族语言及文化，很多时候，在汉语基础差的学生面前只能用藏语来解释每一个细节，还有在讲解节日的时候我们只能结合藏族的文化（节日）去讲解比较难理解的外国节日，如圣诞节等。我们农牧区小学只有当地的学生，没有汉族学生，所以我也没有经历过。

学员 8：我们学校没有汉族学生，没有经历过。如果以后我遇到这种情况我会用三种语言的方式来教学。

学员 9：教学时注意发挥民族语言和文化，自己尽全力发挥。班上没有汉族孩子。

学员10：我们不存在这种问题，学校专门分了两个班，一个综合班和一个汉文班，综合班里的学生要学藏文，汉文班的学生就不用学习藏文。

学员11：用藏历新年，春节，圣诞节等节日来结合讲解。

分析：藏族教师比较注重发挥藏族孩子母语语言文化优势，对学生的理解与接受有正迁移作用。有些学校采取了汉族、藏族学生分班授课制，我们不能否定其积极作用，但与中央要求汉族学生也要学习民族语言的要求不相符合，也不利于各民族学生之间对彼此的相互了解与相互认同，特别是汉族学生对藏族语言文化的了解与接受。还有的学校没有汉族学生，英语教学是在母语环境下进行的，当然更需要注重发挥母语文化的作用，但对开展双语教育及学生接受更进一步的教育有一定的影响。

对策：有藏汉学生的学校，最好还是采用合办制，让学生尽量接受多元文化的熏陶，努力欣赏对方语言文化的优点。例如，汉族学生可以多学习藏族学生在发音方面的优势，藏族学生可以多学习汉族学生在学习方法上的长处。双方如能取长补短，藏汉学生的英语水平都会得到提高。

问题4：藏族教师教学过程中是否针对藏族孩子的特殊性进行了藏汉英三种语言和文化的对比以促进英语学习？是怎样进行的？（藏族教师回答）

学员1：在英语教学中经常能用到三种语言的表述和互相补充，主要形式为：在学生对英语音标不太熟练的情况下、识别常用单词时往往记不住，此时我们以藏汉两种语言的近似音及其意义来加深学生对某个英文单词的理解。在英文语法结构上类似于汉语古文和藏语语法，所以在语法学习中我们通常模仿一段汉古文或者藏语句子，帮助学生易于理解。

学员2：利用本民族文化、中华文化、西方文化的异同来教英语。例如，藏语和英语的语序一样，英语的时态和藏语的时态一样。

学员3：英语学习过程中，藏族学生实际上更多地习惯性运用教学语言汉语来实现对英语知识的理解和学习，但是由于藏族学生的汉语水平往往较低，因此无法取得预期的实现促进英语学习的效果，加上藏语作为母语在藏族学生的头脑中已经根深蒂固，藏族学生反而会习惯性地运用藏语来帮助英语学习。继而形成复杂的三语网状结构，使藏族学生常常将藏语语法句法、汉语语法句法和目标语英语的语法句法规则混淆，导致学生错用语法，阅读速度缓慢，翻译表达发生结构性错误等。对于一个几岁的孩子来说，是很痛苦的事情，我自己上学时也是这样。

但现在的英语老师们教育的水平和教学方法都很高，学生一定学得很好。因为2014年我在林芝地区听过高一英语老师的课，他在黑板两边写上英语的过去时、藏文的过去时再进行对比讲课，学生掌握得很快。

学员4：对于我来说，在上常规课时，有些较难解释的部分我会使用藏汉英三种语言，而一般情况下会用汉英；目前我们那边的教研员提倡我们用全英来教授英语课，我也正往那个方向改进；在我们那儿要是参加公开课或赛课都规定用全英教学。

在文化方面，最常见的方法是对比，如教授节日时会把圣诞节、春节、藏历年三个节日进行对比，即贴切学生的生活，又开阔学生的视野，丰富学生的认知。

学员 5：平时在英语的读音上藏文字母用得比较多，有些英文的读音可以用藏文的字母来读，但教材上的内容几乎与农牧民孩子平时生活没有什么联系，对他们而言很陌生。

学员 6：我们就利用藏汉英三种语言解释课本里涉及的学生不能理解的内容，学生的汉语成绩不好，那就只能用藏语来解释，而且我们那边的英语考试是结合藏语出的卷子，如词性的变化等，只能由藏语来讲，要不然学生不能理解，考试时也不会答。在讲到西方食物的时候，如汉堡，只能对比藏族人的肉饼来比喻，不然学生即使见到了图片，也不能理解它的味道。

学员 7：我会先把课本译成汉文，再用藏语解释。

学员 8：在教学过程中使用三种语言以促进英语学习。

学员 9：在综合班上课可以引用三种教学，先把英语翻译成汉语，如果学生没搞清楚，翻译成藏文解释，学生理解得更好。而且有些藏音和英音很相似。

学员 10：如讲解单词，我会先用藏语来讲解，再用汉语，再用英语讲解。

分析：一部分藏族孩子由于多种原因，在老师使用第二或第三语言讲解英语语言文化知识时确实存在理解与接收障碍，甚至还会因三种语言文化之间的相互负迁移及由此而造成的沉重负担严重挫伤学生英语学习的积极性。

对策：多数藏族老师都比较注重从藏族学生的实际出发，通过二种或三种语言文化现象的对比授业解惑，起到了较好的效果。这也表明培养三语教师具有必要性。不赞成一刀切使用全英语教学，特别是在小学阶段。有关规定宜实事求是。

问题 5：汉族教师在藏族孩子普通话不熟练的情况下是怎样开展英语教学的？效果如何？你是怎样设法改进的？（汉族教师回答）

学员 1：我校一个班 45 个孩子的话，低年级时会有 5—8 个不太会普通话，我一般都是大班齐教，加上肢体语言，有时会在黑板上板书，让会的孩子带动不会的，课后会多问这几个孩子。效果还可以。但我还在做进一步的改进，多教孩子跟着做动作，去体会，去自我感知这些单词或句子。

学员 2：针对这种情况，有两种方法可用，第一，先教孩子们普通话，等他们能理解普通话的意思后再开展英语教学；第二，找一两个能理解普通话意思的同学用藏语翻译给其他学生听，在其他同学理解了意思之后再进行英语教学。

采用上面两种方法，大大提高了讲课效率，节约了不少时间。

改进方法：跟学生建立互帮机制，他们教我学习藏语，我教他们学习英语，然后看谁学得快，谁学得好。

学员3：我所在的县是三年级开始小学英语课的。这个阶段的多数学生已经具备一定的使用汉语进行交流的能力，但还有一部分学困生根本不会说汉语。面对这种情况时，我在课堂上会尽量放慢语速，少用一些对他们来说比较困难的词语或句子。必要时，我会使用所学不多的藏语词语或句子，既活跃了课堂气氛，也吸引了他们的注意力。有时，对解释不清楚的东西，我会展示图片。对他们理解有困难的事情，我会举一些贴近他们实际生活的例子帮助他们理解。如果使用了上述方法效果还是不好的话，我就会请班上一些理解了的学生用藏语给其他同学解释一下。针对不同的情况，采取不同的办法，学生基本上都能明白教师所讲的内容。今后，我会多发动那些藏汉语水平都比较好的学生，让他们充当老师的小助手，帮助那些学习有困难的学生。

学员4：我校的学生是城区的孩子，汉语都能听懂，也能用汉语表达清楚，所以，这样的问题不存在。

但根据我以前支教的经历，在对县城和偏远山区孩子教授英语课时，我是采取肢体语言来进行课堂教学的，还有就是学习藏语，如常用的课堂用语、生活用语等，课前学习与所学知识相对应的藏语，课上结合肢体语言解释，以便他们能更好地理解。

学员5：首先他们的汉语水平参差不齐，有很好的，说什么都能听懂，马上跟着我的节奏，在这个时候我都是有一个"翻译"在旁边，我说汉语，让汉语水平很好的学生给他们用藏语翻译，他们就能明白了。还有在三年级的学生班上水平都不是很好的情况下，我就做手势，说简单的藏语，或让班主任协助我一下。

分析：这些在西藏工作的汉族小学英语教师真的不容易，特别敬业，想尽一切办法帮助藏族孩子学习英语，如师生互帮互学、汉语好的藏族师生帮着翻译、学生之间相互帮助，也确实起到了一些作用。但是，很难从根本上解决问题，如使用肢体语言可以帮助解决对一些非常具体的词汇的理解，但对抽象的词汇，体态语就很难派上用场了。

对策：在藏族地区从事英语教学的老师需要在政府支持下接受系统的藏族语言文化培养，最终能够使用藏语作为英语教学语言。小学英语教师尤其应具备这个能力。

问题6：汉族教师在西藏任教在语言文化教学方法上遇到了哪些困难和挑战？你是怎样克服的？（汉族教师回答）

学员1：文化差异太大，跟学生交流比较困难。努力了解他们的文化，学习西藏藏语。

学员2：在藏工作的汉族老师都会遇到这些问题：语言不通导致交流有障碍；民族文化、宗教信仰和生活习惯方面有差异；当地教育观念和教学方法比较过时，为我自己不是英语专业毕业的，在藏族地区，尤其是农牧民小学英语教师不是专业的又很多，所以我想在教师自身的英语基础方面给予更多的帮助，能够帮助我们提高自身的英语水平，这样对我们的帮助更大。

学员12：我们学校没有汉族老师，所以没有经历过，我觉得开展得不错吧。对于我来说，希望国家多培训实践应用部分。

学员13：我们学校没来过汉族教师，希望国家更进一步重视培训，最好用送教下乡的方式。

学员14：藏汉很团结，活动开展得有声有色，希望在教师英语口语方面注重培养，能培养出一些优秀的英语教师队伍。

学员15：我们整个英语教研组就我一个汉族老师，和他们在教研互动的时候，大多时候都是听他们的，我自己的意见保留。上课时尽量还是用自己的方式上，为避免意见分歧时产生一些不必要的麻烦我一般都不说话，而是听他们说，但按照自己的做。对西藏的英语老师来说专业知识的建构真的很重要，有的老师的英语基础较差，有时会讲错知识点，但他们总是一笔带过，也不做追究。教学理念稍微有点呆板，只是让学生背，学生考试的时候看到题目稍有变动就不会做，老师也抱怨题出得太难。

学员16：提升教师自身的知识，因为老师的英语水平都比较差，所以希望有一些长期的学习机会。

分析：由于民族、语言与文化及英语教师数量，教研活动总体开展得不算太好，甚至还存在着很多问题。教师还存在专业基础与专业能力亟须提高的问题。现有的各种培训与西藏小学英语教学的实际情况还存在较大差距，因而迫切需要提高培训的针对性。

对策：国培教师应深入西藏一线课堂去发现问题和解决问题，才能在培训课堂上开展有针对性的培训。

问题8：在英语教学中是否注重藏汉英三种语言文化的有机结合？如果有，是怎样结合的？有何经验和问题？如果没有，是什么原因造成的？怎样解决。

学员1：在我的英语教学中，我比较注重藏汉英三种语言文化的有机结合。例如，教到Christmas，我就会把Spring Festival提过来一起教，还会问藏族班的孩子，他们最重大的节日，然后我就会请孩子自己来说一说他们的藏历年。教到"I live in…"这个句型时，我不仅会教授书上的加拿大、中国，还会扩展到当地孩子的住所，以及说的语言，这让藏族孩子很感兴趣。

学员2：主要从三种语言的背景来糅合教学：一是区分语言最小组成单元；二是区分语法结构异同；三是找出词汇的共性。这样有益于学生对三种语言的认识，帮助学生促进英文学习。

学员3：没有。自己不会藏语，也不大了解藏语的语言文化。

学员 4：在我的课堂教学中会有一些藏汉英三种语言文化的结合，汉英文化多一些，藏文化方面的少一些。在遇到语言习惯、宗教信仰、文化差异较大的内容时，我都会让学生找找它们的共通之处和不同之处，发表一下自己的看法，同时也会将尊重他人习惯的思想灌输到他们的头脑中。当然，有些东西他们现在无法理解或赞同，但是我相信，随着年龄的增长和文化素养的提高，日后他们会懂得如何与其他民族、其他国家的人相处。当然，我也会加强学习藏文化，以便在以后的教学中更好地将藏汉英三种语言文化有机结合。

学员 5：在英语输入输出过程中，利用藏语进行辅助思维的现象多出现在汉语水平低的藏族学生中。汉语水平较高的藏族学生更多地习惯用教学语言汉语来帮助对英语的理解和表达。英语水平越高的藏族学生，更多地使用英语思维，同时使用藏语进行思维的频率也越低。但是总的说来，汉语作为教学语言，在藏族学生英语学习的过程中使用更多。

学员 6：英语老师教英语时态时，结合藏语的时态进行对比讲课，解决两个语言的时态。

学员 7：对于我来说，在上常规课时，有些较难解释的部分我会使用藏汉英三种语言，而一般情况下会用汉英。例如，在单词的发音上，跟英语是相近的，就指出来跟学生强调一下。有些语法知识，句子结构也是跟藏语语法相通的。

学员 8：没有，因为确实不懂藏语，也不会说藏语，而且因为不懂藏传佛教，在文化方面也不敢乱结合，怕有所触犯，因此，在这方面，几乎为零。

学员 9：主要是英语的读音方面有些比较相似藏文的读音，所以用藏文拼读来记英语单词，这样让学生更容易记住，有些英语单词可以用汉语拼音拼出来，但是不知什么原因校方很反对用藏汉拼读来进行英语单词教学。

学员 10：在我们农牧民小学，如果不能利用藏汉英三语教学，那么学生学习英语有很大的困难。

学员 11：有，把英语课本中的句子都译成英文和藏文。

学员 12：是重视藏汉英三种语言文化有机结合。首先用汉语解释英语，有些汉语基础差的只能用藏语来解释。

学员 13：在英语教学中注重三种语言的教学，这样有利于帮助孩子克服学习困难。

学员 14：轻度的结合还是有，给他们解释英语的语法规则的时候，就和藏文一起比较，因为它们的语法规则很相似，还有他们听不懂的时候我会说简单的藏文让他们明白。

分析：懂藏语的老师优势很明显，不仅在与学生沟通上存在明显优势，同时也更加容易和学生家长进行交流，从而促进家长参与学校工作。同时，对于非少数族裔的学生来说，少数族裔教师更有助于他们去了解和认识其他民族。而不懂藏语的老师则会在英语教学中遇到很多难以克服的困难。

对策：确实有必要开展藏语言文化等方面的培训，尤其是针对小学英语教师。

附录6　关于英语知识和认知系统对英语学习影响的问卷调查表

尊敬的同学：

您好！为了解和研究藏族中学生的"认知—知识结构"在英语学习过程中的影响和作用，在此特别在藏族学生中进行抽样调查，很高兴邀请您作为藏族学生的代表参加调查。问卷调查表中的问题经过严格筛选，请根据您自身的观点及英语学习经验诚实回答，所有问题均无标准答案，此问卷仅用作调查统计用，不计入您的任何成绩。希望能够得到您的大力支持与合作。谢谢！

姓名：_____民族：_____性别：_____出生年月：_____年级：_____

第一部分 A：有关学习动机、态度等个人因素的调查

该部分调查您对英语学习的看法，没有标准答案。请根据下面题目选择您认为最符合的选项，以下数字1—5分别代表：

1=完全不同意；　2=不同意；　3=既不同意也不支持；　4=同意；　5=完全同意

请将符合您选项的数字填写在题目前面的括号内。

（　）a01 我系统地学习过藏语。

（　）a02 我很喜欢说话，并且擅长与人交谈。

（　）a03 我对英语非常感兴趣，特别喜欢上英语课。

（　）a04 我通常害怕英语考试。

（　）a05 我其实并不认为学英语有任何好处，是在学校要求之下勉强学习的。

（　）a06 我学习英语是为了将来升学。

（　）a07 我希望通过英语学习，能够流利地使用英语交流、读懂英语材料、看懂英语电影。

（　）a08 我对英美文化一点也不感兴趣。

（　）a09 老师用英语提问或遇到外国人与我交谈时，我通常都很紧张。

（　）a10 不论是哪种语言，我总是擅长模仿句子、对话，并很快用到自己的语言当中。

（　）a11 当我用英语表达时，我从来不会因为紧张而表达不出或表达错误。

（　）a12　我总是因为英语基础不好而不敢开口说英语。
（　）a13　我认为日常生活中完全没有使用英语的必要。
（　）a14　我总是害怕表达不正确而不敢开口说英语。
（　）a15　我总是因为考试成绩不好而失去对英语的兴趣。

第二部分 B：语言迁移对英语学习的影响

该部分调查您对藏语、汉语英语语言本身的看法，没有标准答案。请根据下面题目选择您认为最符合的选项，以下数字 1—5 分别代表：

1=完全不同意；　2=不同意；　3=既不同意也不支持；　4=同意；　5=完全同意
请将符合您选项的数字填写在题目前面的括号内。

（　）b01　比起汉语，我认为藏语与英语的相同之处更多。
（　）b02　由于藏语与英语的句子结构（主、谓、宾语的位置）不同，因此在英语造句时我常常按照藏语句子结构完成。
（　）b03　在记忆单词时，我最熟悉的注音方式是用藏语音标来表示单词的发音。
（　）b04　阅读英语单词或句子时，我常常不清楚什么时候该读升调，什么时候该读降调。
（　）b05　英语中的名词所有格（如 tom' book 汤姆的书）形式与藏语中的名词所有格形式相同。
（　）b06　英语中有些音标在藏语中没有，因此我常常发不准这些音标。
（　）b07　我常常对英语中的介词搞不懂。
（　）b08　藏语中的现在时和将来时表达一样，但英语中却有所不同，因此我常常弄不懂英语的现在时和将来时的区别。
（　）b09　我认为英语的被动语态（如 He was bitten by the dog. 他被狗咬了。）很简单，很容易弄懂。
（　）b10　我认为汉语对英语起阻碍的作用。

第三部分 C：认知-知识结构对英语学习的影响

该部分调查您对英语学习过程时候受到藏语或汉语的影响，没有标准答案。请根据下面题目选择您认为最符合您学习情况的选项，以下数字 1—5 分别代表：

1=完全不符合；　2=通常不符合；　3=少许符合；　4=通常符合；　5=完全符合
请将符合您选项的数字填写在题目前面的括号内。

（　）c01　当我在听英语听力时，我第一反应往往是所听材料的*汉语*意思。

（　）c02　当我在听英语听力时，对于简单的内容，我通常联想到具体情景。

（　）c03　当我听到不熟悉的单词或短语时，我常常通过*藏语*来进行分析理解。

（　）c04　当我阅读英语文章时，我总是将所有内容翻译成*藏语*来理解意思。

（　）c05　当我阅读英语文章时，我总是将所有内容翻译成*汉语*来理解意思。

（　）c06　当我阅读英语文章时，我常常将比较难的内容翻译成*藏语*来理解意思。

（　）c07　当我阅读英语文章时，我常常将比较难的内容翻译成*汉语*来理解意思。

（　）c08　当我阅读英语文章时，如果内容简单，我常常直接用*英语*来理解意思。

（　）c09　当我用英语造句时，我常常不自觉地用藏语的句子结构来组合英语的主语、谓语和宾语。

（　）c10　当我用英语造句时，对简单的英语造句，我通常*不通过藏语或汉语*思考，而是直接用*英语*思考造出句子。

（　）c11　当我要用英语回答问题，或者同外国人讲话时，我总是先在头脑中用*汉语*构思好，然后逐字逐句翻译成英语表达出来。

（　）c12　当我要用英语回答问题，或者同外国人讲话时，我总是先在头脑中用*藏语*构思好，然后逐字逐句翻译成英语表达出来。

（　）c13　当我要用英语回答问题，或者同外国人讲话时，我完全用*英语*思考。

（　）c14　我很喜欢听英语歌曲，在听的时候也喜欢阅读歌词。

（　）c15　我常常在课外时间看英语电影或听英语新闻。

第四部分 D：教学方法和教材对英语学习的影响

该部分调查您对藏语、汉语、英语语言本身的看法，没有标准答案。请根据下面题目选择您认为最符合的选项，以下数字 1—5 分别代表：

1=完全不同意；　2=不同意；　3=既不同意也不支持；　4=同意；　5=完全同意 请将符合您选项的数字填写在题目前面的括号内。

（　）d01　老师讲课完全使用英语，而不使用藏语或汉语来帮助教学。

（　）d02　老师通常借助汉语来完成英语授课。

（　）d03　老师总是教给我很多做题技巧。

（　）d04　老师在课堂上会留给我们朗读和英语讨论时间。

（　）d05　我认为老师应该更多地了解学生的需求，以学生为中心来进行教学。

（　）d06　我不喜欢参与课堂小组讨论。

（　）d07　我认为我现在学习的英语教材很难。

( ) d08 我认为现在使用的英语教材中所讲的很多事物我都不了解。
( ) d09 我认为英语教材对考试没有用。
( ) d10 我认为老师应当借助藏语而不是汉语来讲解英语知识。

问卷调查到这里就要结束，感谢您的支持与合作。如果您对本次调查所涉及的问题有什么看法，请指出。欢迎您对藏族学生英语学习提出宝贵的意见和建议，您可以写在以下空白处。再次感谢！

附录 7 测 试 题 目

同学：

您好！这是一份有关英语学习影响因素的测试题目，请您根据自己的英语知识技能，独立完成该调查表四部分的题目。此问卷仅用作调查统计用，不计入您的任何成绩。谢谢您的支持与合作！

姓名：_____ 民族：_____ 性别：_____ 出生年月：_____ 年级：_____

Part I 语音

下面 1—10 小题，您将听到 A、B、C、D 四个发音，请根据您自己的英语知识技能，选择您认为正确的选项，并将您的选项填写在题号下面对应的括号内。每个单词念两遍。

例如：下面将听到单词 head 的四个发音选项，A：/haid/ B：/hed/ C：/hid/ D：/hi:d/。

正确读音应为 /hed/，所以答案选 B。

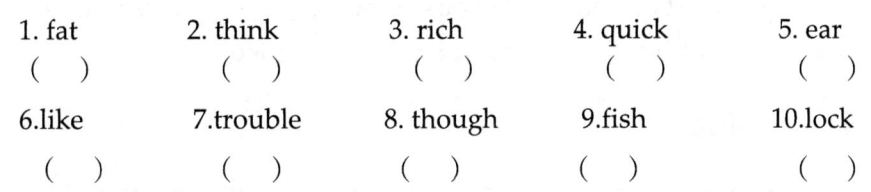

1. fat	2. think	3. rich	4. quick	5. ear
( )	( )	( )	( )	( )
6. like	7. trouble	8. though	9. fish	10. lock
( )	( )	( )	( )	( )

Part II 语法句法

i. 请根据您自己的英语知识技能完成下面第 11—15 小题，选择您认为正确的选项填入您认为正确的位置，将您的选项填写在题目前面的括号内。

例如：eggs

____① I ____② ate ____③ two ____④____.

正确答案应选择④，句子为 I ate two eggs.

(   ) 11. **at 3 o'clock**

　　Jane ___①___ will ___②___ arrive ___③___ in Beijing ___④___ .

(   ) 12. **beautiful**

　　___①___ My ___②___ hometown ___③___ is ___④___ .

(   ) 13. **your**

　　I ___①___ will ___②___ take care of ___③___ children ___④___ .

(   ) 14. **the book**

　　Please ___①___ send ___②___ to ___③___ No.4 Middle school ___④___ .

(   ) 15. **trees**

　　They cut down ___①___ the ___②___ three ___③___ big ___④___ .

ii. 请根据您自己的英语知识技能完成下面第 16—20 小题，选择您认为正确的选项，将您的选项填写在题目前面的括号内。

(   ) 16. She is going to the_____.

　　A）stationer　　　B）stationerary　　　C）stationers'　　　D）stationer's

(   ) 17. Tim _____the passport to the officer.

　　A）given　　　B）give　　　C）gives　　　D）gived

(   ) 18. He _____ London by air tomorrow.

　　A）is going to　　　B）went to　　　C）goes to　　　D）go to

(   ) 19. This is my_____ bedroom.

　　A）father's and mother's　　　B）father and mother's

　　C）father's and mother　　　D）father and mothers'

(   ) 20. A new road in front of my house is being_____ in recent days.

　　A）built　　　B）build　　　C）building　　　D）builded

Part III　介词用法

请您根据自己的英语知识技能完成下面第 21—30 小题，将以下介词 off、over、since、for、along、after、among、to、under、by、at 分别填入您认为正确的句子横线中，每个介词只能使用一次。

21. My mother was_____ the shop on Monday.

22. I like walking_____ the river bank.

23. Mr. Smith bought a Christmas present____ me .

24. Kelly is the tallest one_____the five girls.

25. The cat is _____the table.

26. The girl next____me is very beautiful.

27. The monkey is jumping_____ the tree.

28. My family has lived here _____1980.

29. We will go on our holiday____ air.

30. After the rain, there is a rainbow _____the village.

Part IV 阅读理解

Passage 1 （第 31—35 题，选择您认为正确的选项，将您的选项填写在题目前面的括号内。）

Mark Twain (马克·吐温) was an American writer (作家). One day he went to a city by train. He wanted to see one of his friends there. He was a very busy man. He usually forgot something. When he was in the train, the conductor (列车员) asked him for his ticket. Mark Twain looked for the ticket here and there, but he couldn't (can't 的过去式) find it. The conductor knew Mark Twain. She said, "Show me your ticket on your way back. And if (如果) you cant't find it, it doesn't matter." "Oh, but it does," said Mark Twain. "I must find the ticket. if I can't find it, how can I know where I'm going?"

(   ) 31. Mark Twain was an American _____.

A. singer   B. movie star   C. students   D. writer

(   ) 32. One day, Mark Twain wanted to_____ one of his friends.

A. visits   B. write to   C. send   D. talk

(   ) 33. Mark Twain forgot his_____.

A. money   B. book   C. ticket   D. bag

(   ) 34. The conductor said that Mark Twain did not have to show the ticket because_____.

A. She knew where was the ticket   B. She did not want to check it

C. She was too busy to check it   D. She knew Mark Twain

(   ) 35. Mark Twain must find the ticket because_____.

A. He had to show it to the conductor   B. He forgot where he would go

C. He liked the ticket very much   D. He wanted to show it to his friend.

Passage 2 （第36—40题，选择您认为正确的选项，将您的选项填写在题目前面的括号内。）

I have been in England three months now. I hope you don't think I've forgotten you. There have been so many places to see and so many things to do that I have not had much time for writing letters. I shall soon be starting my studies at King's college (大学). So far I have been learning about England and British way of living. I won't tell you about London. There are a lot of books you can read and a great many pictures you can look at. I am sure you will be more interested to know what I think about life here. I found some of the customs(风俗) new and interesting. People here do not shake hands(握手) as much as we do in Europe. During the first few weeks I was often surprised that people did not put out their hands when I met them. Men raise(举起) their hats to women but not to each other.

( ) 36. The writer came to England from_____.

　　A. Africa　　B. America　　C. Europe　　D. Asia

( ) 37. The writer_____.

　　A. will come to England in three months

　　B. came to England three months ago

　　C. has never been to England

　　D. came to England just now

( ) 38. She has_____.

　　A. a little time to write letters

　　B. no time to write letters

　　C. much time to write letters

　　D. not written any letters

( ) 39. She came to London _____.

　　A. to learn about life here

　　B. to learn British ways of living

　　C. to make a living

　　D. to study

( ) 40. Englishmen_____when they meet.

　　A. don't raise their hats to friends

　　B. raise their hats to all friends

C. often shake hands with friends

D. do not often shake hands with friends

Passage 3 （第 41—45 题，选择您认为正确的选项，将您的选项填写在题目前面的括号内。）

November 1st is Halloween(万圣节). It is the Celtic(凯尔特人的)New Year and the most important day of the Year. It has a history of 2000 years. The Celtic（凯尔特人）believed that on the night of Halloween, the ghost(鬼、灵魂) can go back to the living world. So they want to do something for it.

In Halloween, people will like to cut a funny face into a pumpkin（南瓜）and light a candle（蜡烛） in it. At night, children will dress strange and frightening dress in order to frighten the ghosts. What is more, they will go to street and ring the doorbell of every house they like. After the door opens, they will say "trick or treat". Then the house owner will give them candy（糖果）to eat. So all the children like Halloween.

( ) 41. When is Halloween?

   A. November 1st .　　　　　　　　B. October 31st.

   C. the last day of November.　　　　D. non of the above answers.

( ) 42. What is the day of Halloween for?

   A. It is for celebrating the New Year. B. It is celebrating for women's day.

   C. It is celebrating for Christmas.　　D. It is celebrating for Children's day.

( ) 43. What will happen in the night of Halloween according to the Celtic（凯尔特人）belief?

   A. The children will send candies to others on the street.

   B. The ghost will go to all the families.

   C. The children will get presents from their parents.

   D. The ghost can go back to the living world.

( ) 44. What people will do in the Halloween?

   A. In Halloween, people will become ghost.

   B. In Halloween, people will like to cut a funny face into a pumpkin and light a candle in it.

   C. In Halloween, people will eat candies.

   D. In Halloween, people will dance with each other.

( ) 45. What the children will say when the door open?

A. After the door opens, they will say "happy new year".
B. After the door opens, they will say "I'm the ghost".
C. After the door opens, they will say "trick or treat".
D. After the door opens, they will say "good luck".

Part V　翻译

请您根据自己的英语知识技能翻译下列五个句子（46—50 小题）。

46. I went out for a walk after I had my dinner.
47. He missed the meeting because of the heavy rain.
48. She was invited to the furniture exhibition.
49. 据说他常常去那家书店买书。
50. 太阳从东方升起，在西方落下。

再次感谢您的支持与合作！